3 要点まとめページで横断整理

一問一答だけではフォローしきれない重要項目は,
各科目末にある要点まとめページでしっかり確認
〔〕を整理しましょう。

JN025162

〔〕構造

〔〕た心臓に戻っ
〔〕循環）と体循

— 動脈血の流れ
—— 静脈血の流れ

肺循環	体循環
右心房	左心房
三尖弁	僧帽弁
右心室	左心室
肺動脈	大動脈
肺	全身

環（大循環）〔〕

上半身から　大動脈
全身へ
肺へ
肺動脈
肺へ
肺から
心房中隔

横断的な重要項目を
イラスト&チャート
で整理しました。
『得点UPのカギ』も
併せて覚えましょう。
赤シートを使うとよ
り効果的です。

医学概論

15 2001年, __WHO__ は, 国際〔〕
し, 生活機能というプラス面に着目した国際生活機
能分類（ICF）として採択した。　　　　　　　◯

16 生活機能には, 心身機能・身体構造, 活動, 参加の　✕
3つの階層（レベル）がある。これらに何らかの問
題が生じた状態を, それぞれ機能障害, 活動制限,
参加制約とし, 総称して障害と呼ぶ。

17 ICFでは人的な環境（家族, 友人, 仕事上の仲間な　◯
ど）, 態度や社会意識としての環境（社会がその人
をどうみるかなど）, そして制度的な環境（医療,
保健, 福祉, 介護, 教育のサービスなど）と, 環境
を広く捉える。

18 参加制約とは, 仕事・家庭・地域などにおいて, 何　◯
らかの役割を果たしていくことが困難になることを
いう。

19 国際生活機能分類（ICF）における背景因子は, 個
人の人生と生活に関する背景全体を表すもので, __
__と_____の2つの構成要素からなる。

20 WHO憲章の前文に, 「健康とは, 完全な肉体的,
精神的および社会的福祉（_____）の状
態であり, 単に_____で
はない」と定義されている。

21 _____は, WHO（世界保健機関）
が1986年の_____で提唱し, 21世紀の健康戦
略で「_____」と定義された。

17

直前期に,これだけ!
は押さえておきたい
基本事項を問う問題
を選んでいます。

目 次

ソーシャルワークの理論と方法

社会福祉調査の基礎

高齢者福祉

児童・家庭福祉

貧困に対する支援

国家試験の概要と対策

■国家試験の概要

社会福祉士国家試験は，五肢択一を基本とする多肢選択形式による筆記試験で，解答形式は，マークシート方式が採用されています。「正しい（適切な）もの」を１つまたは複数選ぶ正文選択問題で，出題数は **129 問**（予定），配点は１問につき１点です。合格するためには，**問題の総得点の60%程度**（回次ごとに点数は異なる）をクリアすることが必要ですが，同時に下記の①〜③，④〜⑥，⑦〜⑨，⑩〜⑫，⑬〜⑯，⑰〜⑲の**６つの科目群すべてにおいて得点**していなければなりません。

共通科目（午前）	専門科目（午後）
①医学概論	⑬高齢者福祉
②心理学と心理的支援	⑭児童・家庭福祉
③社会学と社会システム	⑮貧困に対する支援
④社会福祉の原理と政策	⑯保健医療と福祉
⑤社会保障	⑰ソーシャルワークの基盤と
⑥権利擁護を支える法制度	専門職（専門）
⑦地域福祉と包括的支援体制	⑱ソーシャルワークの理論と方法
⑧障害者福祉	（専門）
⑨刑事司法と福祉	⑲福祉サービスの組織と経営
⑩ソーシャルワークの基盤と	
専門職	
⑪ソーシャルワークの理論と方法	
⑫社会福祉調査の基礎	

つまり，おおむね78点とることができれば合格となるのです（正式な点数は回次によって変動します）。

なお，すでに精神保健福祉士として登録されている方は，社会福祉士国家試験の受験において，共通科目が免除（申請が必要）されます。

●合格基準点と正答率

回次	合格基準点	正答率
第27回	88点	59%
第28回	88点	59%
第29回	86点	57%
第30回	99点	66%
第31回	89点	59%
第32回	88点	59%
第33回	93点	62%
第34回	105点	70%
第35回	90点	60%
第36回	90点	60%

■新カリキュラムに基づく社会福祉士国家試験のポイント

第37回社会福祉士国家試験から実施される新カリキュラムに基づく国家試験では，次のような点が変更となりました。

●ポイント1　一部科目の名称変更と，他科目への統合

一部科目の科目名が**変更されました**（例：人体の構造と機能及び疾病→医学概論）。また，「福祉行財政と福祉計画」「就労支援サービス」の2科目については，内容が複数の科目へと統合されました。

●ポイント2　「相談援助」→「ソーシャルワーク」へ変更

旧科目にあった「相談援助」という言葉はなくなり，「**ソーシャルワークの基盤と専門職**」「**ソーシャルワークの理論と方法**」に変更されました。また，この2科目はそれぞれ，基礎的な知識を問う**共通科目**と，より実践的な内容を問う**専門科目**に分かれました。

●ポイント3　総問題数が20問程度削減！

総問題数が，これまでの150問から129問（予定）に削減されます。ただし，その分，解答に時間がかかる**事例問題**の出題が増えることが予想されます。

医学概論

1 ライフステージにおける心身の変化と健康課題

Q 1 生後2か月では，寝返りが打てる。

Q 2 大泉門は，生後6か月までに閉鎖する。

Q 3 思春期には，第一次性徴が出現する。⭐

Q 4 スキャモンによれば，臓器別に発達をみると，神経系の発達時期が最も早い。

Q 5 スキャモンの臓器別成長曲線において，身長など一般型はⅠ字型の直線を示す。

援助者として，クライエントの身体状態を正確に把握し，医療や保健の専門職と迅速な連携をとるためには，医学に関する基礎知識が不可欠です。

A 1 寝返りとは，仰向けの体勢から体をひねり，うつ伏せになることである。発達には個人差があるが，一般的には生後5か月頃が，寝返りが打てるようになる目安の時期とされている。　×

A 2 新生児は，頭蓋骨が完全に閉じておらず，泉門と呼ばれるすき間が開いている。前頭部にあるすき間を大泉門といい，通常，2歳前後までに閉鎖する。後頭部にある小泉門は，通常，生後6か月頃までに閉鎖する。　×

A 3 思春期には，生殖器以外の身体部分にみられる男女の特徴である第二次性徴が出現する。具体的には，男子の声変わり，ひげの発生，女子の月経の開始，乳腺の発達，皮下脂肪の蓄積などである。第一次性徴は，出生時からみられる男女の性差による生殖器の特徴のことである。　×

A 4 アメリカの医学者スキャモンは，出生時から20歳に至るまでの身体の器官や臓器の成長の度合いを表す成長曲線を示した。臓器別の成長曲線によれば，神経系の発達時期が最も早く，6歳までに急速に成長する。　○

A 5 スキャモンの臓器別成長曲線において，身長など一般型はS字型カーブを示す。　×

13

Q6 高齢者は，喉の渇きを感じやすいため，脱水になりにくい。

Q7 老年期には経験が蓄積され，一般的に新しい情報の処理スピードが向上する。⭐

Q8 老人性難聴では，高音領域から聴力が低下する。

Q9 皮膚の湿潤は，褥瘡の発症リスクとなる。⭐

Q10 前頭側頭型認知症では，人格の変化や反社会的行動がみられやすい。⭐

Q11 アルツハイマー型認知症は，緩徐に発症，進行する。⭐

Q12 レビー小体型認知症の幻覚症状の中では幻聴が最も多い。⭐

Q13 血管性認知症の特徴的な症状として，まだら認知症がある。

Q14 骨粗鬆症は，骨量の低下を伴い，骨折しやすい状態に至る。

A 6 高齢者は，喉の渇きを感じにくく，水分摂取量が少なくなりやすいことから，<u>脱水</u>になりやすい。　✕

A 7 学習や経験などにより獲得された能力に関連する<u>結晶性知能</u>は，60歳頃まで上昇を続けるが，新しい情報を獲得して適切な処理を行う<u>流動性知能</u>は，加齢とともに低下していくとされている。　✕

A 8 老人性難聴では，<u>高音領域</u>から聴力が低下する。　○

A 9 褥瘡（じょくそう）は寝たきりなどにより血流障害が起こり，皮膚のただれや潰瘍をきたす状態をいう。要因としては，<u>低栄養状態や皮膚の湿潤</u>などがある。　○

A 10 前頭側頭型認知症では，<u>人格の変化や反社会的行動</u>がみられ，社会のルールや常識的な規範などが分からなくなりやすい。　○

A 11 <u>アルツハイマー型認知症</u>の症状は，少しずつ進行するとされている。発症初期から記憶障害や記銘力の低下，<u>見当識障害</u>などがみられ，理解力や判断力も低下する。　○

A 12 <u>レビー小体型認知症</u>で最も多い幻覚症状は，<u>幻視</u>である。そのほかの特徴には，パーキンソン症状がある。　✕

A 13 血管性認知症の特徴的な症状には，<u>まだら認知症</u>や<u>感情失禁</u>がある。　○

A 14 特に女性は，閉経後に<u>エストロゲン</u>（女性ホルモン）の分泌が低下して，骨の<u>カルシウム</u>が著しく減少し，骨量低下が進み，骨粗鬆症（こっそしょう）になると骨折しやすくなる。　○

2 健康及び疾病の捉え方

Q 15 国際生活機能分類（ICF）は、世界保健機関（WHO）により採択され、国際的に用いられている。 ☆

Q 16 国際生活機能分類（ICF）で定義されている生活機能とは、心身機能、身体構造および活動の3つから構成される。

Q 17 国際生活機能分類（ICF）によると仕事上の仲間は環境因子である。

Q 18 国際生活機能分類（ICF）で定義されている参加制約とは、個人が何らかの生活・人生場面にかかわるときに経験する難しさのことである。

Q 19 国際生活機能分類（ICF）における背景因子の構成要素は、心身機能と身体構造、活動と参加である。 ☆

Q 20 WHO憲章による健康の定義は、「健康とは、身体的にも精神的にも社会的にもスピリチュアルにも完全に良好な状態をいう」とされている。

Q 21 WHOが提唱したヘルスプロモーションは、オタワ憲章において定義された。

A 15 2001年，<u>WHO</u> は，国際障害分類（ICIDH）を改訂
し，<u>生活機能</u>というプラス面に着目した国際生活機
能分類（ICF）として採択した。 ○

A 16 生活機能には，<u>心身機能・身体構造</u>，<u>活動</u>，<u>参加</u>の
３つの階層（レベル）がある。これらに何らかの問
題が生じた状態を，それぞれ<u>機能障害</u>，<u>活動制限</u>，
<u>参加制約</u>とし，総称して<u>障害</u>と呼ぶ。 ×

A 17 ICF では人的な環境（家族，友人，<u>仕事上の仲間</u>な
ど），態度や社会意識としての環境（社会がその人
をどうみるかなど），そして<u>制度的な環境</u>（医療，
保健，福祉，介護，教育のサービスなど）と，環境
を広く捉える。 ○

A 18 <u>参加制約</u>とは，仕事・家庭・地域などにおいて，何
らかの役割を果たしていくことが困難になることを
いう。 ○

A 19 国際生活機能分類（ICF）における背景因子は，個
人の人生と生活に関する背景全体を表すもので，<u>環
境因子</u>と<u>個人因子</u>の２つの構成要素からなる。 ×

A 20 WHO 憲章の前文に，「健康とは，完全な肉体的，
精神的および社会的福祉（<u>ウェルビーイング</u>）の状
態であり，単に<u>疾病または病弱の存在しないこと</u>で
はない」と定義されている。 ×

A 21 <u>ヘルスプロモーション</u>は，WHO（世界保健機関）
が1986年の<u>オタワ憲章</u>で提唱し，21世紀の健康戦
略で「<u>人々が自らの健康をコントロールし改善でき
るようにするプロセス</u>」と定義された。 ○

3 身体構造と心身機能

Q22 不感蒸泄とは，排泄によって失われる水分のことである。

Q23 頸動脈を，体表から触知することはできない。

Q24 健康な成人において，血液細胞を作り出しているのは骨髄である。

Q25 赤血球は，酸素を運搬する。

Q26 免疫系には体液性免疫と細胞性免疫があり，T細胞が関係するのは体液性免疫である。

Q27 B細胞は，体内に侵入した抗原を間接的に攻撃する。

Q28 インスリンは，副腎皮質から分泌される。⭐

Q29 副甲状腺ホルモンは，カリウムの代謝をつかさどる。

Q30 腸管は，口側より，空腸，回腸，十二指腸，大腸の順序である。⭐

A 22 不感蒸泄とは，呼気や皮膚の表面から自然に排泄される水分のことである。 ×

A 23 頸動脈は，首の側面に位置しており，体表から触知することができる。 ×

A 24 赤血球，白血球，血小板など，すべての血液細胞は骨髄内で産出される。 ○

A 25 赤血球の主な働きは，ヘモグロビンによる酸素の運搬である。 ○

A 26 T細胞が関係するのは，細胞性免疫で，体液性免疫にはB細胞が関係する。 ×

A 27 B細胞は，抗体を産出するなどの役割を担っており，体内に侵入した抗原を間接的に攻撃する。 ○

A 28 インスリンは，膵臓のランゲルハンス島β細胞から分泌される。 ×

A 29 副甲状腺ホルモンは，カルシウムの代謝をつかさどる。 ×

A 30 腸管は，口側より，十二指腸，空腸，回腸，大腸の順序である。 ×

Q 31 肺と右心房をつなぐのは，肺静脈である。

Q 32 胃腺には，胃底腺，幽門腺，噴門腺がある。

Q 33 上大静脈と下大静脈は，左心房に開口する。

Q 34 左心房と左心室の間には，大動脈弁がある。

Q 35 脳幹は，上部から橋・中脳・延髄の順に並んでいる。

Q 36 大脳のうち，頭頂葉は，主に計画，判断，評価，創造などの高次精神活動に関係する。 ☆

Q 37 副交感神経には，心臓の拍動を抑制する働きがある。

Q 38 平滑筋は随意的に収縮できる。

Q 39 瞳孔は，入ってくる光の量を調節する。 ☆

Q 40 三半規管は，内耳の中に位置する。

A 31 肺と左心房をつなぐのは，<u>肺静脈</u>である。 ✕

A 32 胃腺には，胃底腺，<u>幽門腺</u>，噴門腺の３種類がある。 ○

A 33 上大静脈と下大静脈は，<u>右心房</u>に開口する。 ✕

A 34 左心房と左心室の間には，<u>僧帽弁</u>がある。 ✕

A 35 脳幹は，上部から<u>中脳・橋・延髄</u>の順に並んでいる。 ✕

A 36 主に計画，判断，評価，創造などの高次精神活動に関係するのは，<u>前頭葉</u>である。頭頂葉は，身体位置の<u>空間的認識</u>に関係する。 ✕

A 37 交感神経は，心臓の拍動を<u>速め</u>，瞳孔<u>拡大</u>を促す。副交感神経はそれらを<u>抑制</u>する働きをする。 ○

A 38 筋肉線維には，内臓などの筋肉を構成する<u>平滑筋</u>と，骨格筋を構成する<u>横紋筋</u>がある。このうち随意的に動くのが<u>横紋筋</u>で，不随意的なものが<u>平滑筋</u>である。 ✕

A 39 瞳孔は，<u>虹彩</u>の中央にある丸くて黒い部分である。<u>虹彩</u>の収縮によって光の量を調節する。 ○

A 40 三半規管は<u>内耳</u>の中にある。耳の構造は外耳と中耳の境目に<u>鼓膜</u>があり，その奥に<u>内耳</u>がある。中耳と内耳の間には鼓室がある。 ○

4 障害の概要

Q 41 視覚障害とは，可能な限り眼科的治療を施し，眼鏡などで矯正してもなお，長期にわたり一定以上の視機能の低下がある場合をいう。

Q 42 聴覚障害のうち，ある程度，音声の識別ができる状態を難聴，ほとんど聴力のない状態を聾という。

Q 43 後天性免疫不全症候群による免疫機能障害は，内部障害に該当しない。

Q 44 遂行機能障害は，高次脳機能障害に含まれる。

Q 45 外傷性脳損傷による注意力の低下は，高次脳機能障害の症状のひとつである。

Q 46 白内障は，硝子体が混濁してものが見えにくくなるという特徴がある。

Q 47 自閉スペクトラム症の多くは，知能の障害を伴わない。⭐

Q 48 限局性学習症（SLD）は，年齢に不釣り合いな不注意・多動性・衝動性を特徴とする障害であり，社会的活動や学業に支障をきたす。

A 41 視覚障害は，網膜から視覚中枢までの伝達路のどこかに病変がある場合や，損傷を受けた場合に生じる。 ○

A 42 難聴は，聴覚経路のどの場所に障害を受けているかにより，伝音難聴と感音難聴に分類され，音声の聞こえ方の障害が異なる。 ○

A 43 内部障害には心臓機能障害，腎臓機能障害，呼吸器機能障害，膀胱・直腸機能障害，小腸機能障害，後天性免疫不全症候群（ヒト免疫不全ウイルス〈HIV〉による免疫機能障害），肝臓機能障害が含まれている。 ✕

A 44 遂行機能障害は高次脳機能障害のひとつで，言語・記憶・行為などの高次脳機能が保たれているにもかかわらず，これらを有効に活用できない障害である。 ○

A 45 高次脳機能障害は，脳に損傷を負うことによって現れる障害により，日常生活や社会生活に制約が生じる状態であり，その症状のひとつとして注意力の低下がある。 ○

A 46 白内障は，水晶体が混濁してものが見えにくくなるという特徴がある。 ✕

A 47 自閉スペクトラム症の人の多くは，知能の障害や言語の障害を併せもっている。 ✕

A 48 限局性学習症（SLD）とは，知的発達の遅れはみられないが，読む・書く・計算などの習得や使用に困難を示す。設問の記述は，注意欠如・多動症（ADHD）である。 ✕

5 リハビリテーションの概要と範囲

Q 49 リハビリテーションは，利用者の生活機能に関する目標とその実現のための計画を設定して行われるべきものである。

Q 50 リハビリテーションの目的は生活機能の回復にあるので，心臓，腎臓，ヒト免疫不全ウイルスなどの内部障害は対象には含まれない。

Q 51 リハビリテーションは，障害が固定してから開始される。

Q 52 リハビリテーション医療には，医師のみがかかわる。

Q 53 リハビリテーションを担う職種には，言語聴覚士は含まれない。

Q 54 リハビリテーションは，疾患を対象にした治療医学である。

Q 55 リハビリテーションの実施は，廃用症候群の予防や改善に有効である。☆

A 49 リハビリテーションは，利用者の生活機能に関する目標を設定し，それを実現するための計画に従って実行するプロセスである。　　○

A 50 リハビリテーションの目的は，全人間的復権（人間らしく生きる権利の回復）である。そのため，見た目では分からない内部障害もその対象となる。　　×

A 51 リハビリテーションの目的は，残存能力の活用，QOLの向上を目指すことにある。障害の固定化，関節拘縮，廃用性萎縮が起きないよう，できるだけ早期にリハビリテーションを開始することが重要である。　　×

A 52 リハビリテーション医療には，医師のほか，看護師や理学療法士などさまざまな職種がかかわる。　　×

A 53 リハビリテーションを担う職種には，理学療法士，作業療法士，言語聴覚士などが含まれる。　　×

A 54 リハビリテーションは疾患ではなく障害を対象とし，障害の予防や機能の回復，クライエントの社会参加までを目指すものである。　　×

A 55 廃用症候群には，筋萎縮，関節拘縮，起立性低血圧などがあり，それぞれの症状に応じて，筋力増強訓練や関節可動域訓練などのリハビリテーションを実施し，その予防や改善を図る。　　○

6　疾病と障害及びその予防・治療・予後・リハビリテーション

Q 56
インフルエンザの場合，肺炎を合併することはない。

Q 57
ダウン症候群は，性染色体異常による疾患である。

Q 58
結核感染予防には，手洗いが最も効果的である。

Q 59
ウイルス性肝炎のうち慢性肝炎に移行しやすいのは，Ｂ型とＣ型である。

Q 60
デング熱は，蚊を介して感染する。

Q 61
ノロウイルスに汚染された衣類の消毒には，アルコール消毒が有効である。⭐

Q 62
変形性関節症の中で最も少ないのは，変形性膝関節症である。

Q 63
母体が妊娠初期に風疹に感染した場合，胎児に心臓の形態異常や白内障などの網膜の異常，中枢神経系の異常などが現れやすいとされている。

医学概論

A 56 インフルエンザは<u>肺炎</u>を合併することがある。 ✕

A 57 ダウン症候群は，<u>常染色体</u>異常による疾患である。 ✕
<u>性染色体</u>異常による疾患には，ターナー症候群やク
ラインフェルター症候群がある。

A 58 結核は，<u>空気</u>感染の感染症であり，予防には<u>BCG</u>
ワクチン接種が有効である。手洗いは，<u>接触</u>感染の
感染症の予防策として効果的である。 ✕

A 59 ウイルス性肝炎のうち，<u>B</u>型と<u>C</u>型が慢性肝炎にな
りやすく，特に<u>C</u>型は肝硬変や肝がんに移行するこ
とが多い。 ◯

A 60 デング熱は，ネッタイシマカやヒトスジシマカなど
の<u>蚊</u>によって媒介されるデングウイルス感染症であ
る。潜伏期間は2〜15日で，突然の<u>発熱</u>，<u>頭痛</u>，
結膜充血を伴うことが多い。 ◯

A 61 ノロウイルスに汚染された衣類の消毒には，<u>流水で
の手洗い</u>や塩素系漂白剤，加熱などによる対処が有
効である。消毒用アルコールなどは無効である。 ✕

A 62 変形性膝関節症は，<u>変形性関節症</u>の中で最も多い。 ✕

A 63 妊娠初期に，妊婦が風疹に感染したために，出生児
に現れる先天性障害を<u>先天性風疹症候群</u>という。 ◯

Q 64 MRSA（メチシリン耐性黄色ブドウ球菌）感染症は，接触感染することが多い。

Q 65 筋萎縮性側索硬化症（ALS）の初期症状は，呼吸不全である。⭐

Q 66 筋萎縮性側索硬化症（ALS）では，多くの場合，知的能力は障害されない。⭐

Q 67 脊髄小脳変性症は，運動失調を主症状とする進行性の神経疾患である。

Q 68 パーキンソン病は，ドーパミンの過剰生産を伴う，原因不明の神経疾患である。

Q 69 パーキンソン病では，前傾姿勢，突進現象や小刻み歩行などがみられる。

Q 70 関節リウマチは，夕方に手がこわばりやすい。

Q 71 新型コロナウイルス感染症の感染症予防法上の位置付けは，令和5年5月より4類になった。

A64 MRSA 感染症は，病院内で，患者から看護職員などへ感染し，その菌が直接，あるいは間接的に他の患者などに接触感染することが多い。　○

A65 筋萎縮性側索硬化症の初期症状は，手の筋肉の萎縮，脱力などであることが多い。　×

A66 筋萎縮性側索硬化症では，知的能力に障害はみられない。また，感覚障害，眼球運動障害，膀胱・直腸障害，褥瘡も，ほとんどみられない（陰性四徴候）。　○

A67 脊髄小脳変性症の主症状となる運動失調は，体幹のふらつき，歩行不安定，言語不明瞭などで，進行すると歩行不能となる。　○

A68 パーキンソン病は，ドーパミンの産出低下を伴う，原因不明の神経疾患である。治療には，ドーパミンを補うために L-ドーパなどが用いられる。　×

A69 パーキンソン病の特徴的な症状は振戦，無動・寡動，固縮，姿勢反射異常などである。また，患者の顔貌は仮面のようであり，歩行の特徴として前傾姿勢，突進現象や小刻み歩行などがみられる。　○

A70 関節リウマチは，30〜50歳代の女性に好発する疾患で，小さな関節の痛みや腫れから始まり，徐々に手首や肩，膝，足首などの関節に痛みや腫れが出現するようになる。朝のこわばりが特徴である。　×

A71 令和5年5月よりそれまでの「新型インフルエンザ等感染症」（2類相当）から5類になった。　×

Q 72 厚生労働省が2023（令和5）年9月に公表した「2022年の人口動態統計（確定数）」によると，がん（悪性新生物）の主な部位別にみた死亡数で女性の第1位は乳がんである。

Q 73 喫煙は，膀胱がんの危険因子のひとつである。

Q 74 狭心症の治療薬の代表的なものとして，ニトログリセリンがある。

Q 75 心筋梗塞は，短時間の心筋虚血が起こり，心筋の血行が一部途絶えることによって発症する。⭐

Q 76 脳出血は，活動中に起こることが多く，症状は急速に進行する。

Q 77 くも膜下出血の頭痛は，発症後2，3日でピークに達する。

Q 78 多発性脳梗塞の症状として，嚥下障害がある。

Q 79 中高年に多く発症する糖尿病は，1型糖尿病である。

A 72 女性の第1位は<u>大腸がん</u>，第2位は肺がん，第3位は膵臓がんである。男性の第1位は<u>肺がん</u>，第2位は大腸がん，第3位は胃がんである。　**×**

A 73 喫煙は，<u>肺がん</u>，肺気腫，<u>狭心症</u>，不整脈，心筋梗塞などを起こしやすくする。それ以外に喫煙は口腔がんや<u>膀胱がん</u>の主要因子でもある。　**○**

A 74 狭心症の治療薬の代表的なものには，<u>ニトログリセリン</u>のほか，カルシウム拮抗薬やβ遮断薬，アスピリンなどがある。　**○**

A 75 <u>心筋梗塞</u>は，心筋虚血の状態が長く続いて心筋の血行が完全に途絶え，細胞が死滅した状態をいう。激しい胸の痛みが<u>30分</u>以上続く。　**×**

A 76 <u>脳出血</u>は脳の血管が破れて出血を起こす疾患で，深い昏睡とともに半身の麻痺が出現する場合が多い。活動中に起こることが多いのが特徴である。　**○**

A 77 <u>くも膜下出血</u>で現れる激しい頭痛は，発症時に突然起こる。悪心，嘔吐があり，意識の<u>混濁</u>がみられる。　**×**

A 78 多発性脳梗塞の症状には，四肢の麻痺，運動機能の障害，視野の異常，言語障害，嚥下障害，頭痛，意識障害などがある。そのほか，認知症や<u>パーキンソン病</u>などの機能障害を引き起こす可能性がある。　**○**

A 79 <u>1型</u>糖尿病は若年者に多い。中高年に多く発症するのは，過食・運動不足・肥満・老化などが<u>インスリン分泌低下</u>に加わって発症する<u>2型</u>糖尿病である。　**×**

Q 80 糖尿病性網膜症は，糖尿病に伴って発症する視覚障害の主要な原因のひとつである。⭐

Q 81 糖尿病の低血糖が原因でせん妄を生じることがある。⭐

Q 82 糖尿病の治療法は，食事療法のみである。

Q 83 本態性高血圧（一次性高血圧）は，高血圧全体の約50%を占める。

Q 84 高血圧は，腎血管病変の最も重要な危険因子である。

Q 85 2021（令和3）年度の「血液透析患者実態調査報告書」によると，腎不全となった原因疾患第1位は，高血圧性腎硬化症である。

Q 86 メタボリックシンドロームの診断基準では，内臓脂肪の蓄積に加え，脂質異常，高血圧，高血糖のうち2つ以上を合併した状態とされる。

Q 87 痛風の診断には，尿酸の検査が有用である。

A 80 糖尿病を原因とする目の障害としては，<u>糖尿病性網膜症</u>のほかに白内障も多い。 ○

A 81 <u>せん妄</u>の原因には，糖尿病の低血糖，薬の副作用，脱水症，感染症，栄養失調などがある。 ○

A 82 糖尿病の治療法は，<u>食事療法</u>，<u>運動療法</u>，<u>薬物療法</u>である。 ✕

A 83 本態性高血圧（一次性高血圧）は，高血圧全体の約<u>85 ～ 90</u>％である。高血圧は発症する原因が不明な<u>本態性高血圧</u>と他の疾患や薬剤などの副作用など，原因が明らかな<u>続発性高血圧</u>（<u>二次性高血圧</u>）の2つに分類される。 ✕

A 84 高血圧は，腎血管病変を引き起こす危険を高める。腎血管病変が進行すると<u>腎硬化症</u>となる。 ○

A 85 腎不全となった原因疾患第1位は<u>糖尿病性腎症</u>，第2位が<u>慢性糸球体腎炎</u>，第3位が<u>腎硬化症</u>である。 ✕

A 86 メタボリックシンドロームの診断基準は腹囲が男性<u>85</u>cm 以上，女性<u>90</u>cm 以上で，加えて①中性脂肪値が<u>150</u>mg/dL 以上か，HDL コレステロール値が<u>40</u>mg/dL 未満，またはその両方に該当，②最高（収縮期）血圧が<u>130</u>mm/Hg 以上か，最低（拡張期）血圧が<u>85</u>mm/Hg 以上，またはその両方に該当，③空腹時の血糖値が<u>110</u>mg/dL 以上の3項目のうち2項目以上とされている。 ○

A 87 痛風は，血液中の尿酸値が高くなる<u>高尿酸血症</u>になり，針状の尿酸の結晶が関節を刺激することで痛みが生じる。空腹時の血液中の尿酸値が<u>7</u>mg/dL を超えると<u>高尿酸血症</u>と診断され，発症率も高くなる。 ○

医学概論

33

Q 88 DSM-5（精神疾患の診断・統計マニュアル第5版）では，重症度を判定するために多元的診断を採用している。

Q 89 DSM-5を作成したのは世界保健機関（WHO）である。

Q 90 DSM-5に基づく統合失調症の診断において，症状は，発症から2週間で消失する。⭐

Q 91 観念奔逸は，DSM-5において，統合失調症と診断するための5つの症状に含まれている。⭐

Q 92 うつ病では，気分の日内変動がみられる。

Q 93 注意欠如・多動症（ADHD）は，DSM-5において「物質関連障害及び嗜癖性障害群」に分類されている。

Q 94 ギャンブル障害は，精神疾患の診断・統計マニュアル（DSM-5）において，物質関連障害及び嗜癖性障害群に分類される。

Q 95 神経性やせ症（神経性無食欲症）では，過食を生じるタイプがある。

A 88 DSM-5では，何らかの症状がある場合と健常な状態とはつながっているとするスペクトラム（連続体）が取り入れられ，その診断方法として多元的診断（ディメンション診断）が採用された。　○

A 89 DSM は，アメリカ精神医学会（APA）が作成しているものである。1952年に DSM-I が開発されたことに始まり，1968年に DSM-II が作成され，2013年に DSM-5が出版された。　×

A 90 DSM-5で統合失調症と診断するには，特徴的症状のうち，2つまたはそれ以上の症状が1か月存在し，障害の持続的な特徴が6か月間存在することがあげられている。　×

A 91 DSM-5で統合失調症と診断するための5つの症状には，①妄想，②幻覚，③まとまりのない発語，④ひどくまとまりのない，または緊張病性の行動，⑤陰性症状がある。　×

A 92 うつ病では，朝や午前中に状態が悪く，午後や夕方から気分がよくなる日内変動がみられる。　○

A 93 注意欠如・多動症（ADHD）は，DSM-5の発達障害に当たる「神経発達症群／神経発達障害群」に分類されている。　×

A 94 精神疾患の診断・統計マニュアル（DSM-5）では，ギャンブル障害を物質関連障害及び嗜癖性障害群に分類している。　○

A 95 神経性やせ症（神経性無食欲症）のタイプには，摂食制限型，過食・排出型，部分寛解，完全寛解がある。　○

7 公衆衛生

Q 96 公衆衛生を「組織化された地域社会の努力を通じて，疾病を予防し，寿命を延長し，身体的・精神的健康と能率の増進を図る科学・技術」と定義したのは，ウィンスローである。⭐

Q 97 健康とは，病気ではない状態のことで，健康を決定づけるのは，遺伝子や臓器などの生物学的決定要因である。

Q 98 疾病の一次予防とは，病気になりつつある段階で，健康診断，がん検診などで早期発見・早期治療をすることである。

Q 99 健康の社会的決定要因には，所得や社会的地位，教育，雇用・労働環境，空気や土壌などの物理的環境，文化などが含まれる。⭐

Q 100 公衆衛生の内容には，環境保健，予防医学，健康教育，健康管理，衛生行政，医療制度，社会保障などがある。

Q 101 2014年の難病法の制定により，小児難病の対象疾患が200種類以上増加した。

Q 102 公衆衛生の保健医療対策には，母子保健，成人保健，高齢者保健，精神保健，感染症対策，難病対策がある。

A 96 アメリカの公衆衛生学者である<u>ウィンスロー</u>が 1949年に定義したものである。公衆衛生の定義として最も広く認められている。　○

A 97 健康は単なる「病気ではない状態」ではなく，「肉体的，精神的および社会的に良好な状態」とされている。また，健康の決定要因には，<u>生物学的決定要因</u>と社会的決定要因がある。　×

A 98 設問の記述は，<u>二次予防</u>のことである。<u>一次予防</u>は，衛生教育，健康相談，予防接種，水道やゴミ収集などの衛生環境整備などで，病気にかからないようにすることである。　×

A 99 地域の人々の健康は，社会的，経済的，政治的，文化的，心理社会的，日常生活上のさまざまな要因の影響を受ける。これらの要因を<u>健康の社会的決定要因</u>（SDH:Social Determinants of Health）という。　○

A 100 公衆衛生は，<u>地域や国全体</u>など集団を対象に，<u>健康の保持・増進や疾病の予防</u>，また社会参加といった<u>社会的健康</u>の向上を目的としている。　○

A 101 小児難病（小児慢性特定疾病）の対象疾患が増加したのは，2014年の<u>児童福祉法</u>改正によるものである。同年<u>難病法</u>が制定され，成人の対象疾患も増加した。　×

A 102 ライフステージごとに母子，成人，高齢者の<u>保健対策</u>がある。<u>疾病対策</u>として，精神保健，感染症対策，難病対策がある。　○

Point 1　健康及び疾病の捉え方

■ ICFの生活機能モデル

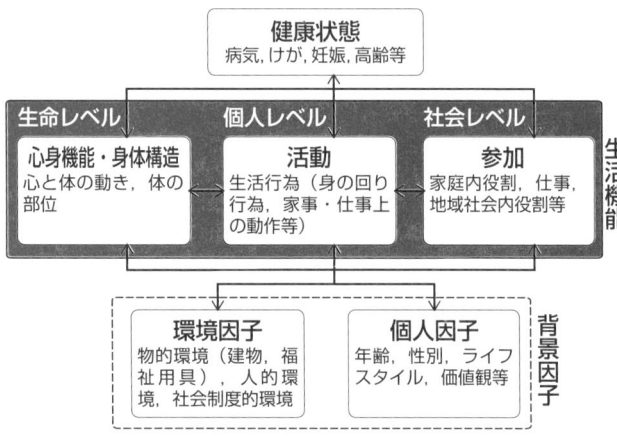

■ 健康の決定要因の階層構造

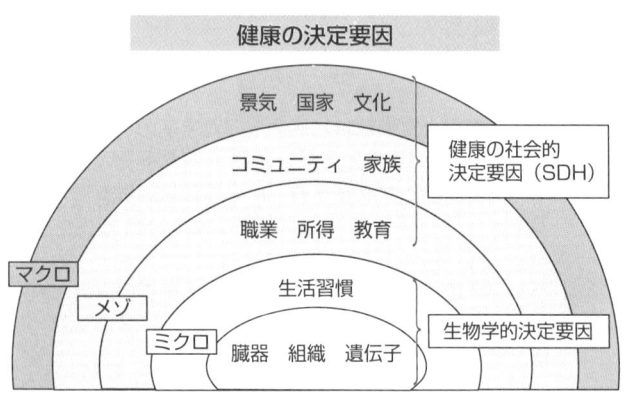

Point 2　消化器系器官の位置

　消化器は消化作用（食物を分解・吸収，生命維持に必要なエネルギーとして人体に摂取する）を行います。

●口腔・食道…**上顎骨**と**下顎骨**に囲まれ，食物を咀しゃく，味わい，嚥下し，**食道**へ送る。

●胃…**噴門**（胃の入り口）に近い上半部に食物を貯留し，唾液アミラーゼ（糖質を分解する消化酵素）の作用で消化後，**幽門**（胃の出口）側の下半部に送られ胃液の作用を受けて消化をさらに進め，**十二指腸**へと送る。

●小腸…消化・吸収の大部分が行われる（十二指腸〔胆汁・膵液による分解〕，**空腸**〔腸液の分泌〕，**回腸**〔吸収が中心。分解された食物，水分，電解質の大部分が吸収される〕）。

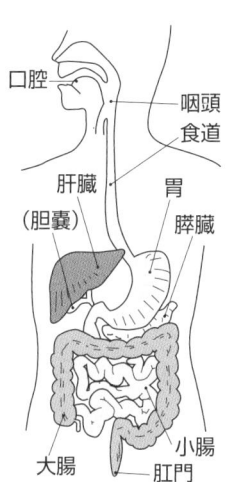

口腔
咽頭
食道
肝臓
（胆嚢）
胃
膵臓
小腸
大腸
肛門

●大腸…**上行結腸→横行結腸→下行結腸**と通過する間に水分が徐々に吸収される。また，小腸で吸収されなかった**栄養素**や**電解質**も，このときに吸収される。その後，**下行結腸**から**S状結腸**を通過する間に，普通の便の硬さとなり，**直腸**に溜まって排泄される。

●肝臓…**肝動脈**からの酸素と，**門脈**からの栄養素を別の成分に変えて蓄え，必要に応じて生成した物質を全身に供給する。
①糖質**代謝**…グリコーゲンからブドウ糖を生成し放出。
②たんぱく質**代謝**…**血漿たんぱく質**を合成し血液中に放出，不要なアミノ酸を分解して排泄させる。
③脂質**代謝**…**中性脂肪**を分解しエネルギー源とする。

●膵臓…①外分泌機能：消化酵素（**たんぱく質分解**…トリプシン，キモトリプシン）（**糖質分解**…アミラーゼ）（**脂質分解**…リパーゼ）
②内分泌機能：ホルモン（**血糖値下降**…インスリン）（**血糖値上昇**…グルカゴン）

Point 3　肺循環・体循環　脳の構造

血液循環

　血液が心臓から出ていろいろな器官をめぐり，また心臓に戻ってくることを血液循環といい，これには肺循環（小循環）と体循環（大循環）とがあります。

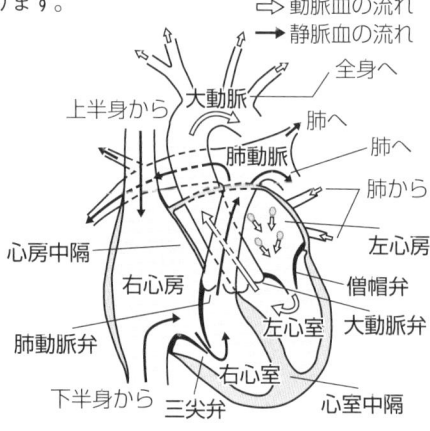

肺循環	体循環
右心房	左心房
↓	↓
三尖弁	僧帽弁
↓	↓
右心室	左心室
↓	↓
肺動脈	大動脈
↓	↓
肺	全身
↓	↓
肺静脈	大静脈
↓	↓
左心房	右心房

⇨ 動脈血の流れ
→ 静脈血の流れ

全身へ
大動脈
上半身から
肺へ
肺動脈
肺
肺から
左心房
心房中隔
僧帽弁
右心房
左心室　大動脈弁
肺動脈弁
右心室
下半身から　三尖弁　心室中隔

脳の構造

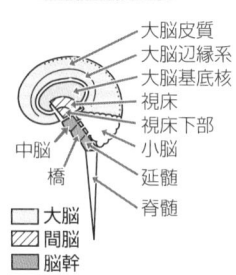

大脳皮質
大脳辺縁系
大脳基底核
視床
視床下部
小脳
延髄
脊髄
中脳
橋

□ 大脳
▨ 間脳
▤ 脳幹

①大脳
大脳辺縁系…本能行動，情動に関する動物的行動の中枢。
大脳基底核…随意運動をスムーズにし，姿勢を正しく保つ。
②間脳…視床は嗅覚を除くすべての感覚を伝える中継点であり，視床下部は自律神経系や内分泌系，体液調節の中枢。

③小脳…左半球と右半球に分かれており，手足の運動をスムーズに行わせる働きをしている。左右半球の中央には，虫部（姿勢や身体のバランスを保つ）がある。

④脳幹…中脳（筋肉の緊張の調節，眼球の動きや瞳孔の大きさの調節），橋（顔や眼を動かす），延髄（言語の発音や嚥下・呼吸・発汗・排泄などを調節する自律神経の中心）からなる。

母子保健	母体保護法	不妊手術，人工妊娠中絶および受胎調節などについて規定
	母子保健法	母子への保健指導，健康診査，医療その他の措置などについて規定
	母子健康手帳	妊娠・出産・育児に関する母子の健康記録で，健康診査や保健指導の資料となる
成人保健	健康日本21（生活習慣病予防対策）	一次予防に重点を置く施策で，9分野にわたる数値目標が設定されている
	がん対策基本法	がん対策推進基本計画の策定，がん対策の基本となる事項などについて規定
高齢者保健	介護保険法	65歳以上が第1号被保険者，40〜64歳が第2号被保険者となる介護保険制度について規定
	特定健康診査	40〜74歳を対象にメタボリックシンドロームに着目した健診を行う
	後期高齢者医療制度	75歳（寝たきり等の場合は65歳）以上の者が加入する独立した医療制度
精神保健	精神保健福祉法	精神障害者保健福祉手帳や入院制度（任意入院，措置入院，医療保護入院，応急入院），精神保健福祉センターなどについて規定
感染症対策	感染症予防法	感染症の分類（1〜5類，新型インフルエンザ等感染症，指定感染症，新感染症）と，危険度に応じた予防・まん延防止対策について規定

心理学と心理的支援

1 心理学の視点

Q103 世界で最初の心理学の実験室をつくり，心理学に独立した地位を与えたのはヴントである。

Q104 フェヒナーは，内的な感覚量は外界の刺激量の対数に比例して減少するという法則性を示した。

Q105 ゲシュタルト心理学は，心的現象全体を個々の心理現象の要素に還元して研究するという理論に立っている。

Q106 レヴィンは，ゲシュタルト心理学派に属する人であるが，その研究は要求・情緒・パーソナリティなどの領域に及んでいる。⭐

Q107 ワトソンは，意識のような主観的経験を研究対象として，主観と行動の関係を体系付ける，行動主義心理学を提唱した。

Q108 ワトソンは，環境的要因よりも生得性を重要視した。

Q109 フロイトは，抑圧された無意識を理解することが人間理解につながるという精神分析学を提唱した。

Q110 ユングのパーソナリティ論では，パーソナリティについて外向型と内向型の2つの類型を示した。

心理学の各理論を押さえるだけでなく，各技法についても実践に応用できるレベルまで理解を深めておきましょう。

A103 1879年，ドイツのライプチヒ大学の哲学部に，<u>ヴント</u>が世界最初の心理学実験室を開設した。 ○

A104 <u>フェヒナー</u>は，内的な感覚量は外界の刺激量の対数に比例して<u>増大</u>するという，<u>フェヒナー</u>の法則を提唱した。 ×

A105 <u>ゲシュタルト心理学</u>は，心的現象を全体としてのまとまりを持っているものとして，全体の特性からとらえるべきであるという理論に立っている。 ×

A106 初期のゲシュタルト心理学は，知覚・思考・記憶などの実験心理学的な研究が中心であったが，<u>レヴィン</u>によって研究対象が要求・情緒・パーソナリティ・社会心理の問題に拡大された。 ○

A107 <u>ワトソン</u>は，意識のような主観的経験を研究対象から除き，客観的な刺激とそれに導かれる反応の因果関係を明らかにする<u>行動主義心理学</u>を提唱した。 ×

A108 ワトソンは，刺激（S）と<u>反応</u>（R）のみを研究の対象とし，生得性よりも<u>環境的要因</u>を重要視した。 ×

A109 フロイト以前の心理学は意識を対象としていたが，フロイトは<u>無意識</u>を対象とした。 ○

A110 ユングは，心的エネルギーの方向によって<u>パーソナリティ</u>を外向型と内向型に分類した。 ○

2 人の心の基本的な仕組みと機能

Q111 気分は，急激に生起し数秒間で消失する。⭐

Q112 マズローによる人間の欲求階層説において，階層の最上位の欲求は，自己実現の欲求である。

Q113 マズローは，人間の欲求を優先度により3段階に階層付けた。⭐

Q114 マズローによる人間の欲求階層説において，自己実現の欲求は，成長欲求（成長動機）といわれる。

Q115 ホメオスタシスとは，ある刺激に対して緊張することをいう。

Q116 目や耳などの感覚器には，光や音以外にも眼球をおすと光が見えるなどの感覚を生じさせる刺激があり，こうした刺激を適刺激という。

Q117 2つの異なる刺激の明るさや大きさなどの物理的特性の違いを区別することができる最小の差異を，刺激閾という。

Q118 明るい場所から暗い場所に移動した際，徐々に見えるようになる現象を，視覚の明順応という。⭐

A 111 急激に生起し，短時間のうちに終わる感情は<u>情動</u>である。<u>気分</u>はある期間持続するもので，必ずしも明確な対象があって生じるというものではない。　×

A 112 マズローによる人間の欲求階層説において，階層の最上位の欲求は，<u>自己実現の欲求</u>である。　○

A 113 マズローは，人間の欲求を上位の欲求から順に，<u>自己実現の欲求</u>，<u>自尊</u>の欲求，<u>愛情と所属</u>の欲求，<u>安全</u>の欲求，<u>生理的欲求</u>の<u>5</u>段階に階層付けた。　×

A 114 自己実現の欲求は，<u>成長欲求（成長動機）</u>といわれる。一方，自己実現の欲求以外の欲求を，<u>欠乏欲求（欠乏動機）</u>という。　○

A 115 ある刺激に対して緊張することを<u>ストレス</u>という。ホメオスタシスとは，生体内部の生理的均衡状態のことを意味するものであり，ホルモンや神経により調整されている。　×

A 116 適刺激とは，特定の感覚器に感覚を生じさせる上で特に適合したタイプの刺激をいう。目にとっては<u>光</u>が，耳には<u>音</u>が適刺激である。それに対して，設問の記述は<u>不適刺激</u>と呼ばれる。　×

A 117 2つの異なる刺激の明るさや大きさなどの物理的特性の違いを区別することができる最小の差異は，<u>弁別閾（丁度可知差異）</u>である。　×

A 118 明るい場所から暗い場所に移動した際，徐々に見えるようになる現象は，視覚の明順応ではなく，<u>暗順応</u>である。　×

Q 119 外界の刺激を時間的・空間的に意味のあるまとまりとして知覚する働きを，知覚の体制化という。

Q 120 「人に迷惑をかけるいたずらをした子どもを叱ったら，その行動をしなくなった」という事例は，レスポンデント条件づけに該当する。⭐

Q 121 狭い箱に入れられた猫は脱出しようとしていろいろ試みたが，紐を引っ張ると出口が開くことを覚えた後は，箱に入れられるとすぐに紐を引っ張った。これは洞察学習である。

Q 122 過去の学習や経験を適用して得られた判断力や習慣のことを流動性知能という。

Q 123 記憶とは，過去の経験を保存し，それを必要に応じて思い出す精神活動で，記銘，保持，想起の過程で構成されている。

Q 124 感覚記憶とは，自転車に乗ったり楽器を演奏したりするときの技能に関する記憶である。⭐

Q 125 「友人と遊園地に行く約束をしていたので，朝から出掛けた」は，意味記憶の事例となる。

Q 126 ワーキングメモリとは，入力された情報とその処理に関する一時的な記憶である。

A 119 設問の記述のとおりである。代表的な知覚の体制化 ○
の例として，ルビンの顔と杯が挙げられる。

A 120 「人に迷惑をかけるいたずらをした子どもを叱った ×
ら，その行動をしなくなった」という事例は，レス
ポンデント条件づけではなくオペラント条件づけに
該当する。

A 121 設問の記述は，試行錯誤学習である。洞察学習は， ×
ケーラーによって主張された，チンパンジーが棒や
箱などの道具を使って天井から吊るされたバナナを
取る実験から導かれた理論である。

A 122 過去の学習や経験を適用して得られた判断力や習慣 ×
のことを結晶性知能という。

A 123 記憶とは，新しいことを覚える記銘，それを一定の ○
期間覚えておく保持，覚えた情報を思い出す想起と
いう一連の過程をいう。想起には，再生および再認
の過程がある。

A 124 感覚記憶は外部からの刺激の視覚的特徴などを抽出 ×
し，最大1，2秒程度保持される意識されない記憶
である。設問の記述は，手続き記憶である。

A 125 「友人と遊園地に行く約束をしていたので，朝から ×
出掛けた」は，意味記憶ではなく，展望記憶の事例
となる。

A 126 ワーキングメモリとは，作動記憶ともいい，暗算す ○
るときなどのように，入力された情報とその処理に
関する一時的な記憶をいう。

Q 127 長期記憶の記憶容量は無限大とされており，再生の繰り返しにより永続的に保持される。

Q 128 将来の約束や予定についての記憶は，手続き記憶と呼ばれる。

Q 129 成績がよい子どもに対して，本来成績とは無関係な性格面や行動面についても肯定的に評価してしまうことをハロー効果という。⭐

Q 130 リーダーシップの PM 理論によれば，集団を維持・強化する能力は低いが，課題遂行能力があるリーダーシップ型は，pM 型に分類される。

Q 131 抑圧とは，現在の発達段階より下の発達段階に逆戻りして，未熟な言動を行うことをいう。⭐

Q 132 置き換えとは，望ましいと思われる性質を自分のものであるかのようにみなし，満足や安定を得ようとすることをいう。

Q 133 飛行機事故をいつも心配していた。しかし，事故の確率は極めて低いと考え，不安な気持ちを静めた。これを取り入れという。

Q 134 苦手な人に対していつもより過剰に優しくした。これを投影という。

A 127 長期記憶は永続性が高いので，認知症高齢者で最近 ○
あったできごとをよく忘れる人であっても数十年前
のことを覚えていることがある。

A 128 手続き記憶とは，自動車の運転など，意識しなくて ×
もできる，技能やノウハウについての記憶をいう。
設問の記述は，展望記憶である。

A 129 ハロー効果とは，あるひとつのことに優れている ○
と，他のことでも優れていると評価してしまうこと
で，マイナスの方向へ作用する場合もある。

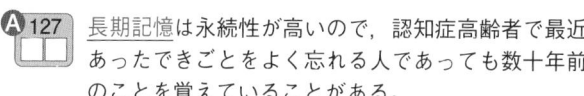
心理学と心理的支援

A 130 リーダーシップのPM理論によれば，pM型は，集 ×
団を維持・強化する能力はあるが，課題遂行能力が
低いリーダーシップ型に分類される。設問のリー
ダーシップ型は，Pm型に分類される。

A 131 抑圧とは，実現困難な欲求や苦痛な体験などを心の ×
中に抑え込んでしまうことをいう。設問の記述は，
退行である。

A 132 置き換えとは，ある受け入れがたい感情，欲求を， ×
受け入れやすい関連のある対象に振り向けることを
いう。設問の記述は，同一視（同一化）である。

A 133 取り入れとは，他者の考えや価値観，感情などを自 ×
分の考え・価値観・感情として取り込もうとするこ
とをいう。設問の記述は，知性化に当たる。

A 134 投影とは，自分の中の認めがたい感情・欲求を，外 ×
的対象（他者，事物）の属性であると見なすことで
ある。設問の記述は，反動形成である。

3 人の心の発達過程

Q135 ゲゼルは，双生児に対する階段のぼりの実験に基づき，成熟優位説を唱えた。

Q136 環境優位説では，周囲への働きかけや環境および出生前の経験を重視する。

Q137 ローレンツは，特定の人物に向けて焦点化された愛着の結び付きをアタッチメントと呼んだ。

Q138 ヴィゴツキーによれば，子どもの知的発達には，独力で問題解決できる水準と，他者からの援助などによって達成が可能な水準があると考えられる。

Q139 ピアジェの発達理論によると，形式的操作期になって初めて物の形状や配置の見た目が変化しても，その物の数や量は一定である，という保存の概念が理解できるようになる。⭐

Q140 フロイトは，人の発達を，性的欲動（リビドー）の発現過程においてとらえ，口唇期，肛門期，男根期，潜伏期，性器期などと分類した。

135 ゲゲルは，双生児を使った実験で，早い段階から訓練するよりも，適切に成熟してからの訓練が効果的であることを立証し，訓練・学習に対するレディネス（準備状態）が重要とする成熟優位説を唱えた。

136 環境優位説は，学習優位説ともいい，発達における環境と学習の働きを重視する。環境優位説を唱えたのはワトソンである。

137 アタッチメント理論を確立したのはボウルビィである。ローレンツは，刷り込み現象を報告した。

138 ヴィゴツキーは，子どもの知的発達には，他者からの援助などによって達成が可能な水準と，独力で問題解決できる水準があると考え，それらの差異である発達の最近接領域に働きかける教育が，子どもの知的発達に有効であるとしている。

139 ピアジェは，人間の発達段階を，感覚運動期（出生～2歳頃），前操作期（2～6，7歳頃），具体的操作期（6，7～11，12歳頃），形式的操作期（11，12歳以降）の4段階に分類している。保存の概念が理解できるようになるのは，具体的操作期である。

140 フロイトは，性的欲動（リビドー）が，各発達段階でどのように充足されたかによって人のパーソナリティの発達が決定されると考え，発達のプロセスを口唇期，肛門期，男根期，潜伏期，性器期の5段階に分類した。

Q141 ハヴィガーストの発達課題では，各段階において課題を達成することにより次の段階への発達が可能になるとされる。

Q142 エリクソンのライフサイクル論によれば，若い成年期の解決すべき基本的課題は，親密性対停滞である。

Q143 自分はどのような人間なのか，自分の社会的役割は何か，を確立することを，心理・社会的モラトリアムの達成という。⭐

Q144 マーシアは，青年期のアイデンティティの状態をアイデンティティ発達，モラトリアム，同一性拡散という3つに分類した。⭐

Q145 フロイトは，発達段階の到達点とされる青年期を男根期とした。

Q146 成人期にみられる心の問題として，子育て後に生じやすい空の巣症候群（エンプティネストシンドローム）がある。

141 ハヴィガーストは，発達課題は自然に達成されるものではなく，個人の<u>成熟</u>や社会からの<u>圧力</u>に加え，それを達成しようとする個人の<u>願望</u>が必要であるとした。　○

 142 エリクソンは，心理社会的発達段階を<u>8つ</u>に区分し，各段階には特有の課題とその克服があると指摘している。若い成年期の解決すべき基本的課題は<u>親密性</u>対<u>孤立</u>である。　×

 143 自分はどのような人間なのか，などを確立するのは，<u>アイデンティティ</u>の達成である。心理・社会的モラトリアムとは，社会から課された役割や義務を猶予する期間のことである。　×

 144 マーシアは，エリクソンの考え方を発展させて，青年期のアイデンティティの状態（アイデンティティ・ステイタス）を<u>アイデンティティ発達</u>，<u>モラトリアム</u>，<u>早期完了</u>，<u>同一性拡散</u>という4つに分類した。　×

 145 フロイトは，発達段階の到達点とされる青年期を男根期ではなく<u>性器期</u>とした。男根期は，男女の性差に気づいていく5〜6歳頃の時期を指す。　×

 146 <u>空の巣症候群（エンプティネストシンドローム）</u>は，子が独立し，子育てを終えた親にみられる心の問題である。親としての役割を喪失したことにより，空虚感や抑うつ感といった症状が現れる。　○

4 日常生活と心の健康

Q147 セリエは，初めてストレスという概念を取り上げ，主にストレッサーによる生理的反応について論じた。

Q148 音楽の発表会であがりそうになったが，課題曲を思い浮かべ演奏のリハーサルをしていたら気分が楽になった。これは情動焦点型コーピングである。⭐

Q149 試験の結果が悪かったので，気晴らしのため休日に友人と遊びに出掛けた。これは，問題焦点型コーピングである。⭐

Q150 アパシーとは，ストレス状態が続いても，それに対処できている状態のことである。

Q151 マスラックのバーンアウト尺度（MBI）によれば，バーンアウトは，情緒的消耗感，個人的達成感の低下，脱人格化に特徴付けられるが，さらに検証が続いている。

Q152 ソーシャルサポートとは，ストレスなどに対処する能力をいう。

Q153 レジリエンスは，人間がストレスからの自然な回復をする際に作用する脳内分泌物質である。

A 147 セリエは，ストレスを「外界のあらゆる要求に対する身体の非特異的反応」であるとし，この一連の反応を汎適応症候群と呼んだ。　○

A 148 情動焦点型コーピングとは，問題に対する気持ちをコントロールしたり変化させたりして，苦痛の軽減を目指すストレス対処法である。設問の記述は，問題焦点型コーピングである。　×

A 149 問題焦点型コーピングとは，問題を明確にし，別の解決方法を見つけて，ストレッサーを改善し，問題自体を取り除くことを目指すストレス対処法である。設問の記述は，情動焦点型コーピングである。　×

A 150 アパシーとは，ストレス状態が続き，それに対してうまく対処することができない場合に陥る無気力状態のことをいう。　×

A 151 マスラックのバーンアウト尺度（MBI）によれば，バーンアウトは，情緒的消耗感（仕事を続ける中で，情緒的に力を出し尽くして消耗してしまった状態），個人的達成感の低下（仕事に対するやりがいの低下），脱人格化（職場の人間関係に対する無情で，非人間的な対応）に特徴付けられる。　○

A 152 ソーシャルサポートは，コーピングを支えるシステムなどをさす。ストレスなどに対処する能力は，コーピングである。　×

A 153 レジリエンスは，人間がストレスを受けた際に回復する力や，ストレスに耐える力のことで，脳内分泌物質のことではない。　×

Q154 クライエント（来談者）中心療法は，夢分析を行い無意識の意識化を促進させる。

Q155 カウンセリングでは，クライエントの抱く感情を価値評価的態度で受け止めることが大切である。

Q156 要約とは，クライエントの話の内容を，主旨を変えずにカウンセラーが自分の言葉に翻訳，意訳して返す技法である。

Q157 精神分析療法においては，治療契約が重視されている。

Q158 治療関係が進んで，クライエントが親などに向けていた無意識的な感情や葛藤を，治療者に対して向けるようになることを転移という。⭐

Q159 森田療法では，神経症の原因には無意識の欲求の抑圧があると考え，クライエントの抑圧の解消を図ることで症状を取り去ろうとする。⭐

Q160 社会生活技能訓練（SST：Social Skills Training）は，クライエントが役割を演じることを通して，対人関係で必要な技能の習得を目指していく。

154 夢分析を行い，無意識の意識化を重視するのは，<u>精神分析療法</u>や<u>ユング派</u>の心理療法である。クライエント中心療法は，<u>ロジャーズ</u>が創始した技法で，<u>無条件の積極的尊重</u>や<u>共感的理解</u>などが重視される。

 155 カウンセリングにおいては，クライエントへの<u>共感的理解</u>が大切である。

 156 <u>要約</u>は，クライエントの感情を整理するために，カウンセラーがクライエントの話や気持ちの要点を伝え返す技法である。設問の記述は，<u>言い換え</u>である。

 157 <u>精神分析療法</u>の特徴として，治療が治療契約・作業同盟のもとで行われることがあげられる。治療契約とは治療の開始に当たり，治療者とクライエントの間でなされる治療方法などの取り決めのこと。

158 クライエントが，親などに向けていた無意識的な感情や葛藤を治療者に対して向けることを<u>転移</u>という。一方，治療者がクライエントにそうした感情を向けることは<u>逆転移</u>という。

 159 森田正馬により1920年頃考案された<u>森田療法</u>は，意識的な自覚を重視しており，<u>神経症</u>に限らず広く活用されている。設問の記述は，<u>精神分析療法</u>である。

160 社会生活技能訓練（SST）は，クライエントが役割を演じる<u>ロールプレイング</u>（役割演技）を行い，対人的な対処能力の改善を図る治療法である。

心理学と心理的支援

Q161 森田療法は，臥褥期，軽作業期，作業期，社会復帰期のうち，2つの過程を選択して行われるものである。

Q162 箱庭療法はユングが確立した。⭐

Q163 箱庭療法において，箱は行動の自由を制限する枠組みであるが，逆にその中は自由を保障された，安心できる空間となりうる。そのため，治療者とクライエントとの信頼関係が重視される。⭐

Q164 バウムテストを実施するとき，「葉のついた木をできるだけ上手に書いてください」と教示する。

Q165 動作療法は，脳性麻痺の子どもに特化した療法である。

Q166 ブリーフ・サイコセラピーは，長期的な治療を探究するものである。

Q167 障害のある子の親に対する心理的支援としては，ピアカウンセリングの機会を提供することが効果的である。

Q168 音楽療法では，歌唱や演奏だけではなく，音楽鑑賞やBGMとして音楽を流すこともある。

A 161 森田療法は，食事とトイレ以外は横になっている臥褥期，一人で軽い作業を行う軽作業期，植物の世話などを行う作業期，外出も行う社会復帰期の4つの過程を経て行われるものである。　×

A 162 箱庭療法は，カルフがローエンフェルトの考案した技法をもとに，ユングの理論を取り入れて発展させ，確立した。　×

A 163 箱庭療法では，自由にできる保護された空間の中でクライエントが自己を表現していくにつれて，内なる自己治癒力が働き始めると考える。　○

A 164 バウムテストは，スイスの心理学者コッホによって創始された。白画用紙に「実のなる木を描いてください」という教示だけで絵を描かせ，それを評定する投影法のひとつである。また，自由に描くことが肝心であり，上手に描く必要はない。　×

A 165 動作療法は，動作を通じて心理的問題にアプローチをする療法である。脳性麻痺の子どもを対象に始まったが，現在では障害児・者を対象とする福祉分野をはじめ，幅広い分野にわたって適用されている。　×

A 166 ブリーフ・サイコセラピーは，短期間（ブリーフ）で具体的な問題解決を目指し，効率的な治療を行うものである。　×

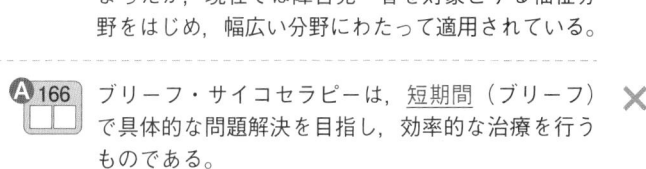

A 167 ピアカウンセリングは，同じ障害がある者同士やその親同士がカウンセリングを行うことで，互いの問題を分かち合い，成長につなげていく手法である。　○

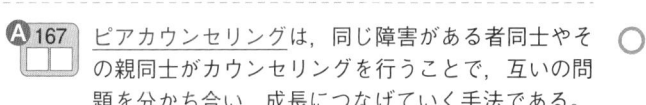

A 168 音楽療法では，歌唱や楽器演奏などの能動的方法のほか，音楽鑑賞などの受動的方法も用いられる。　○

Q169 改訂長谷川式簡易知能評価スケールの結果がカットオフポイントを下回ったので, 発達障害の可能性を考えた。

Q170 ウェクスラー式知能検査は, 年齢別の検査項目を配列して, 知能指数を測定する。☆

Q171 投影法によって把握できる性格特性は, 客観的で数値化が容易なため, 検査者が異なっても同じ検査結果を得ることができる。☆

Q172 ロールシャッハ・テストは, インクの染みをテスト図版とした検査であり, 被験者の対象年齢を限定している。

Q173 TAT は, 提示された絵を見て作った物語の内容から, 隠された欲求やコンプレックスの存在を明らかにする。

Q174 MMPI は, 質問紙法による知能検査である。

Q175 PF スタディでは, 欲求不満場面での反応を測定する。

169 改訂長谷川式簡易知能評価スケール（HDS-R）は，発達障害ではなく，認知症の可能性を評価する検査である。 ✕

 170 ウェクスラー式知能検査は言語性検査と動作性検査で構成され，検査結果から知能指数を測定する。成人用，児童用，幼児用がある。年齢別の検査項目を配列している検査は，ビネー式知能検査である。 ✕

 171 投影法は，図形などの描かれた曖昧で多義的な刺激を自由に見て，被験者がそれにどのような意味付けをするかを検査者が分析するもので，数値的な診断は不可能で，検査者により結果が異なる場合がある。 ✕

 172 ロールシャッハ・テストは人格検査（性格検査）の一種で，インクの染みによってできた，左右対称のテスト図版を10枚見せて，何に見えるかを想像してもらい，その内容から心理状態や性格傾向を判定する方法である。特に対象年齢は限定していない。 ✕

 173 TAT（主題統覚検査，絵画統覚検査）は，31枚の図版から，被験者の年齢と性別により選択された20枚で構成される。被験者には，それぞれの図版について過去，現在，未来にわたる物語を自由に語ってもらう。 ◯

 174 MMPI（ミネソタ多面人格目録）は，質問紙法による人格検査である。4種の妥当尺度と10種の臨床尺度，その他の尺度からなる，550の質問項目で構成される。 ✕

 175 PFスタディ（絵画欲求不満テスト）は，欲求不満が喚起される場面を描いた絵に対する反応から，性格傾向を把握する検査である。 ◯

Q176 集団心理療法は，集団の相互作用を活用して，メンバーの人格変容，自己認知の促進，対人関係の改善等を図ることを目的としている。

Q177 心理劇（サイコドラマ）は，自発性の回復を目指す集団心理療法である。⭐

Q178 心理劇をうつ病の人に対して実施することがある。

Q179 エンカウンターグループは，クライエント中心療法の創始者ロジャーズによって1960年代から70年代にかけて導入された。

Q180 エンカウンターグループは，心理的な問題をもたない人々に対しても，さらなる心理的成長を目指すグループアプローチとして用いられる。

Q181 回想法は，高齢者の自動思考を修正することを目的としている。⭐

Q182 回想法では，記憶だけを頼りに昔を思い出させるようにする。

Q183 回想法を用いる場合，回想の内容が事実かどうかをよく確かめる必要がある。⭐

Q184 リアリティ・オリエンテーションは，幻覚や妄想などの症状の軽減を主目的としている。

A 176 集団心理療法では，集団の持つ相互作用的な力によって<u>感情表出</u>が容易になり，クライエント同士が共感し合ったり，自発的な行動が生まれたりする。 ○

A 177 心理劇は<u>モレノ</u>によって考案された集団心理療法である。具体的に役割を演じる行為を反復表現させることで個人の創造性や<u>自発性</u>の回復を目指す。 ○

A 178 心理劇の対象は，うつ病，統合失調症患者のみならず，健常者，<u>治療者</u>まで幅広く用いられる。 ⊙

A 179 設問の記述は，ベーシック・エンカウンターグループといい，わが国で1980年代から行われているものを<u>構成的エンカウンターグループ</u>という。 ○

A 180 <u>エンカウンターグループ</u>は，集団成員が集団の中で相互に自己を開示し，語り合い，一人ひとりが自己実現に向けて取り組んでいく集団療法である。 ○

A 181 回想法は，<u>認知症高齢者</u>の心理的な<u>安定</u>や<u>成長</u>を図ることなどを目的に，幼少期などの昔の記憶をたどりながら，これまでの人生を振り返ってもらう心理療法のひとつである。 ✕

A 182 回想法では，回想を促すために，当時をしのばせる<u>写真・音楽・生活材</u>などを用意するとよい。 ✕

A 183 心理的な<u>安定</u>と<u>認知機能の改善</u>を図ることが回想法の目的であり，回想の内容が事実かどうかは重要ではない。 ✕

A 184 リアリティ・オリエンテーションとは，認知症高齢者など<u>見当識障害</u>のある人を対象に，認知能力を高めることを目的に行われる手法である。 ✕

Q185 自助グループの種類に，人生における危機や変化に対処する人々のグループはない。

Q186 自助グループは，専門職や専門機関の援助を継続的に受けることで成り立ち，同じ問題を抱えた人が，グループの力を使って問題解決を図るものである。

Q187 家族療法のシステムズ・アプローチでは，家族間の関係性の悪循環を変化させる。

Q188 システム論的な家族療法では，家族の中のIPが中心となって動き，IPは家族システムの変化を起こすキー・パーソンとなる。 ⭐

Q189 構造派家族療法のアプローチでは，家族の構造に焦点を当てる，ジョイニングなどの技法を通して構造の再構築を促す。

Q190 戦略派家族療法では，逆説的介入法などのアプローチをとる。

Q191 成長派家族療法は，家族心理の過程を3つの要素でとらえる。

185 自助グループ（セルフヘルプグループ）とは，同様 ✕
の問題を抱えた人同士が集まり，支え合いながら状
況の改善を目指すもので，アルコール依存や薬物依
存など人生における危機や変化に対処する人々のグ
ループもある。

 186 自助グループ（セルフヘルプグループ）は，同様の ✕
問題を抱えた人びとが集まって，専門職とは独立し
て，自らの課題を自らの力で解決していこうとする
グループである。

 **187** 家族療法は，家族をひとつのシステムとしてとらえ 〇
る。クライエントの心の問題は家族システムの中で
形成されたものと考え，クライエント一人だけでな
く，家族全員を対象として治療的に働きかける。

 188 患者と呼ばれる人（IP：Identified Patient）は，家 ✕
族システムに変化を起こすキー・パーソンではな
く，家族システムの救助信号である。家族システム
に問題が起こることにより IP が出現する。

 189 構造派家族療法は，家族システム内の構造変化を重 〇
視し，世代間の境界がはっきりするようにサブシス
テムを組み直すアプローチを行う。主な技法として，
援助者が家族の交流に仲間入りして協力関係をつく
る技法（ジョイニング）などを取り入れている。

 190 戦略派家族療法は，家族にあえて問題行動をさせる 〇
などして（逆説的介入法），家族が相互に働きかけ
合うルールや流れを変えて，実用的，現実的な問題
解決を図ることを目的としている。

 191 成長派家族療法は，家族心理の過程を自己評価，コ ✕
ミュニケーション，家族システム，家族ルールの4
つの要素から成るととらえ，家族ルールを変化させ
ることを重視する。

Q192 認知的アプローチでは，主に認知の歪みの再構造化がセラピーの焦点となる。

Q193 うつ病の認知療法では，状況の受け止め方を合理的にすることで気分の変化を図る。

Q194 行動療法とは，クライエントの行動を分析することによって，その行動に影響している過去の経験を探り，その内容を説明してクライエントの自覚を求め，行動の改善を図る心理療法である。⭐

Q195 認知行動療法において，セラピストは，クライエントが独力で問題解決できるように，クライエントとの共同作業はしない。

Q196 認知行動療法に，他者の行動観察を通して行動の変容をもたらすモデリングは含まれていない。

Q197 行動療法のシェーピングは，好ましい行動を段階的に学習する方法である。⭐

Q198 認知行動療法において，リラクセーション法は併用しない。

Q199 認知行動療法では，少しでも不快な刺激に曝すことは避け，トラウマの再発を防ぐ。

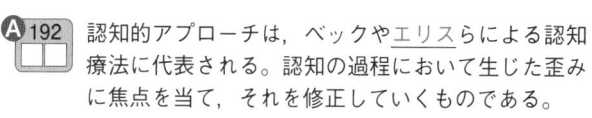 認知的アプローチは，ベックやエリスらによる認知 ○
療法に代表される。認知の過程において生じた歪み
に焦点を当て，それを修正していくものである。

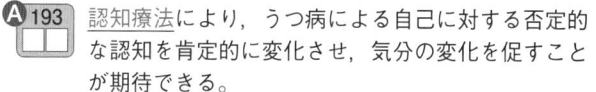 認知療法により，うつ病による自己に対する否定的 ○
な認知を肯定的に変化させ，気分の変化を促すこと
が期待できる。

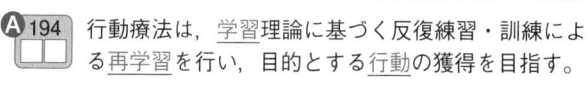 行動療法は，学習理論に基づく反復練習・訓練によ ×
る再学習を行い，目的とする行動の獲得を目指す。

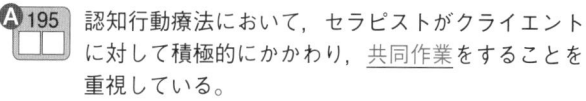 認知行動療法において，セラピストがクライエント ×
に対して積極的にかかわり，共同作業をすることを
重視している。

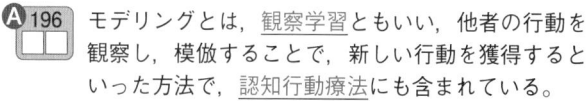 モデリングとは，観察学習ともいい，他者の行動を ×
観察し，模倣することで，新しい行動を獲得すると
いった方法で，認知行動療法にも含まれている。

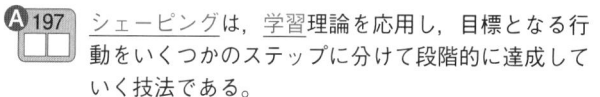 シェーピングは，学習理論を応用し，目標となる行 ○
動をいくつかのステップに分けて段階的に達成して
いく技法である。

 認知行動療法では，リラクセーション法を併用する ×
ことがある。

認知行動療法では，意図的に不安や刺激を感じる場 ×
面を体験して段階的に触れることで，克服していく
というエクスポージャー療法も用いられている。

心理学と心理的支援

67

Point 5 記憶の分類

　記憶の時間幅によって記憶情報処理過程をモデル化すると，感覚記憶（感覚登録器），短期記憶（短期貯蔵庫），長期記憶（長期貯蔵庫）の３つのシステムが使われるとされています。

感覚記憶	瞬間的なもので，**最大1，2秒程度のごく短時間保持される意識されない記憶。注意を当てることで短期記憶に移行する**
短期記憶	**数秒間**保持され，その間に絶えず反復（リハーサル）されなければ消失する。反復されることで短期記憶は長期記憶となる。短期記憶の記憶容量は**7±2チャンク程度**の情報である
長期記憶	記憶容量は**無限大**で，**再生**が繰り返されることで永続的に保持される ○展望記憶…ある特定のできごとが起こったら，またはある時間が経過したらあることを実行しなければならない，未来に行う行為に関する記憶 ○エピソード記憶…いつ，どこで，何を，といった個人的経験の記憶 ○自伝的記憶…その記憶を持っている個人自身の生活史に位置付けられているような事象の記憶。事象の起こった日時や場所も同時になされる ○意味記憶…一般的な知識や事実など，学んだことを一般化したり，繰り返された経験から抽象化した概念についての記憶 ○手続き記憶…意識しなくても使うことができる，身体で覚えているような技能や手続き，ノウハウを保持する情報・記憶

得点UP のカギ

　記憶のプロセスは，３段階と考えられています。
①記銘…覚えこむこと。経験を蓄えること。
②保持…記銘した内容・体験を持続させること。
③想起…保持している内容・体験を再現すること（再生＋再認）。
※忘却とは，記憶されていたことを想起できなくなること。**エビングハウス**は無意味綴りの実験で，記銘直後には急激に，一日後以降からは緩やかに忘れていくという忘却曲線を示した。

Point 6　　防衛機制の種類

　欲求不満などで切迫した状況に置かれた場合，人は自己を守るためにさまざまな手段を用います。これを防衛機制あるいは適応機制といいます。

代　償	要求が実現できないとき，代わりのもので満足すること
補　償	不得意な面を他の面で補おうとすること
昇　華	直ちに実現できないことを社会的・文化的価値の高い活動で代償させること
同一視 （同一化）	望ましいと思われる性質を自分のものであるかのようにみなし，満足や安定を得ようとすること
投　影 （投　射）	自分の中の望ましくない特質が他人の中にもあるとみなし，自分を欺くこと
逃　避	困難な場面や不安から空想や病気に逃げ出すことで自分を守ろうとすること
抑　圧	実現困難な欲求や苦痛などを心の中に抑え込み，なかったことにしてしまうこと
置き換え	受け入れがたい感情，欲求を，より受け入れやすい関連のある対象に振り向けること
退　行	耐えがたい事態に直面したとき，発達の未熟な段階に戻って自分を守ろうとすること
攻　撃	他人や物を傷付ける，規則を破るなどして，欲求不満を解消しようとすること
反動形成	抑圧された欲求と反対の傾向を持つ行動や態度をとろうとすること
合理化	自分に都合のいい理由付けをして立場を正当化させ，情緒の安定を図ろうとすること

社会学と社会システム

1 社会システム

Q 200 リースマンの示した社会的性格のうち，他人指向型は，孤独な群衆とも呼ばれる。

Q 201 社会指標とは，主観的評価ではなく，客観的な要因を数量化したものである。⭐

Q 202 幸福度指標は，社会の福祉水準を測定する社会指標のひとつである。

Q 203 ジニ係数は，身分格差を示す指標である。

Q 204 イギリスを福祉国家として理論的に支えたのは，ケインズとベヴァリッジである。

Q 205 何かを贈られたとき，それへの返礼のあり方が社会関係におけるバランスと関係するので，等価物での返礼が義務付けられていることを互酬性という。

Q 206 人々の私的利益の追求は利害対立を生み，万人の万人に対する闘争状態が予想される中で，社会秩序がなぜ可能となるのかを問うことをホッブズ問題という。

この科目は，社会福祉の領域と密接に関連する内容が多く，援助のあり方を考えるうえで，大きな意義を持ちます。この点を踏まえて，学習を進めましょう。

A 200 リースマンは，社会的性格を，伝統指向型，内部指向型，他人指向型に分類した。孤独な群衆は，他人指向型を示している。 ○

A 201 社会指標は，経済指標以外に非貨幣的指標も用いて，社会や国民生活の諸側面の状態を包括的に測定する統計指標である。客観的評価だけではなく，主観的評価も数量化されている。 ×

A 202 幸福度指標とは，OECD（経済協力開発機構）が開発した，幸福の度合いを測定する指標である。社会の福祉水準を測定する社会指標である。 ○

A 203 ジニ係数とは，所得や資産の不平等あるいは格差をはかるための尺度である。なお，ジニ係数は0から1の間で示され，数値が大きいほどより不平等であることを示す。 ×

A 204 ケインズは完全雇用や景気安定のための国家の積極的な市場介入を論じ，ベヴァリッジはそれに加え，社会保障制度の充実が福祉国家完成の要件とした。 ○

A 205 個人間または集団において生じる，贈り物などに対する返礼の相互行為を互酬性という。互酬性には儀礼的な要素もあり，返礼は等価物に限られない。 ×

A 206 パーソンズは，自然状態ではあり得ない社会秩序がなぜ可能となるのかという原理的な問いをホッブズ問題として示し，その答えとして，社会システムによる価値や規範の埋め込みを論じた。 ○

2 組織と集団

Q207 第二次集団は，学校，会社，組合などのように，特定の利害や関心に基づいて組織された集団である。⭐

Q208 ゲマインシャフトとは，相互の感情や了解に基づく緊密な結び付きによる集団をいう。⭐

Q209 インフォーマルグループとは，メンバーの親密な相互関係を通じて形成される集団である。

Q210 準拠集団とは，共同生活の領域を意味し，地域社会を典型とする集団を指す。

Q211 内集団とは，個人にとって嫌悪や軽蔑，敵意の対象となる集団を指す。

Q212 官僚制は職務が平等に配分され，権限の上下関係もない水平的な組織である。

Q213 ネットワーク組織とは，個人やグループが，固く結び付くのではなく，緩くつながっている組織をいう。

Q214 アソシエーションとは，第一次集団ともいい，親密で対面的な結び付きを特徴としている集団をいう。

A 207 クーリーは，家族や遊び仲間，地域集団など，対面 ○
的で親密な集団を第一次集団と呼んだ。一方，第二次
集団とは，学校や会社，組合など，特定の目的，関
心，利害に基づき人為的につくられた集団である。

A 208 テンニースによれば，ゲマインシャフトとは，家族 ○
や村落など，本質意志に基づく親密な集団をいう。
一方，ゲゼルシャフトは，大都市や国家など，目的
的な選択意志によって形成される集団である。

A 209 インフォーマルグループとは，非公式集団と訳さ ○
れ，組織の中で自然発生的に生まれる私的相互関係
に支えられたグループを指す。

A 210 設問の記述は，コミュニティの説明である。準拠集 ✕
団とは，リファレンス・グループともいい，好き嫌
い，善悪など自己の価値判断の拠り所とするような
集団をいう。

A 211 内集団とは，われわれ意識といった仲間感情によっ ✕
て結びつく集団のことをいう。

A 212 ウェーバーは官僚制の特色として，専門的な職員の ✕
採用，規則の成文化，没人格的な人間関係，明確な
上下関係などをあげた。

A 213 ネットワーク組織は，個人やグループが網の目のよ ○
うに緩やかにつながっている組織のことである。

A 214 アソシエーションとは，共通の関心や目標の実現を ✕
目指そうとする集団をいう。親密で対面的な結び付
きを特徴としている集団は，第一次集団（プライマ
リー・グループ）である。

3 社会変動

Q 215 コントは，人類の知的進化の法則を立て，人間精神は形而上学的段階から実証的（科学的）段階の二段階を経て進歩すると考えた。

Q 216 デュルケムは，異質な個人の分業による有機的な連帯から，同質的な個人が並列する機械的連帯へと変化していくと考えた。⭐

Q 217 市場の無規制的な拡大で，人々の欲望が他律的に強化され異常に肥大化していく中で，消費の焦燥感や挫折感，幻滅などが生じることを経済的アノミーという。

Q 218 社会進化論では，近代社会への移行を軍事型社会から産業型社会への進化であるととらえた。⭐

Q 219 マルクスは，生物有機体が成長するように社会も成長・発展するという社会有機体論を提示した。

Q 220 構造移動とは，産業構造や人口動態の変化によって社会的地位の移動を余儀なくされることをいう。

Q 221 ウェーバーの合法的支配とは，伝統や慣習により正当化される支配をいう。⭐

A 215 19世紀にフランスで活躍した<u>コント</u>は，『実証哲学講義』を著し，人間精神は<u>神学的段階，形而上学的段階，実証的（科学的）段階</u>の三段階を経て進歩するという，三段階の法則を唱えた。　×

A 216 <u>デュルケム</u>は『社会分業論』の中で，近代の産業社会では，<u>機械的</u>連帯（比較的同質の人々が結合）から<u>有機的</u>連帯（異質な個人が分業によって結合）へと移行すると唱え，連帯の型の対置を行った。　×

A 217 <u>デュルケム</u>は，経済的繁栄によって人々の欲望が過度に肥大化し，どこまでいっても満足できない<u>アノミー</u>に陥り，それが焦燥感や幻滅などをもたらすと考えた。　○

A 218 <u>スペンサー</u>の社会進化論では，近代社会への移行を，強制による<u>軍事型</u>社会から自発性による<u>産業型</u>社会への進化であるととらえた。　○

A 219 社会を生物有機体にたとえて説明する<u>社会有機体論</u>は，コントや<u>スペンサー</u>などにより提唱された。特に<u>スペンサー</u>は，社会を生物有機体と同質のものととらえ，単純なものから複雑なものへと成長・発展していくと考えた。　×

A 220 産業構造や人口動態の変化によって社会的地位の移動を余儀なくされることを<u>構造移動</u>という。　○

A 221 記述は，<u>伝統的支配</u>の説明である。合法的支配とは，正当な手続きにより制定された法に従うことで成立する支配のことをいう。　×

Q222 マンハイムは，大衆社会の人間像を甲羅のない蟹と表現した。

Q223 フロムは，権威主義的パーソナリティを，ナチズム台頭期の下層中産階級に典型的にみられる社会的性格とした。

Q224 ホメオスタシスとは，人々が社会状況について誤った認識をし，その認識に基づいて行動することで，結果としてその認識どおりの状況が実現してしまうことを指す概念である。

Q225 コンピュータの発達は，新たなメディア・リテラシーを必要としているが，それに対応できない中高年世代をテクノストレスに追い込んでいる。

Q226 1985（昭和60）年の国勢調査時において，65歳以上人口が15歳未満人口を初めて上回った。

Q227 国勢調査によると，日本の人口は，高度経済成長期以降，一貫して増加している。

Q228 老年人口指数とは，0〜14歳の年少人口に対して占める65歳以上人口の比率である。

Q229 少子化は，合計特殊出生率が人口置換水準を長期的に上回る状態をいう。

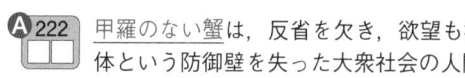 **222** 甲羅のない蟹は，反省を欠き，欲望も抑えず，共同
体という防御壁を失った大衆社会の人間像をいう。 ○

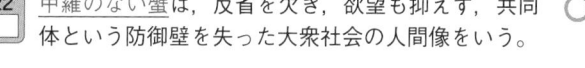 **223** フロムは，過度な自由による不安から逃れようとす
る人々は権威に向かい，強者には従順で，弱者には
残虐な権威主義的パーソナリティをみせるとした。 ○

224 人々が社会状況について誤った認識をし，その認識
に基づいて行動することで，結果としてその認識どお
りの状況が実現してしまうことを指す概念は，ホメオ
スタシスでなく予言の自己成就である。 ×

225 メディア・リテラシーとは，インターネットやテレ
ビなどの媒体，情報機器を使いこなし，その特性を
理解して情報を活用する能力をいう。 ○

226 65歳以上人口（老年人口）が15歳未満人口（年少
人口）を初めて上回ったのは2000（平成12）年の
国勢調査時である。 ×

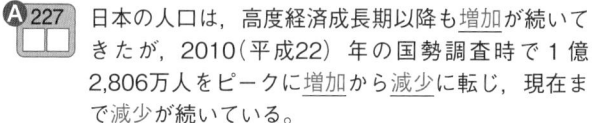 **227** 日本の人口は，高度経済成長期以降も増加が続いて
きたが，2010（平成22）年の国勢調査時で1億
2,806万人をピークに増加から減少に転じ，現在ま
で減少が続いている。 ×

228 老年人口指数とは，15〜64歳の生産年齢人口に対
して占める65歳以上人口の比率である。 ×

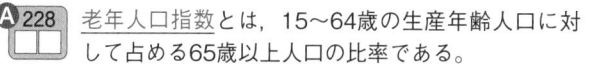 **229** 人口置換水準とは，人口が増加も減少もしない均衡
した状態となる合計特殊出生率の水準のことを指
す。少子化は，合計特殊出生率が人口置換水準を長
期的に下回る水準になることをいう。 ×

4 地域

Q 230 バージェスが論じた同心円地帯理論は，農村の村落共同体の共生空間をモデルにしている。

Q 231 シカゴ学派のワースは，都市を「異質な個人からなる，密度の高い，相対的に大きな，永続的な集落」と定義し，都市的生活様式（アーバニズム）を理論化した。

Q 232 フィッシャーは，都市の拡大過程に関して，それぞれ異なる特徴を持つ地帯が同心円状に構成されていくとする，同心円地帯理論を提起した。

Q 233 クラッセンは，大都市では類似した者同士が結び付き，ネットワークが分化していく中で多様な下位文化が形成されるとする，下位文化理論を提起した。

Q 234 都市化によってまず都心部に人口が集中し，次いでその周辺の郊外の人口が増えていくが，その後も都心部の人口が減少することはない。⭐

Q 235 限界集落とは，過疎化による人口減少の結果，65歳以上の高齢者が過半数を占め，もはや集落を維持していくことが困難な状態にある地域のことをいう。⭐

Q 236 コンパクトシティとは，先端技術産業を軸として，地方経済の発展を目指す都市をいう。

230 シカゴ学派のバージェスが提示した<u>同心円地帯理論</u>は，同心円状の構造を持つ<u>都市</u>における中心部の老朽化・貧困化と，経済的に豊かな階層の郊外流出を示す<u>都市</u>の成長過程を図式化したものである。 ×

 231 シカゴ学派の<u>ワース</u>は，都市化により家族や親類，近隣などとの人間関係の希薄化が進み，パーソナリティの統合性喪失，孤独感や不安が増大されるとする<u>アーバニズム論</u>を提起した。 ○

社会学と社会システム

 232 同心円地帯理論を提起したのは，<u>バージェス</u>である。フィッシャーが提起したのは，<u>下位文化理論</u>である。 ×

 233 下位文化理論を提起したのは，<u>フィッシャー</u>である。クラッセンが提起したのは，<u>都市の発展段階論</u>である。 ×

 234 都市化の進行に伴い，都心の居住人口が減少し，郊外の居住人口が増加する<u>ドーナツ化現象</u>が生じることがある。 ×

 235 <u>限界集落</u>とは，過疎化と高齢化によって<u>65歳以上</u>人口が半数を超え，共同体機能の維持が困難になっている集落である。 ○

 236 コンパクトシティとは，拡散した都市機能を集約させ，生活圏の再構築を図る都市をいう。設問の記述は，<u>テクノポリス</u>である。 ×

5 環 境

Q 237 日本で最初の公害は，水俣病である。

Q 238 1950年代の高度経済成長期に環境破壊が深刻化し，この頃に発生した水俣病，新潟水俣病，イタイイタイ病は三大公害と呼ばれる。

Q 239 1967年に環境基本法が公布・施行され，1971年に環境庁が設置された。

Q 240 1992年の地球サミットでは，地球温暖化（気候変動）生物多様性，海洋汚染，砂漠化などについて議論された。

Q 241 2000年の国連サミットでは，2030年までの国際目標として，17のゴール，169のターゲットからなるSDGs（持続可能な開発目標）が掲げられた。

Q 242 二酸化炭素などの温室効果ガスの排出量増加や，森林破壊など人間の活動によって，気温や気象パターンに長期的な変化が起こっており，これを気候変動という。

Q 243 環境問題の解決を政府・行政に任せるのではなく，市民やNPO・ボランティア団体が加わった柔軟な参加・協働が有意義であると考えられている。

237 足尾鉱毒事件が，日本で最初の公害とされている。 ✕
明治時代の足尾銅山開発により，渡良瀬川流域で水
質・土壌が汚染され，健康被害が発生した。

 238 水俣病，新潟水俣病，イタイイタイ病，四日市ぜん ✕
そくが四大公害とされている。重化学工業を中心と
する産業の急速な発展に伴い，ほかにも多くの公害
事件が発生した。

 239 1967年に公布・施行されたのは，公害対策基本法 ✕
である。環境基本法は，1993年に公布・施行され
た。また，環境庁は，2001年に環境省に引き継が
れた。

 240 1980年代後半ごろから地球環境問題が国際社会の ◯
課題となり，1992年にブラジルで地球サミット
（環境と開発に関する国際会議）が開催され，地球
規模の環境破壊が主題となった。

 241 SDGsは，2015年に国連サミットの「持続可能な ✕
開発のための2030アジェンダ」に記載された国際
目標である。2000年は，貧困率の半減を目指す
MDGs（ミレニアム開発目標）がまとめられた年で
ある。

 242 気候変動は国際的な課題となっている。2015年の ◯
気候変動枠組条約第21回締約国会議ではパリ協定
を採択。全ての国が温室効果ガス排出の削減目標を
作り，5年ごとに見直すことが義務づけられた。

 243 政府・行政主体の規制型の環境政策から，政府・行 ◯
政，市民，NPO・ボランティア団体の参加・協働
によって問題解決にあたるガバナンス型に移行しつ
つある。

6　市民社会と公共性

Q244 産業の変化を支える科学・技術の発展に伴い物質文化の展開は急速に進むが，政治・法律や教育など非物質文化は技術変動についていけず，変化の速度に時間的な違いが出てくることは，文化摩擦と呼ばれる。

Q245 分化的接触論では，被差別的な関係性に置かれることが逸脱の生成要因であると考える。

Q246 マートンによれば，アノミーは，文化的目標と制度的手段の合致が，人々に，社会的緊張をもたらすために，生じるものである。

Q247 ラベリング論は，周囲の人々や社会統制機関などが，ある人々の行為やその人々に対してレッテルを貼ることによって，逸脱は作り出されるとみる立場である。

Q248 株価の変動で金銭的な損失を受けた人がいるにもかかわらず，それを違法な粉飾操作によってもみ消し，被害がなかったように隠匿することを被害者なき犯罪という。

Q249 キツセとスペクターによれば，社会問題や社会病理は，ある社会状態を問題ありと定義し主張する人々の活動によって構築される像である。

Q250 相対的剥奪とは，人が自分の置かれている状態を，絶対的な水準ではなく，準拠集団との比較において劣っていると感じている状態である。

244
オグバーンは，近代産業社会にあっては，物質文化の発展するスピードが，それに対応すべき非物質文化の発展よりも速く，そのズレから文化遅滞と呼ばれる混乱が生じるとした。

×

 245
サザーランドの分化的接触論は，逸脱の原因を，周囲の環境からの学習という社会的要因から論じる。

×

社会学と社会システム

 246
マートンは，社会における文化的目標とそれを達成するための制度的手段の不統合（ズレ）が人々に逸脱をもたらすとし，そこから生じる社会規範の衰退をアノミーと呼んだ。

×

 247
ベッカーらが唱えたラベリング論は，ある行為が逸脱とされるのは，その行為に対して社会の側が逸脱というラベルを貼るためだという考え方である。

○

 248
エドウィン・シャーは，賭博，売春，麻薬など法的に犯罪として規定されているものの，被害者がいない（ように見える）犯罪を，被害者なき犯罪と呼んだ。

×

 249
キツセとスペクターに代表される構築主義の考え方によれば，社会問題とは，特定の社会状態をいうのではなく，特定の社会状態を問題ありと定義する人々の活動により構築される。

○

250
マートンは，人々が抱く不満は，その人の置かれる社会的境遇の絶対的な劣悪さによるのではなく，主観的な希求水準と現実の達成水準との相対的な格差から生じるとした（相対的剥奪）。

○

Q 251 1970年前後からアメリカを中心に普及した資源動員論は，社会運動の形成には願望や敵意といった人間感情を資源とみなして動員することが必要であることを強調した。

Q 252 囚人のジレンマとは，協力し合うことが互いの利益になるにもかかわらず，非協力への個人的誘因が存在する状況を指す。⭐

Q 253 ある財やサービスの対価を払うことなく，利益のみを享受する人のことをフリーライダーという。⭐

Q 254 経済不況の続く社会では，人々は生活のためにシャドウワークと呼ばれる第二の仕事を夜間にせざるを得なくなる。

Q 255 わが国では，女性の年齢別労働力率にみられるM字型就労パターンの中央部の落ち込み，すなわち30歳代の就労率の低下は，近年一層顕著になっている。

Q 256 経済成長と環境保全は二律背反的なものであり，技術革新によって環境保全を図ることはできるが，同時に経済成長も持続していくことはできないという考え方をエコロジー的近代化論という。

Q 257 共有地の悲劇とは，公共財の供給に貢献せずに，それを利用するだけの成員が生まれる状況を指す。⭐

251 <u>資源動員論</u>では，社会運動を，目標達成に向けて人，モノ，情報などの資源を戦略的に動員していく組織的な連帯行動とみる一方，人間感情の役割については，否定的にとらえた。 ✕

 252 <u>囚人のジレンマ</u>とは，2人の囚人が，ともに黙秘することが双方にとって得であるにもかかわらず，ともに非協力的な行動を選ぶことで，双方にとって望ましくない結果になるものをいう。 ◯

 253 <u>フリーライダー</u>とは，利用制限できない財（主に公共財）の性質を悪用し，自分の負担なしにこれらを利用する人をいう。 ◯

 254 <u>シャドウワーク</u>とは，財とサービスの生産を補足するために産業社会に不可欠ではあるが，賃金が支払われない労働（<u>家事</u>・育児・介護など）をいう。 ✕

 255 わが国では，女性の年齢別労働力率にみられる<u>M字型</u>就労パターン（いわゆる<u>M字</u>カーブ）の中央部の落ち込みは近年浅くなり，<u>台形</u>に近付きつつある。 ✕

 256 <u>エコロジー的近代化</u>論は，近代化・合理化の結果として発生した環境問題を，社会システムの政策的革新によって解決しようとする思想であり，技術革新による環境保全と<u>経済</u>の持続的な成長は両立するという立場から論じられる。 ✕

 257 共有地の悲劇とは，個人がそれぞれ合理的な判断の下で<u>自己利益</u>を追求した結果，全体としては<u>不利益</u>な状況を招いてしまうことを指す。 ✕

7 生活と人生

Q 258 オグバーンは，家族の機能縮小を論じ，愛情機能だけが残されるとした。

Q 259 マードックは，婚姻によって成立した一組の夫婦とそこから生まれた未婚の子からなる核家族が普遍的な社会集団であると指摘した。

Q 260 パーソンズは，夫・父親は表出的役割，妻・母親は手段的役割という家庭内役割分担の図式を提示した。

Q 261 複婚家族とは，親子関係によって2つ以上の核家族が複合した家族の形態をいう。

Q 262 政府が行う国勢調査や家計調査では，家族ではなく世帯という概念が用いられる。

Q 263 夫婦と子どもからなる家族は，子どもの立場からみれば生殖家族，親夫婦の立場からみれば定位家族という概念で表される。

A 258 オグバーンは，家族が担っていた経済，教育，宗教，娯楽，保護，地位付与という6つの機能は産業化の中で失われ，愛情機能だけが残されると論じた。　○

 A 259 マードックは，家族には性，生殖，経済，教育の4つの機能があり，それらを果たすための必要最小限の単位が核家族であると考えた。　○

 A 260 パーソンズは，夫・父親は外に出て生活費を稼ぐという手段的役割を，妻・母親は家族メンバーの情緒面での安定を図るという表出的役割を担うものとし，家庭内役割分担の図式を提示した。　×

 A 261 複婚家族とは，一人の配偶者を共有してなる核家族が結び付いた家族の形態をいう。　×

 A 262 わが国の国勢調査や家計調査では，家族ではなく世帯という概念が用いられる。国勢調査では，「住居と生計を共にしている人の集まり」「一戸を構えて住んでいる単身者」「間借り・下宿などの単身者」「会社などの独身寮の単身者」などを一般世帯に，「寮・寄宿舎の学生・生徒」「病院・療養所の入院者」「社会施設の入所者」などを施設等の世帯に分類している。　○

 A 263 定位家族とは，自分が生まれ育った家族，つまり社会化されていく場である。一方，生殖家族とは，自分が結婚してつくった家族をいう。したがって，夫婦と子からなる家庭を子の立場からみれば定位家族，親夫婦の立場からみれば生殖家族となる。　×

Q 264 リトウォクは，古典的拡大家族の変形というべき修正拡大家族の機能について述べた。

Q 265 ディンクス（DINKs）とは，夫と妻が共にフルタイムで働きながら，子どもを産み育てていく夫婦のあり方をいう。⭐

Q 266 ステップファミリーは，共に暮らすカップルの少なくとも一方が，以前のパートナーとの間にできた子どもを伴っている場合に形成される。⭐

Q 267 世帯とは，主として家計と住居を同じくする人々からなる集団である。

Q 268 国勢調査によれば，わが国の1985（昭和60）年以降の世帯規模（１世帯当たり人員）を５年ごとにみていくと，いずれも，２人台となっている。

Q 269 国勢調査（令和２年）によれば，20歳代後半（25～29歳）の男性の未婚率は，7割を上回っている。

Q 270 2022年国民生活基礎調査における65歳以上の者のいる世帯の家族形態をみると，人数で多い上位２つは，夫婦のみの世帯と三世代世帯である。

Q 271 2022年国民生活基礎調査によると，65歳以上の者のいる世帯の世帯数は，全世帯の７割以上を占めている。

A 264 <u>修正拡大家族</u>とは，核家族をつくった子どもの世帯と親の世帯とが対等に結び付いて，距離や地位の差があっても互いに協力し合う関係をいう。　○

A 265 <u>ディンクス</u>（DINKs：<u>Double Income No Kids</u>）とは，子どもがいない共働き夫婦のこと。子どもを持つ共働き夫婦は<u>デュークス</u>（DEWKs：<u>Double Employed With Kids</u>）という。　×

A 266 夫と妻のどちらか，あるいは両方が子連れで再婚してできた家族を<u>ステップファミリー</u>（Stepfamily）という。　○

A 267 世帯とは，<u>住居</u>および<u>家計</u>をともにしている人々の<u>集まり</u>をいう。　○

A 268 わが国の<u>世帯規模</u>は，1985年国勢調査では3.17人，1990年では3.01人，1995年では2.85人となっている。これ以降3人を割り込み，2022（令和4）年の国民生活基礎調査では2.25人と減少傾向が続いている。　×

A 269 わが国では，<u>晩婚化</u>や<u>非婚化</u>が進行している。国勢調査（令和2年）によれば，20歳代後半の未婚率は，男性が<u>76.4</u>％，女性が<u>65.8</u>％となっている。　○

A 270 65歳以上の者のいる世帯の家族形態をみると，人数で多い上位2つは，<u>夫婦のみの世帯</u>（32.1％）と<u>単独世帯</u>（31.8％）である。　×

A 271 2022年国民生活基礎調査によると，65歳以上の者のいる世帯の世帯数は2,747万4,000世帯で，全世帯の<u>50.6</u>％を占めている。　×

Q 272 磯村英一は，生活構造を地域社会学の流れでとらえ，正常人口の正常生活という観点から，サラリーマン層などの正常な人々の規則的な生活パターンをみていくことを提唱した。

Q 273 ライフサイクルとは，結婚した夫婦が子どもを育て死別するまでの過程を指す。

Q 274 ライフコースとは，個人がたどる多様な人生のあり方をとらえようとする概念である。

Q 275 標準的な段階設定をすることなく，社会的存在として，個人がたどる生涯の過程を示す概念を，ライフステージという。

Q 276 人生の節目となるできごとを同時期に体験した人々の集合を示す概念を，家族周期という。

Q 277 生活構造に，家計の収支構造は含まれない。

Q 278 親と子という一世代違う関係において，どのような地位の違いが発生したかを見ることが社会移動の基本的観点であり，それを世代間移動という。

Q 279 ボードリヤールによれば，モノの記号的意味の消費から，生理的・機能的欲求に基づくモノの実質的機能の消費へと移っていく。

272 <u>鈴木栄太郎</u>は，正常人口の正常生活という観点から，正常な人々の規則的な生活パターンをとらえることを唱えた。 ×

 273 ライフサイクルとは，各段階に固有の<u>発達課題</u>を達成していく過程を指す。 ×

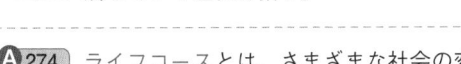 **274** <u>ライフコース</u>とは，さまざまな社会の変化や人生のできごとを考慮して多様な人生をとらえようとする考え方である。ライフサイクル論への批判を受けて，<u>エルダー</u>らによって提唱された。 ○

社会学と社会システム

 275 標準的な段階設定をすることなく，社会的存在として，個人がたどる生涯の過程を示す概念は，<u>ライフコース</u>である。 ×

 276 設問の記述は，<u>コーホート</u>の説明である。家族周期とは，結婚から夫婦の死亡までの家族構成や生活水準などの<u>世代的な変化</u>を周期的に捉えたものをいう。 ×

 277 生活構造の概念には，家計の<u>収支構造</u>，生活の時間的パターン，生活空間の範囲などの生活に関係する規則性が含まれている。 ×

 278 社会移動を職業の変化としてとらえると，個人が職業を変える場合を<u>世代内移動</u>，親と子が異なる職業に就く場合を<u>世代間移動</u>と呼ぶ。 ○

 279 <u>ボードリヤール</u>によれば，大量消費時代のモノの価値は，他の商品が持つコード（<u>記号的意味</u>）との差異によって示されるとしており，実質的機能の消費へ移ることは想定していない。 ×

Q280 デュルケムは自殺を社会的要因から研究した。

Q281 「事業場における治療と仕事の両立支援のためのガイドライン」では，意識啓発のための研修，環境整備，労働者と事業者，主治医などの連携体制の構築について示されている。

Q282 依存症対策として，アルコール健康障害対策基本法，薬物依存症対策基本法，ギャンブル等依存症対策基本法に，医療提供体制や相談支援の充実などが盛り込まれている。

Q283 働き方改革関連法により，正社員と非正規雇用労働者の間の不合理な待遇差が禁止された。

Q284 日本における男女間賃金格差は，縮小傾向にあり，他の先進国と同等になっている。

Q285 完全失業率は，高度経済成長期には1％台前半だった。リーマンショック後の2009年に5％台となり，現在も同様の状況にある。

Q286 脳・心臓疾患に係る労災請求件数は，近年1,000件以下となっている。一方，精神障害に係る労災請求件数は，増加傾向にあり2,000件を超えている。

280 フランスの社会学者，デュルケムは，欧州で自殺者が増加した19世紀に，個人的・内面的動機ではなく，社会的要因から自殺を考察し，『自殺論』を著した。 ○

 281 「事業場における治療と仕事の両立支援のためのガイドライン」は，慢性疾患を抱えながら働く人が増えている背景を受けて，厚生労働省が作成した。ほかに国立がん研究センターなどが同様のガイドブックを作成している。 ○

 282 薬物依存症対策基本法やギャンブル等依存症対策基本法には，医療提供体制や相談支援の充実についての規定が盛り込まれているが，アルコール健康障害対策基本法には，医療提供体制の充実についての規定は盛り込まれていない。 ×

 283 働き方改革関連法は，ワークライフバランスの実現を目指して2018年に公布された。時間外労働の上限規制，年次有給休暇の取得義務化，同一労働同一賃金などが定められた。 ○

 284 日本での男女間賃金格差は，縮小傾向にはあるものの，他の先進国に比べ依然として大きい。そのため，女性活躍推進法に規定される情報公表項目に「男女の賃金の差異」が追加された（2022年改正）。 ×

 285 完全失業率は，リーマンショック後に5.5%まで上昇し，その後低下傾向が続き，2019年12月には2.2%まで低下した。2023年は2.6%だった。 ×

 286 「令和5年版過労死等防止対策白書」によると，2022年度の脳・心臓疾患に係る労災請求件数は，803件（支給決定194件，うち死亡54件），精神障害に係る労災請求件数は，2,683件（支給決定710件，うち死亡67件）だった。 ○

Q 287 将来所属することが確実視される集団の価値や行動様式を予め学習しておくことを,一次的社会化という。

Q 288 行為とは,行為者自身にとってどのような意味を持つかとは無関係に,他者から観察可能なふるまいを意味する。

Q 289 ゴフマンによれば,他人の失敗を見て見ぬふりをするのも,相互行為儀礼の一種である。

Q 290 幼少期での役割取得において発達上の困難を経験することを,役割葛藤という。

Q 291 外科医が手術室で冗談を言うのは,ゴフマンが示した役割距離の例である。

Q 292 ミードによれば,ごっこ遊びは,役割取得の重要な契機となる。

Q 293 出自や性別などの属性ではなく,個人の教育達成や職業選択によって,流動的に社会移動するようになることを示す業績主義は,近代社会の特質のひとつである。

Q 294 ウェーバーは,社会的行為を4つに分類し,特定の目的を実現するための手段になっている行為を目的合理的行為と呼んだ。

A 287 マートンは，将来，自分が所属すると思われる集団の価値・規範を事前に取り入れることを予期的（期待的）社会化という概念で示した。 ✕

A 288 行為とは，人が何かの意味を持って行うふるまいで主観的意味を持つものである。 ✕

A 289 ゴフマンは，日常的な相互行為の円滑な進行のため人々に求められる演技を，相互行為儀礼と呼んだ。 ○

A 290 役割葛藤は，1人の人が担う複数の役割が，その人の中で衝突するために生じるものである。発達上の困難は，個人で選択することではないため，役割葛藤であるとはいえない。 ✕

A 291 ゴフマンは，期待される役割を引き受けつつも，その役割を茶化して余裕を示すなど，意図的に役割から距離をとる態度を，役割距離の概念で説明した。 ○

A 292 ミードは，役割取得に注目し，子どもの遊びを例に自己の形成過程を説明した。ごっこ遊びでは，一定の役割を演じることで，他人の立場に身を置くことができるようになる。 ○

A 293 業績主義に対して，生まれながらの性や民族，あるいは世襲的身分などによって，その人の努力や能力とは関係なく地位が確定する状況を属性主義といい，伝統的社会の特質のひとつである。 ○

A 294 ウェーバーは社会的行為を目的合理的行為，価値合理的行為，感情的行為，伝統的行為の4つに分類した。 ○

Point 7　　　　集団の類型

集団の分類

　人が集まってできる集団については，多くの社会学者が分類を行っています。代表的なものとして，クーリー，テンニース，マッキーバーの分類があります。

■クーリーらの集団分類

第一次集団	家族や遊び集団，地域集団など，対面的で親密な集団
第二次集団	企業や学校，国家など，ある目的のために人工的につくられ，関係もより非人格的になっている集団

■テンニースの集団分類

ゲマインシャフト （共同社会）	家族や村落など，本質意志に基づく親密な集団
ゲゼルシャフト （利益社会）	大都市や国家など，選択意志に基づく目的的な集団

■マッキーバーの集団分類

コミュニティ	地域性に基づく共同体
アソシエーション	共通の利害に基づく人工的な集団（家族もこちらに含まれる）

得点UPのカギ　集団分類の周辺

　集団に関する概念としては，次のようなものもあります。
　サムナーは，内集団と外集団という区分を示しました。内集団とは「われわれ意識」という仲間感情によって結び付いた集団，外集団とは敵意や闘争の対象とされるような集団です。
　マートンによって理論化されたのが，準拠集団（リファレンス・グループ）です。個人が判断や行為の際に基準とする集団のことをいいます。

Point 8 　家族の類型・家族制度

■ 家族の類型

家族を類型化する代表的な考え方として，定位家族と生殖家族，核家族と拡大家族があります。

■自分を中心とするとらえ方

定位家族	自分が生まれ育ち，社会化された家族
生殖家族	自分が結婚してつくった家族

■家族の構成による分類

核家族	夫婦と未婚の子からなる家族の単位
拡大家族	核家族をつくっている夫婦の親が同居したり（三世代同居），夫婦の兄弟姉妹が同居するような形態
修正拡大家族	核家族をつくった子どもの世帯と親の世帯とが対等に結び付いて，距離や地位の差があっても互いに協力し合う関係。リトウォクが用いた語

■ 家族制度

家族は生活を営むための集団であるだけでなく，法・慣習などの社会規範にのっとり，社会を安定させる役割も担っています。以下に，居住規制と財産の継承を基準とした家族制度の分類を示します。

夫婦家族制	夫婦を基本単位とする。子どもはやがて家を出て独立するため，夫婦一代で消滅していく
直系家族制	1人の子どもだけが親と同居し，その家の跡継ぎとなるもので，家が直線的に継承されていく。日本の戦前の「家制度」もこれにあたる
複合家族制	直系家族のように1人の子どもが継承するのではなく，複数の子どもが結婚後も親と同居する。必然的に大家族になっていくが，親の死とともに子どもは遺産を分割相続して分散していく

得点UPのカギ

国勢調査などの統計上では，核家族とは夫婦のみ，夫婦と子およびひとり親と子からなる世帯をいいます。

社会福祉の原理と政策

1 社会福祉の原理

Q 295 福祉における政府と民間の役割として，準市場のもとでは，サービスの供給にあたり，競争や選択の要素を取り入れないような施策を講じる必要がある。

Q 296 世界人権宣言では，すべて人は，社会保障を受ける権利を有し，各国の組織および資源にかかわりなく自己の尊厳と自己の人格の発達のための経済的・社会的・文化的権利の実現に対する権利を有すると定められている。

Q 297 新経済社会7カ年計画では，近隣住民との互助と家庭や近隣・地域社会等との連携を基礎とした「日本型ともいうべき新しい福祉社会の実現を目指す」ことを構想した。

Q 298 営利の追求だけでなく，社会的な問題解決を目指す組織を社会的企業という。

Q 299 孝橋正一は，『新・社会事業概論』（1977年）において，社会事業が，一般対策（社会保険，公衆衛生，教育等）に対して，並立的補充関係，補足的補充関係，または代替的補充関係にあると論じた。

Q 300 ティトマスの福祉の社会的分業の考え方によれば，福祉制度は財政福祉，社会福祉，市民福祉および企業福祉の4つに分けられ，第二次世界大戦後は社会福祉から市民福祉へと変化しつつあるとされた。

社会福祉基礎構造改革に始まり，新法の制定など，社会福祉は大きく変化しています。これらを踏まえて，社会福祉の理念と歴史，専門職の倫理，制度の仕組みなどを押さえましょう。

 295 福祉における政府と民間の役割として，準市場のもとでは，サービスの供給にあたり，競争や選択の要素を取り入れつつ，人々の購買力の違いによる不平等を緩和するための施策が講じられることがある。 ✕

 296 世界人権宣言22条において，「すべて人は，社会の一員として，社会保障を受ける権利を有し，かつ，国家的努力及び国際的協力により，また，各国の組織及び資源に応じて，自己の尊厳と自己の人格の自由な発展とに欠くことのできない経済的，社会的及び文化的権利の実現に対する権利を有する」としている。 ✕

 297 新経済社会7カ年計画では，近隣住民との互助ではなく，個人の自助努力と家庭や近隣・地域社会等との連携を基礎とした「日本型ともいうべき新しい福祉社会の実現を目指す」ことを構想した。 ✕

 298 社会的企業とは，社会的な困難や課題に取り組む組織をいう。 ○

 299 孝橋正一は，社会政策の対象が，資本主義経済そのものが生み出す基礎的・本質的な社会問題であるのに対し，社会事業の対象は，その社会問題から関係的・派生的に生じた社会的問題であるとした。 ✕

 300 ティトマスの福祉の社会的分業は，公的福祉，財政福祉，企業福祉の分担関係によって，福祉システムを残余的福祉モデル，産業的業績達成モデル，制度的再配分モデルに区分したものである。 ✕

2 日本の社会福祉の歴史的展開

Q301 生江孝之は，わが国で最初の知的障害児施設である滝乃川学園を設立した。

Q302 近代日本の代表的な労働運動家である片山潜が，東京の神田に開設した善隣館は，日本における友愛訪問活動の代表的な事例のひとつである。⭐

Q303 留岡幸助は，東京に私立感化院を創設した後，1914（大正3）年には福岡に家庭学校を創設し，少年の感化事業と新農村の建設などの活動を行った。⭐

Q304 1880年代後半から発生した労働者の貧困や都市下層社会の問題に対して，野口幽香らの二葉幼稚園や山室軍平をリーダーとする日本救世軍による事業が展開された。

Q305 救護法では，市町村を実施主体とする公的扶助義務主義を採用し，要救護者による保護請求権も認めた。

Q306 横山源之助の『貧乏物語』は，貧困者の生活実態をリアルに描き，明治期の社会問題を明らかにした。

Q307 日露戦争後の社会不安の高まりに対して，内務省は感化救済事業講習会の開催を行う一方，中央慈善協会を設立し，民間の慈善事業の育成と組織化を行った。

301 1897（明治30）年にわが国で最初の知的障害児施設である<u>滝乃川学園</u>を設立したのは，<u>石井亮一</u>である。生江孝之は，キリスト教の立場から，社会事業教育に従事し，『<u>社会事業綱要</u>』（1923年）などを著した。　×

 302 1897（明治30）年に片山潜は，東京の神田にキリスト教社会事業の本営としてセツルメント・ハウスの<u>キングスレー館</u>を開設した。　×

 303 留岡幸助は，1899（明治32）年に東京で私立感化院の<u>家庭学校</u>を，1914年には<u>北海道家庭学校</u>を創設し，感化教育を行い，学校内の農場で教育農場の事業を展開した。　×

 304 野口幽香は，1900（明治33）年に<u>二葉幼稚園</u>（現：二葉保育園）を開設し，貧困児童の保護事業に当たった。山室軍平は，同年に<u>廃娼運動</u>を開始し，出獄人保護，児童保護など，<u>キリスト教社会事業</u>の活動に尽力した。　○

 305 救護法では，市町村を実施主体とする公的扶助義務主義を採用したが，要救護者による<u>保護請求権</u>は認めなかった。　×

 306 横山源之助は，1899（明治32）年に『<u>日本之下層社会</u>』をまとめ，貧民窟のルポルタージュを通して，社会の底辺に生きる人々の生活実態を明らかにしている。『貧乏物語』を著したのは，<u>河上肇</u>である。　×

 307 1908（明治41）年に感化法が改正され，内務省主催の<u>第1回感化救済事業講習会</u>が開催された。また民間慈善事業の育成と組織化を目的として，同年に<u>中央慈善協会</u>が設立された。　○

社会福祉の原理と政策

101

Q308 糸賀一雄が大阪で創設した方面委員制度は，その後全国に普及し，救護法では市町村長の補助機関として位置付けられた。

Q309 第一次世界大戦勃発による資本主義経済の急速な発展は，都市部の民衆の生活に豊かさをもたらしたが，農村部では物価上昇により米騒動が起き，政府は地方改良を進めるために方面委員制度を設立した。

Q310 救護法（1929年制定）の対象には，労働能力のある貧困者も含まれた。⭐

Q311 孤児院は，救護法（1929年制定）における救護施設に含まれていた。⭐

Q312 「社会保障制度改革国民会議報告書」（2013年）における社会保障制度改革では，病院完結型の医療の確立を提案している。

Q313 「社会保障制度改革国民会議報告書」（2013年）における社会保障制度改革では，切れ目のない全世代型の社会保障が提案された。

Q314 ニッポン一億総活躍プラン（2016年）において，一億総活躍社会は，政府に頼らず社会の側の責任において実現すべきとしている。

308 方面委員制度は，大阪府知事の<u>林市蔵</u>が小河滋次郎 の協力を得て1918（大正7）年に創設した。糸賀一 雄は，1946年に<u>近江学園</u>（知的障害児施設）を創 設し，「<u>この子らを世の光に</u>」という信念のもと， 福祉と教育に当たった。

✕

 309 方面委員制度は，政府ではなく<u>大阪府</u>に起源があ る。1918年に大阪府知事である林市蔵のもとで小 河滋次郎が<u>エルバーフェルト制度</u>や<u>済世顧問制度</u>な どを参考にして設立し，全国に普及した。

✕

 310 救護法の対象は，<u>65歳以上</u>の高齢者，<u>13歳以下</u>の 児童，妊産婦，心身の障害により<u>労務</u>に支障のある 者であり，<u>労働能力</u>のある貧困者を除外している。

✕

 311 救護法における救護施設には，<u>孤児院</u>や<u>養老院</u>，病 院などが含まれていた。

○

312 「社会保障制度改革国民会議報告書」における社会 保障制度改革では，<u>地域完結型</u>の医療の確立を提案 している。

✕

 313 「社会保障制度改革国民会議報告書」では，少子化 対策，医療，介護，年金分野という社会保障の4分 野の改革が示され，<u>全世代</u>を対象とする社会保障 （<u>21世紀（2025年）日本モデル</u>）への転換を目指 すものとされた。

○

314 ニッポン一億総活躍プランでは，あらゆる場で，誰 もが活躍できる，いわば<u>全員参加型</u>の一億総活躍社 会を実現するとしている。そのため金融政策など政 府も役割を果たす必要がある。

✕

3 欧米の社会福祉の歴史的展開

Q 315 イギリスのエリザベス救貧法（1601年）では，労働能力のない貧民のうち，親族による扶養を受けられない者に対して救済策が設けられたが，労働能力のある貧民については対象外とされた。

Q 316 労役場テスト法（1722年）は，労役場以外で貧民救済を行うことを目的とした。

Q 317 イギリスの新救貧法（1834年）では，パンの価格に基づき定められる最低生計費よりも収入が低い貧困者を対象に，救貧税を財源としてその差額を給付した。

Q 318 1869年，ロンドンで設立された慈善組織協会は，慈善活動を組織化するとともに友愛訪問を実施し，ソーシャルワークの形成に大きな影響を与えた。

Q 319 イギリスにおいて，慈善組織協会は，救済に値する貧民に対して立法による救済を主張した。

Q 320 イギリスにおいて，セツルメント運動を創始したのは，デニスンである。☆

Q 321 ロンドンの貧民街に設立されたトインビー・ホール（1884年）は，セツルメントの拠点として，富裕層による慈善活動を喚起する役割を担った。☆

315 労働能力の有無にかかわらず救済の対象とした。<u>労働能力のある貧民</u>に対しては，ワークハウスに収容して強制的に就労させ，その生活を保障した。 ×

 316 <u>労役場（ワークハウス）テスト法</u>は，労役場への収容を救済の条件とし，そこでの生活と労働を過酷なものにし，貧民自ら救貧申請を取り下げることを目的に制定された。 ×

社会福祉の原理と政策

 317 パンの価格に基づき定められる最低生計費よりも収入が低い貧困者を対象に，救貧税を財源としてその差額を給付したのは，<u>スピーナムランド制度</u>の内容である。 ×

 318 1869年，ロンドンに<u>慈善組織協会（COS）</u>が結成され，地区内の慈善事業の連絡・調整が行われるようになった。 ○

 319 <u>慈善組織協会</u>は，貧困を個人の生活や習慣の問題として把握する<u>道徳的貧困感</u>に基づいており，貧困の発生を社会的要因とする視点がなかった。したがって，立法による救済は主張されなかった。 ×

 320 <u>デニスン</u>は，セツルメント運動を創始し，貧困問題の真の解決は，貧民に施しを与えることではなく，自立した生活への意欲を取り戻させることによって成し遂げられる，と説いた。 ○

 321 トインビー・ホールは，<u>バーネット</u>の努力により，1884年，ロンドンの<u>貧民街</u>に設立された世界最初のセツルメントである。 ○

Q 322 ヨーク調査を実施したラウントリーは，結婚前の20歳代前半層に貧困が集中することを発見した。⭐

Q 323 イギリスの老齢年金法（1908年成立）は，貧困高齢者に，資力調査なしで年金を支給した。

Q 324 イギリスの国民保険法（1911年）は，健康保険と介護保険から成るものとして創設された。

Q 325 ベヴァリッジは，社会保険および関連サービス（ベヴァリッジ報告）において，5つの巨大な悪の攻撃に対する社会保障政策を構想した。⭐

Q 326 イギリスでは，1968年のシーボーム報告を受けて，地方自治体社会サービス法が成立した。

Q 327 ウルフェンデン報告は，福祉サービスの供給システムを多元化し，ボランティア等の民間非営利部門や企業等の営利部門などを活用する福祉一元主義という概念を提示した。

Q 328 バークレイ報告では，コミュニティケアの延長上にソーシャルワーカーの任務を位置付け，コミュニティ・ソーシャルワークという概念を提示した。

Q 329 1889年，コイトがシカゴに設立したハル・ハウスが，アメリカでセツルメント活動を普及させる契機となり，社会改良の近代化に貢献した。⭐

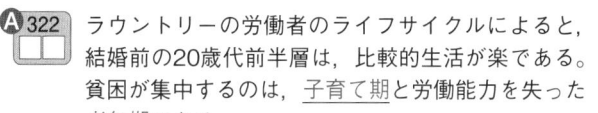

A 322 ラウントリーの労働者のライフサイクルによると、 ✕
結婚前の20歳代前半層は、比較的生活が楽である。
貧困が集中するのは、子育て期と労働能力を失った
老年期である。

A 323 老齢年金法（無拠出制）は1908年に成立したが、 ✕
70歳以上、資力調査の上、所得制限を伴うもので、
20年間イギリス本国に居住、有罪判決を受けた者
を除くなど、支給要件は厳しいものであった。

A 324 1911年にイギリスで制定された国民保険法は、健 ✕
康保険と失業保険の制度から成り立っていて、特に
失業保険は、世界で最初の制度であった。

A 325 ベヴァリッジは、社会保険および関連サービス（ベ ◯
ヴァリッジ報告）において、窮乏、疾病、無知、不
潔、怠惰という5つの悪を巨人に例えた。

A 326 イギリスでは、1968年のシーボーム報告を受けて、 ◯
1970年に地方自治体社会サービス法が成立した。

A 327 1978年のウルフェンデン報告では、福祉サービス ✕
の供給システムを公的部門、民間営利部門、民間非
営利部門、インフォーマル部門の4類型に分類し、
福祉多元主義の概念を提示した。

A 328 1982年のバークレイ報告では、ソーシャルワー ◯
カーの任務の位置付けについて、社会的ケア計画と
個別カウンセリングの統合を図ったコミュニティ・
ソーシャルワークに関するものであると述べている。

A 329 コイトは、1886年にアメリカ初のセツルメントと ✕
してネイバーフッド・ギルドを設立した。なお、ハ
ル・ハウスを設立したのは、J. アダムスである。

Q330 アメリカでニューディール政策が展開された時期に，バートレットは『ソーシャルワーク実践の共通基盤』を著し，価値，知識，調整活動をソーシャルワークの共通の基盤と位置付けた。

Q331 アメリカでは，1960年代に，貧困層への対策として，食糧補助のためのフード・スタンプ制度や就学前教育としてのヘッド・スタート計画などが導入された。

Q332 障害者の自立生活運動は，カリフォルニア大学バークレイ校に在籍する重度障害がある学生によるキャンパス内での運動として始まり，やがて地域での自立生活センターの活動に発展し，保護から自立支援へと福祉理念の変化を促した。⭐

Q333 ドイツのエルバーフェルト制度では，市内を23区域に分け，1区に1人のボランティア委員を配置した。

Q334 フランスでは，1990年代になると財政の再建のためにラロック委員会報告に基づき福祉サービスの民営化が図られた。

Q335 スウェーデンでは，1960年代初頭に福祉サービスを体系化した社会サービス法が制定され，それに基づき高齢者福祉や児童福祉のサービスが急速に発展した。

Q336 スウェーデンでは，1992年のエーデル改革によってそれまで市が担当していた社会福祉サービスを県に移管し，医療サービスと実施責任を一体化した。

330 ニューディール政策は，<u>F. ルーズベルト</u>大統領が 1933年から行った政策である。バートレットが， 『ソーシャルワーク実践の共通基盤』を著したのは 1970年である。

 331 アメリカでは，1960年代に低所得者に対する公的 扶助として，<u>フード・スタンプ制度</u>（食費の補助）， <u>ヘッド・スタート計画</u>（就学援助プログラム）など が制度化された。

 332 <u>自立生活</u>運動（IL運動）は，カリフォルニア大学 バークレイ校に在学する<u>重度障害</u>がある学生による キャンパス内での運動として始まった。この運動に より，施与・救済的な福祉から権利的・普遍主義的 福祉への転換が図られた。

 333 ドイツの<u>エルバーフェルト制度</u>は，日本の方面委員 制度のモデルになったもので，市内を546区域に区 分し，ボランティア委員を配置した。

 334 ラロック委員会報告が発表されたのは<u>1962年</u>であ る。フランスでは，この報告をきっかけとして本格 的な<u>高齢者福祉</u>への取り組みが始まった。

 335 スウェーデンにおいて，福祉サービスを体系化した 社会サービス法が制定されたのは，<u>1980年</u>である （施行は1982年）。これにより，<u>高齢者福祉</u>や<u>児童</u> 福祉のサービスが急速に発展した。

 336 スウェーデンでは，1992年に実施された<u>エーデル</u> <u>改革</u>により，ナーシングホームや長期療養ケア施設 の権限および医療サービス提供の義務を<u>県</u>（ランス ティング）から<u>市</u>（コミューン）へと委譲し，福 祉・医療の地方分権化を進めた。

社会福祉の原理と政策

Q337 ブラッドショーは，ニードについて，他人と比較してニードの有無が判断されることはないとしている。

Q338 ブラッドショーのニーズの類型論において，比較ニードはクライエントによって体感的に自覚される。⭐

Q339 クライエントのフェルト・ニードとは，専門職が社会規範に照らして把握する福祉ニードのことである。⭐

Q340 ニーズ充足の評価には，主観的評価も合まれる。

Q341 三浦文夫によれば，貨幣的ニードとは，ニードそのものが経済的要件に規定され，貨幣的に測定され得るものであり，さらにそのニードの充足は主として金銭給付によって行われているというものである。⭐

Q342 社会資源とは，福祉ニーズを充足するために活用される社会福祉関連の機関・施設であるが，知識や技術は含まれない。

ブラッドショーは，ニードについて，クライエントがニードを自覚しなければ，クライエントからのニードは表明されないとしている。他人と比較してニードの有無が判断されることは，ブラッドショーのニード類型の<u>比較ニード</u>に該当する。 ×

 ブラッドショーのニーズの類型では，規範的ニード（ノーマティブ・ニード），感得されたニード（フェルト・ニード），表明されたニード，<u>比較ニード</u>の4つに分類される。設問の記述は，<u>感得されたニード</u>である。 ×

 <u>フェルト・ニード（感得されたニード）</u>とは，サービスの必要性をクライエントが自覚したニードである。専門職が社会規範に照らして把握する福祉ニードは，<u>ノーマティブ・ニード（規範的ニード）</u>である。 ×

 ニーズ充足の評価については，<u>客観的評価</u>だけでなく，クライエント等の<u>主観的評価</u>も重要な指標となる。 ○

 三浦文夫は，<u>貨幣的ニード</u>を記述のように定義した。また，<u>非貨幣的ニード</u>は，ニーズの貨幣的測定が困難であり，金銭給付では充分な効果が期待できない非金銭的な対応（現物給付や対人サービスなど）を要するニーズのこと，としている。 ○

 社会資源とは，福祉ニーズを充足するために活用される社会福祉関連の<u>機関</u>・<u>施設</u>，<u>個人</u>・<u>集団</u>，<u>資金</u>，<u>知識</u>，<u>技術</u>などであり，フォーマルな資源とインフォーマルな資源がある。 ×

Q 343 ソーシャル・キャピタル（社会関係資本）は，信頼，規範，ネットワークなどによる人々のつながりの豊かさを表すために，バーナムによって提唱された概念である。

Q 344 ラウントリーはヨーク調査において，「その総収入が単なる肉体的能率を保持するに足る家庭」を第一次貧困と定義した。

Q 345 タウンゼントは，貧困者には共通した貧困の文化（culture of poverty）があることを明らかにした。⭐

Q 346 OECD（経済協力開発機構）における相対的貧困率は，等価可処分所得の平均値の50％未満の所得層が全人口に占める比率を指す。

Q 347 センは，『財と潜在能力』（1985年）において，人間のニード充足を財の消費からもたらされる効用によって定義する学説を批判して，達成できる機能の集合である潜在能力によって評価すべき，とする理論を提唱した。⭐

Q 348 「子供の貧困対策に関する大綱」（2019年）は，子どもの貧困対策の推進に関する法律に基づき策定されている。

343 ソーシャル・キャピタル（社会関係資本）は，信頼，規範，ネットワークなどによる人々のつながりの豊かさを表すために，パットナムによって提唱された概念である。 ✕

 344 ラウントリーはヨーク調査において，「その総収入が単なる肉体的能率を維持するのに必要な最小限度にも足りない家庭」を第一次貧困，「その総収入が単なる肉体的能率を保持するに足る家庭」を第二次貧困と定義した。 ✕

 345 タウンゼントは，標準的な生活様式・慣習・活動への参加を剥奪された状態を相対的剥奪，食物・被服・居住などを剥奪された状態を物理的剥奪，雇用の権利・家族活動・教育などを剥奪された状態を社会的剥奪とした。設問の記述は，ルイスの概念である。 ✕

社会福祉の原理と政策

346 OECD の相対的貧困率の基準は，等価可処分所得が全人口の中央値の50% 未満の所得層が全人口に占める比率を指す。 ✕

 347 センは，人間の福祉は，どのような財を持っているかではなく，何をすることができるかという人間の機能の集合（ケイパビリティ）によって決まると論じた。そして，ケイパビリティの欠如が貧困であるとした。 ◯

 348「子供の貧困対策に関する大綱」（2019年）は，子どもの貧困対策の推進に関する法律に基づき策定されており，現在から将来にわたり，全ての子どもたちが夢や希望を持てる社会を目指すことなどを目的としている。 ◯

Q 349 「子供の貧困対策に関する大綱」（2019年）では，指標の改善に向けた重点施策のひとつである経済的支援として，教育費負担の軽減などを掲げている。

Q 350 「子供の貧困対策に関する大綱」（2019年）では，指標の改善に向けた重点施策のひとつである教育の支援として，学力保障，高校中退予防，高校中退後支援の観点を含む教育支援体制の整備を掲げている。

Q 351 社会的排除は，社会関係や活動に参加できない状態を意味するもので，排除に至るプロセスを問うものではない。⭐

Q 352 保活とは，子どもを認可保育所等に入れるために保護者が行う活動であり，保育所の待機児童が少ない地域で活発に行われる傾向にある。

Q 353 一般的に80代の高齢の親と，50代の無職やひきこもり状態などにある独身の子が同居し，貧困や社会的孤立などの生活課題を抱えている状況を，限界世帯という。

Q 354 住宅確保要配慮者に対する賃貸住宅の供給の促進に関する法律（住宅セーフティネット法）において，厚生労働大臣は，住宅確保要配慮者に対する賃貸住宅の供給の促進に関する基本的な方針を定めなければならないとしている。

Q 355 「外国人材の受入れ・共生のための総合的対応策」（2018年）では，公営住宅法に基づき，外国人を含む住宅確保要配慮者の入居を拒まない賃貸住宅の登録や住宅情報の提供，居住支援等を促進することとしている。

A 349 「子供の貧困対策に関する大綱」（2019年）では，児童手当・児童扶養手当制度の着実な実施，養育費の確保の推進，教育費負担の軽減などを掲げている。 ○

A 350 「子供の貧困対策に関する大綱」（2019年）では，教育支援体制の整備や，真に支援の必要な低所得者世帯の子どもたちに対する大学等の授業料減免や給付型奨学金の実施を掲げている。 ○

A 351 社会的排除は，多次元的な要因によって引き起こされる状態であるとともに，そこに至る過程（プロセス）に注目した概念である。 ×

社会福祉の原理と政策

A 352 保活とは，子どもを認可保育所等に入れるために保護者が行う活動であり，保育所の待機児童が多い地域で活発に行われる傾向がある。 ×

A 353 一般的に80代の高齢の親と，50代の無職やひきこもり状態などにある独身の子が同居し，貧困や社会的孤立などの生活課題を抱えている状況は，8050問題という。 ×

A 354 住宅確保要配慮者に対する賃貸住宅の供給の促進に関する基本的な方針を定めなければならないとされているのは，国土交通大臣である。 ×

A 355 「外国人材の受入れ・共生のための総合的対応策」に，設問のような記述はない。公営住宅等において，日本人と同様の入居を推進し，共生社会を実現していく必要があるとしている。 ×

6 福祉政策の構成要素と供給・利用過程

Q 356 普遍主義的な資源の配分においては，資力調査に基づいて福祉サービスの対象者を規定する。

Q 357 国連開発計画（UNDP）の人間開発指数（HDI）は，タウンゼントの潜在能力（ケイパビリティ）アプローチを理論的背景のひとつとしている。

Q 358 パターナリズムは，個々人の自由よりも類としてのまとまりを重視しているため，類別に類型化された一律の福祉的介入を推奨し，その範囲内で限定的に個人の自由を認めている。

Q 359 エンパワメントの概念は，1970年代のアメリカの公民権運動において，ソロモンが刊行した『黒人のエンパワメント』を契機に，スティグマの対象となり，否定的な評価を受けてパワーが欠如した状態の人々に注目したことに始まる。 ⭐

Q 360 福祉政策における公共財の供給とは，経済社会における家計の失敗を原因として概念化されたものであり，あらゆる供給セクターを通じて行われる福祉サービス供給の総称である。

Q 361 福祉サービスの利用者負担には，利用者と非利用者との公平性を確保する機能がある。

356 普遍主義とは，<u>利用者の資力</u>にかかわらず，すべての階層の人々に対してサービスを供給する考え方で，厳密な資力調査は行われない。設問の記述は，<u>選別主義</u>についてである。 ✕

 357 国連開発計画（UNDP）の人間開発指数（HDI）は，<u>セン</u>の潜在能力（<u>ケイパビリティ</u>）アプローチを理論的背景のひとつとしている。 ✕

 358 <u>パターナリズム</u>とは，家父長的温情主義などと訳され，強い立場の者が弱い立場の者の利益を考え，本人の意思に関係なく，その行動に介入・干渉することである。そのため，個人の自由を認めてはいない。 ✕

 359 <u>ソロモン</u>はエンパワメントを「差別的な待遇によって，クライエントが<u>無力な状態</u>に陥っている場合に，そうした状態を改善する目的で行われる一連の活動に対して，援助者がクライエントとともに関与するプロセス」と定義した。 ◯

 360 福祉政策における公共財の供給とは，<u>市場の失敗</u>を原因として概念化されたものである。公共財とは，<u>非競合性</u>あるいは<u>非排除性</u>を有する財であるため，<u>市場の失敗</u>を引き起こしやすいのが特徴である。 ✕

 361 福祉サービスの利用者負担がない場合，福祉サービスの<u>非利用者</u>にとって，<u>利用者</u>に対する不公平感がでる。<u>公平性の確保</u>のための機能といえる。 ◯

社会福祉の原理と政策

362 福祉サービスにおける準（疑似）市場では，自治体が，福祉サービスの購入者となることが前提である。

 363 社会福祉事業の経営者は，福祉サービスの利用契約が成立したときには，その利用者に遅滞なく口頭で契約事項を説明しなければならない。⭐

 364 ラショニングとは，希少な資源を，市場メカニズムを用いずに，これを必要とする人々に供給するための方法である。

 365 福祉サービス利用過程における情報の非対称性とは，サービスの提供者と利用者の間で，提供された福祉サービスの質や効果に関する評価が正反対になる傾向があることを指す。⭐

 366 マーシャルのシティズンシップの分類に従えば，福祉国家は，市民的権利や政治的権利と並び，社会的権利を重視する国家ということになる。

準(疑似)市場は，部分的に市場メカニズムを取り入れた公的サービスの提供である。福祉サービスの購入者は，あくまで利用者である。自治体が福祉サービスの購入者となり，それを対象者に分配することは，措置制度の時代の選別主義的考え方である。 ✕

 社会福祉法において，社会福祉事業の経営者は，福祉サービスを利用するための契約（厚生労働省令で定めるものを除く）が成立したときは，その利用者に対し，遅滞なく，書面を交付しなければならないことが規定されている。 ✕

 ラショニング（配給・割当）とは，ブースが「直接的コントロールによる需要の制限」であるとし，ジャッジが「クライエントのニード判定から純粋に恣意的な資源の配分までを含む手続き」であると定義している。いずれの概念も，希少な資源を，市場メカニズムを用いずに必要とする人々に供給するための方法である。 ○

 福祉サービス利用過程における情報の非対称性とは，サービス提供者と利用者の間で，福祉サービスに関する情報に多寡が生じることをいう。そのため，サービス提供者は，福祉サービスに関する情報を利用者へ開示することなどが必要である。 ✕

 マーシャルは，18世紀に獲得された市民的権利，19世紀に獲得された政治的権利，20世紀に獲得された社会的権利の3つの要素から成り立っているのが，福祉国家のシティズンシップであるとした。 ○

社会福祉の原理と政策

Q 367 「人間開発報告書2019（概要版）」では，持続可能な開発目標（SDGs）中の「2030年までに極度の貧困を全世界で根絶する」という目標を達成する目途が立っているとしている。⭐

Q 368 「人間開発報告書2019（概要版）」における人間開発指数ランクごとのグループをみると，2005年から2015年にかけての平均寿命の年数の延びは，低位グループよりも最高位グループの方が大きい。

Q 369 教育政策における経済的支援として，国が定める就学援助は，経済的理由によって，就学困難と認められる学齢児童を対象としているが，学齢生徒の保護者を対象外としている。

Q 370 常時雇用する労働者数が101人以上の事業主は，女性の活躍に関する一般事業主行動計画を策定することが望ましいとされている。

Q 371 住宅セーフティネット法における住宅確保要配慮者に，子育て世帯は含まれていない。

Q 372 住生活基本法における都道府県計画は，国土形成計画法の国土形成計画との調和が保たれたものでなければならない。

367 「人間開発報告書2019(概要版)」では，多くの人々が人間開発の最低限の達成水準を脱しているが，<u>格差</u>は広がりを見せており，目途は立っていないとしている。　×

 368 「人間開発報告書2019(概要版)」における人間開発指数ランクごとのグループをみると，2005年から2015年にかけての平均寿命の年数の延びは，<u>最高位</u>グループよりも<u>低位</u>グループの方が大きい。　×

369 教育政策における経済的支援として，国が定める就学援助は，経済的理由によって，就学困難と認められる学齢児童または学齢生徒の<u>保護者</u>を対象とする。　×

370 一般事業主行動計画は，次世代育成支援対策推進法に基づき，常時雇用する従業員が<u>101</u>人以上の企業に対し，この行動計画を策定し，その旨を都道府県労働局に届け出る<u>義務</u>を課している。　×

 371 住宅セーフティネット法における住宅確保要配慮者には，<u>子育て世帯</u>や災害の<u>被災者世帯</u>などが含まれている。　×

 372 住生活基本法における都道府県計画は，国土形成計画法の<u>国土形成計画</u>と社会資本整備重点計画法の<u>社会資本整備重点計画</u>との<u>調和</u>が保たれたものでなければならない。　○

Point 9　社会福祉　人物と活動一覧

■ 社会福祉の重要人物

人　名	活　動
石井十次	1887年，無制限収容，小舎方式の孤児院である岡山孤児院を設立
A. アダムス	1891年，先駆的なセツルメント・ハウスとして岡山博愛会を設立
石井亮一	1897年，日本初の知的障害児施設として滝乃川学園を設立
片山　潜	1897年，先駆的なセツルメント・ハウスとしてキングスレー館を設立
留岡幸助	1899年，東京に家族舎方式の感化院として家庭学校を設立。1914年には，**北海道家庭学校**を設立
山室軍平	1895年，**日本救世軍**に入隊し，1900年に，廃娼運動を指導した
野口幽香	1900年，貧困児童のための幼稚園，二葉幼稚園（のちに**二葉保育園**と改称）を設立
渋沢栄一	1908年，中央慈善協会の初代会長となる。**東京市養育院**の初代院長，**東京感化院**の顧問などを務める
笠井信一	1917年，貧民救済制度である済世顧問制度を設立。**岡山県知事**
林　市蔵	1918年，**小河滋次郎**の協力を得て方面委員制度を設立。**大阪府知事**
糸賀一雄	1946年，知的障害児施設，近江学園を設立。「**この子らを世の光に**」と提唱
その他：**原胤昭**（たねあき）免囚保護所設立，**河上肇**『貧乏物語』，横山源之助『日本之下層社会』，**田子一民**『社会事業』，**生江孝之**『社会事業綱要』，など	

スミス	1776年、『諸国民の富』を発表。神の見えざる手を通じて救済のあり方を説く
マルサス	1798年、『人口の原理』を発表。貧困政策を人口抑制と説き、**新救貧法誕生**へ影響
バーネット	1884年、ロンドンに世界初のセツルメント・ハウス、トインビー・ホールを設立
ブース	1886年からロンドン調査を開始。市民の約3割が**貧困線**以下であることを報告
ラウントリー	1899年、ヨーク調査（第1回）を開始。**第一次貧困**および**第二次貧困**を定義
コイト	1886年、ニューヨークにセツルメント・ハウス、ネイバーフッド・ギルドを設立
J. アダムス	1889年、シカゴにセツルメント・ハウス、ハル・ハウスを設立
リッチモンド	**ケースワークの母**。ケースワークを体系化。著書『社会診断』（1917年）など

Point 10 福祉国家としてのイギリスの展開

- 福祉国家の展開に影響を与えた報告書

報告書名	特　徴
ベヴァリッジ報告(1942年)	「社会保険および関連サービス」 5巨人悪（**窮乏，疾病，無知，不潔，怠惰**） 「ゆりかごから墓場まで」の体系提唱
シーボーム報告(1968年)	「地方自治体と関連する福祉サービスに関する委員会報告」 **地方自治体社会サービス法**制定（1970年）
ウルフェンデン報告(1978年)	「ボランタリー組織の将来性」 福祉多元主義：**公的，民間営利，民間非営利，インフォーマル**の4類型に分類
バークレイ報告(1982年)	「ソーシャルワーカー：役割と任務」 **コミュニティ・ソーシャルワーク**の概念を提唱
グリフィス報告(1988年)	「コミュニティケア一行動計画案」 **国民保健サービス及びコミュニティケア法**制定（1990年）

社会保障

1 社会保障制度

Q373 社会保障の基本的機能は、国民の生存権の保障にある。

Q374 社会保険では、各個人が自由に制度に加入・脱退することは認められていない。

Q375 公的扶助の長所は、社会保険より給付の権利性が強く、その受給にスティグマが伴わない点である。

Q376 公的扶助は防貧的な機能を持つ。⭐

Q377 社会手当は、社会保険と公的扶助との中間的方法をとった制度で、資産調査を行った上で受給資格を認められた者に対して給付が行われる。

Q378 2006年の社会保障の在り方に関する懇談会において、社会保障の適切なあり方について、公的扶助や社会福祉などの公助を基本とする方向性が示された。

Q379 共助とは、生活上のリスクに対して社会全体で共同して備えるしくみであり、社会保険制度などがこれに含まれる。

安心して暮らすうえで，社会保障は重要です。日本と諸外国の社会保障の概要，年金や医療等の社会保険制度について押さえましょう。

A 373 社会保障の基本的機能は，日本国憲法25条が規定する国民の生存権の保障にある。　○

A 374 社会保険は公的な保険制度で，一定の条件を満たす国民は加入して保険料を負担する義務がある。　○

A 375 公的扶助では，受給に当たって資産調査が行われることからスティグマが伴う。　×

A 376 公的扶助制度が持つ基本的な特質は，救貧的な機能である。基本的な特質として防貧的な機能を持つのは，社会保険制度である。　×

A 377 社会手当は，法の定める所定の支給事由を満たす場合に支給されるもので，基本的には公的扶助において行うような個別の資産調査は必要としない。わが国の社会保障制度の中では，児童手当，児童扶養手当，特別児童扶養手当などが該当する。　×

A 378 自ら働いて自らの生活を支え，自らの健康は自ら維持するという自助を基本とすることが示された。公助は，自助や共助では対応できない困窮などに対して必要な生活保障を行うものとして位置付けられた。　×

A 379 共助は，生活上のさまざまなリスクに対して社会連帯の考え方で支え合うもので，具体的な制度として社会保険料を財源とする社会保険制度（年金，医療，介護，雇用，労災）が運営されている。　○

2 社会保障の概念や対象及びその理念

Q380 ドイツでは，18世紀末のプロイセン一般ラント法により生存権が確立した。これは，世界最初の生存権規定である。

Q381 イギリスには，医療サービスを税財源により提供する国民保健サービスの仕組みがある。

Q382 アメリカの社会保障法は社会保障という語を世界で初めて用いた法律である。

Q383 イギリスのベヴァリッジ報告では，社会保険の原則として応能拠出，報酬比例給付の原則が示された。

Q384 アメリカには，全国民を対象とする公的な医療保障制度が存在する。☆

Q385 ドイツは，国民皆年金政策をとっている。

Q386 フランスの医療保障は，税を主たる財源として医療保健サービスを提供する税方式を採用している。

Q387 スウェーデンの保健・医療サービスは，税方式により提供されている。☆

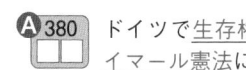

 ドイツで生存権が確立したのは，1919年制定のワイマール憲法において明文化されたことによる。これは，世界最初の生存権規定である。　×

 1946年の国民保健サービス法に基づき，NHS と呼ばれるすべての国民に予防医療，リハビリも含めた包括的な保健医療サービスを提供している。　○

 アメリカの社会保障法は，大恐慌による国民の経済不安に対処するニューディール政策の一環として，1935年に制定された。　○

 ベヴァリッジ報告では，均一拠出，均一給付の原則が示された。　×

 アメリカの公的医療保障制度では，全国民を対象とするものはないが，高齢者等を対象としたメディケアと低所得者を対象としたメディケイドがある。　×

 ドイツの年金制度は，一定以上の所得がある被用者は強制加入，一定範囲の自営業者，無職者は任意加入となっている。したがって，皆年金ではない。　×

 フランスの医療保障はわが国やドイツなどと同じく社会保険方式で，原則として償還方式をとる。　×

 スウェーデンの保健・医療サービスは，ランスティング（県に相当）が税方式で運営し，提供している。費用は主にランスティングの税収で賄われている（一部自己負担）。　○

社会保障

3 社会保障と財政

Q 388 社会保障制度は，困窮の原因に対して保険的方法で保障を講じるもので，公費が直接投入されることはない。

Q 389 社会福祉における地方公共団体の財政は，社会保障関係費として計上される。

Q 390 2021（令和3）年度の社会保障給付費の部門別構成割合をみると，50％以上を医療が占めている。☆

Q 391 2021（令和3）年度の社会保障給付費の対国内総生産比は，20％を超えている。

Q 392 社会保障財源の項目別割合をみると，2021（令和3）年度では税（公費負担）が最も大きくなっている。

Q 393 2021（令和3）年度の社会支出の総額は142兆9,802億円で，対国内総生産比は25.97％である。

Q 394 財務省は，社会保障負担額と財政赤字額の合計が国民所得に占める割合を国民負担率として公表している。

388 1950（昭和25）年に社会保障制度審議会が提出した「社会保障制度に関する勧告」において「疾病，負傷，分娩，廃疾，死亡，老齢，失業，多子その他困窮の原因に対し，<u>保険的方法又は直接公の負担</u>において経済保障の途を講じ」と示されており，実際に社会保障の財源として多額の公費が使われている。 ✕

 389 地方公共団体の財政は<u>民生費</u>として計上され，その内訳は児童福祉費，老人福祉費，社会福祉費，生活保護費，災害救助費である。社会保障関係費は<u>国</u>の財政として計上される費用である。 ✕

 390 2021年度の社会保障給付費（138兆7,433億円）の部門別構成割合は，<u>年金</u>が40.2％，<u>医療</u>が34.2％，<u>福祉その他</u>が25.6％となっている（「令和3年度社会保障費用統計」）。 ✕

 391 2021年度の社会保障給付費の<u>対国内総生産比</u>は25.20％で，20％を超えている。 ◯

  392 2021年度の社会保障財源の項目別割合をみると，<u>社会保険料</u>が全体の46.2％で最も大きく，<u>税（公費負担）</u>の40.4％，<u>資産収入</u>の8.8％と続く。 ✕

 393 OECD基準の<u>社会支出</u>は，施設整備費など直接個人に移転されない費用も含み，<u>社会保障給付費</u>よりも広い概念である。 ◯

  394 国民負担率とは，国民所得に対する<u>租税</u>負担と社会保障負担（<u>社会保険料</u>）の割合をいう。設問の記述は，<u>潜在的国民負担率</u>である。 ✕

4 医療保険制度

Q 395 1981年（昭和56年）に，国の制度として老人医療費の無料化が行われた。

Q 396 2006（平成18）年の健康保険法等の改正による高齢者医療確保法により，75歳以上の高齢者が別建ての制度に加入する後期高齢者医療制度が創設された。 ⭐

Q 397 従業員が一定数を超える事業所の事業主は，健康保険組合を設立しなければならない。

Q 398 自営業であっても，同種同業のものが連合して国民健康保険組合を作ることが法律上認められている。

Q 399 健康保険制度は，常時５人以上の従業員を使用する事業所に働く者が被保険者となるが，その他の事業所に使用される者でも，被保険者となることができる。

Q 400 国民健康保険の保険者は，市町村のみとなっている。

Q 401 パートタイム労働者は，健康保険の被保険者となることはできない。

Q 402 健康保険の療養の給付における自己負担率は，被保険者本人およびその家族（いずれも70歳未満）については年齢にかかわらず３割である。

395 国の制度として老人医療費の無料化が行われたのは，<u>1973</u>(昭和<u>48</u>)年である。　　×

 396 いわゆる医療制度改革関連法が<u>2006年</u>に成立し，<u>老人保健制度の廃止</u>や新たな高齢者医療制度（<u>後期高齢者医療制度</u>および前期高齢者の<u>財政</u>調整制度）の創設など，一連の改革が実施された。　　○

 397 従業員が一定数を超える事業所の<u>事業主</u>は，健康保険組合を設立することができるが，必ず設立しなければならないものではない。　　×

 398 <u>国民健康保険組合</u>は，同種の事業・業務に従事する<u>300人以上</u>の者の同意により，都道府県知事の認可を受けて設立することができる。　　○

 399 健康保険制度では，すべての法人事業所と常時<u>5人</u>以上の従業員を使用する事業所で働く者を被保険者とするが，<u>5人</u>未満であっても，一定の手続きが行われた<u>任意適用</u>事業所の従業員は被保険者となる。　　○

 400 国民健康保険には，<u>都道府県</u>および<u>市町村</u>が保険者となる国民健康保険と，<u>自営業者</u>の職種別の国民健康保険組合がある。　×

 401 <u>パートタイム</u>労働者であっても，勤務時間・勤務日数が一般社員の<u>4分の3</u>以上ある，または<u>4分の3</u>未満でも勤務時間が週20時間以上であるなどの要件を満たしていれば，健康保険の適用を受ける。　　×

 402 健康保険の療養の自己負担率（70歳未満）は，義務教育就学前は<u>2</u>割で，それ以外は<u>3</u>割となっている。　　×

社会保障

131

Q403 国民健康保険の被扶養者は，原則として国内に居住している必要がある。

Q404 被扶養者に対する家族療養費の支給は，被扶養者が被保険者と同一世帯に居住する場合に限られる。

Q405 健康保険組合は，健康保険の保険者である。

Q406 健康保険組合の保険料は，都道府県ごとに一律となっている。

Q407 国民健康保険において，都道府県は，市町村が示した標準保険料率を参考にして保険料の算定方式などを定める。

Q408 健康保険や厚生年金保険などでは，短期の育児休業の取得に対応するため，2022（令和4）年10月から月内に2週間以上の育児休業を取得した場合，当該月の保険料を免除することになった。

Q409 世帯員に国民健康保険の被保険者がいる場合，世帯主は国民健康保険以外の医療保険制度の被保険者であっても国民健康保険料の納付義務者となる。

Q410 後期高齢者医療制度の被保険者は，日本に住む75歳以上の高齢者に限定している。

Q411 2022（令和4）年10月から，後期高齢者医療の被保険者のうち，現役並み所得者以外の一定以上の所得がある被保険者については，窓口負担割合を2割にすることになった。

A403 法改正によって，2020（令和2）年4月から，健康 ○
保険や国民健康保険の被扶養者の要件に「原則とし
て国内に居住していること」が追加された。

A404 同一世帯でなくても，被扶養者の病気やけがに対し ✕
ては，家族療養費が支給される。

A405 健康保険の保険者は，全国健康保険協会および健康 ○
保険組合である。

A406 健康保険組合の保険料は，健康保険組合ごとに定め ✕
られている。

A407 国民健康保険において，市町村は，都道府県が示し ✕
た標準保険料率を参考にして保険料の算定方式など
を定める。

A408 2022（令和4）年10月から月内に2週間以上の育 ○
児休業を取得した場合，当該月の保険料を免除する
だけでなく，賞与に係る保険料について，1か月を
超える育児休業を取得している場合に限り，免除の
対象とすることになった。

A409 国民健康保険料の納付義務者は世帯主である。世帯 ○
主が国民健康保険に加入していない場合でも，その
世帯に国民健康保険の被保険者がいれば，世帯主に
保険料の納付義務が生じる。

A410 65歳以上75歳未満で，一定程度の障害の状態にあ ✕
ると認定を受けた者も被保険者となる。

A411 後期高齢者医療制度の改正により，現役並み所得者 ○
以外の一定以上の所得（課税所得が28万円以上か
つ年収200万円以上）がある被保険者については，
窓口負担割合を2割とすることになった。

社会保障

133

5 介護保険制度

Q412 介護保険では市町村で組織する広域連合が保険者となることができる。

Q413 介護保険施設に入所し，住所を施設所在地の市町村に変更した場合は，変更後の市町村が介護保険の保険者となる。

Q414 介護保険の第2号被保険者保険料には，総報酬割が導入されている。

Q415 介護保険の被保険者には，40歳以上65歳未満の第1号被保険者と65歳以上の第2号被保険者とがある。⭐

Q416 65歳以上で，生活保護を受けており，介護保険の保険料が負担できない者は，介護保険の被保険者にならない。

Q417 介護保険の審査請求に対する介護保険審査会は，市町村に設置される。⭐

Q418 介護保険制度では，介護給付，予防給付，市町村特別給付とも，法律でその給付が義務付けられている。

Q419 63歳の介護保険被保険者が，交通事故が原因で要介護状態になった場合には，介護保険の給付を受けることはできない。

A 412 介護保険法に規定する保険者は，原則として<u>市町村</u>および<u>特別区</u>であるが，地方自治法284条1項および2項の規定などにより，一部事務組合および<u>広域連合</u>が保険者になっている例も多い。　○

A 413 介護保険施設に入所し，住所を施設所在地の市町村に変更した場合は，<u>住所地特例</u>により，住所変更<u>前</u>の住所地の市町村が保険者となる。　×

A 414 介護保険の第2号被保険者保険料には，被用者保険間の加入者の報酬額に比例して負担する<u>総報酬割</u>が導入されている。　○

A 415 介護保険の被保険者には，65歳以上の第1号被保険者と，40歳以上65歳未満の<u>医療保険</u>加入者である第2号被保険者がある。　×

A 416 生活保護を受けていても，65歳以上の者は，介護保険の<u>第1号</u>被保険者となる。その場合，生活保護の<u>生活扶助</u>に保険料相当額が加算される。　×

A 417 保険給付や保険料の徴収に関する保険者の処分に不服がある場合の審査請求先である介護保険審査会は，<u>都道府県</u>に設置されている。　×

A 418 介護給付と予防給付は，介護保険法に規定される法定給付であるが，<u>市町村特別給付</u>は，市町村が独自に条例で定めることができるものである。　×

A 419 40歳以上65歳未満の第2号被保険者が保険給付を受けるためには，<u>加齢</u>に伴って生じる心身の変化に起因する<u>16種類</u>の<u>特定疾病</u>により，要支援・要介護状態にあると認定されることが必要となる。　○

Q 420 介護保険の保険料は，すべての40歳以上の者が，自分が加入する医療保険制度を通して支払う。

Q 421 2011（平成23）年の介護保険法改正により，地域密着型サービスの一類型として，定期巡回・随時対応型訪問介護看護が創設された。

Q 422 介護保険の第1号被保険者の保険料額は，その所得状況等に応じて原則5段階とされている。⭐

Q 423 年金を受給している第1号被保険者の保険料は，すべて年金からの特別徴収（天引き）が行われる。⭐

Q 424 医療保険者は，介護保険の第2号被保険者の保険料を徴収し，社会保険診療報酬支払基金に納付する。

Q 425 介護保険サービスの利用に係る利用料の自己負担割合は，最大で3割負担である。

Q 426 介護保険制度では，調整交付金により市町村間の財政格差の調整を行っている。

Q 427 財政安定化基金の財源は，国と都道府県がそれぞれ2分の1を負担する。

420 加入する医療保険制度を通して介護保険料を支払うのは，第2号被保険者（40歳以上65歳未満）である。　✕

 421 定期巡回・随時対応型訪問介護看護は，重度者を始めとした要介護高齢者の在宅生活を支えるため，日中・夜間を通じて，定期巡回訪問と随時の対応を行うサービスである。　○

 422 第1号被保険者の保険料額は，所得状況等に応じて原則9段階になっている。なお，保険料段階は，市町村の判断により，さらに細分化できる。　✕

 423 第1号被保険者が老齢・退職年金，障害年金，遺族年金を年間18万円以上受給している場合は，特別徴収の対象となる。それ以外の場合は普通徴収が行われる。　✕

 424 第2号被保険者の保険料は，医療保険者が医療保険料に上乗せして徴収し，介護給付費・地域支援事業支援納付金として，社会保険診療報酬支払基金へ納付する。　○

 425 介護保険サービスの利用に係る利用料の自己負担割合は，原則として1割負担であるが，その者の所得に応じて2割負担もしくは3割負担となる。　○

 426 市町村ごとの介護保険財政の調整を行うため，国が負担する給付費の5％相当分が，調整交付金として交付される。　○

 427 財政安定化基金は，市町村の介護保険財政の安定に必要な費用を交付・貸付するために都道府県が設置する基金である。その財源は，国・都道府県・市町村がそれぞれ3分の1ずつ負担している。　✕

社会保障

Q428 1959（昭和34）年に国民年金法が制定されたことにより，国民皆年金体制が実現することになった。⭐

Q429 2004（平成16）年の年金制度改正で，マクロ経済スライドが新たに導入された。

Q430 離婚した場合，当事者の合意または裁判所の決定があれば，婚姻期間についての老齢基礎年金の分割を受けることができる。

Q431 2016（平成28）年の年金制度改正により，2017年4月から短時間労働者が被用者保険に適用されている。

Q432 2016（平成28）年の年金制度改正により，2019年4月から国民年金第1号被保険者の産前産後期間については，被保険者資格を喪失することになった。

Q433 「産前産後期間」の間であっても，国民年金保険料を納付しなければならない。

Q434 障害基礎年金を受給している場合であっても，国民年金保険料を納付しなければならない。

Q435 国民年金の第3号被保険者の要件として，日本国内に生活の基礎があると認められる者であることが含まれている。

Q436 基礎年金に対する国庫負担は，老齢基礎年金および障害基礎年金に対してのみ行われるものである。

A 428 1959（昭和34）年に制定された国民年金法により，自営業者等にも公的年金制度が適用されたため，<u>国民皆年金</u>体制が実現することになった。　○

A 429 マクロ経済スライドは，社会全体の<u>保険料負担能力</u>の変化を<u>年金額</u>に反映させる仕組みである。なお制度改正後，2015年度に初めて適用された。　○

A 430 離婚時の年金分割について，分割対象となるのは<u>厚生年金</u>部分であり，老齢基礎年金である国民年金部分は分割の対象とはならない。　×

A 431 2016年の年金制度改正により，2017年4月から<u>短時間労働者</u>に対する被用者保険の適用範囲が拡大された。　○

A 432 2016年の年金制度改正により，2019年4月から国民年金第1号被保険者の産前産後期間の<u>保険料</u>が免除となった。　×

A 433 「産前産後期間」の間は，<u>国民年金保険料</u>を納付することを要しない。　×

A 434 障害基礎年金を受給している場合は，<u>国民年金保険料</u>を納付することを要しない。　×

A 435 国民年金の第3号被保険者は，日本国内に<u>住所</u>を有する者や，日本国内に生活の<u>基礎</u>があると認められる者であること等を要件としている。　○

A 436 基礎年金に対する国庫負担は，老齢基礎年金，障害基礎年金，<u>遺族基礎年金</u>のいずれに対しても行われるものである。　×

社会保障

Q 437 遺族厚生年金の受給権を取得した当時30歳未満で子のいない妻は，5年間で遺族厚生年金の受給権は消滅する。

Q 438 厚生年金適用事業所で働く70歳以上の人の老齢厚生年金については，年金額と賃金に応じて全部または一部支給停止となり，同時に厚生年金保険料を納付することになる。

Q 439 障害基礎年金と老齢厚生年金，障害基礎年金と遺族厚生年金の併給は可能である。

Q 440 夫の職業にかかわらず，妻が無業の被扶養配偶者であれば，いずれも国民年金の第3号被保険者となる。⭐

Q 441 国民年金の第1号被保険者は，寡婦年金と死亡一時金を同時に受け取ることができる。

Q 442 2000（平成12）年の厚生年金保険法改正により，60歳代前半の老齢厚生年金については，2025年度までの間，出生年にかかわらず，支給開始年齢は同じである。

Q 443 遺族基礎年金は，国民年金の被保険者等が死亡した場合に，その者の子を有しない配偶者にも支給される。⭐

A 437 2007（平成19）年4月から，遺族厚生年金の受給権を取得した当時30歳未満で子のいない妻の遺族厚生年金の受給権は，5年間で消滅することとなった。 ○

A 438 2007（平成19）年4月から，厚生年金適用事業所に在職する70歳以上の人は，60歳代後半の人と同様の在職老齢年金制度が適用され，年金額と賃金の合計額に応じて老齢厚生年金の全部または一部が支給停止になったが，厚生年金保険料は納付しなくてよい。 ×

A 439 2006（平成18）年度から，65歳以上の人を対象に，障害基礎年金と老齢厚生年金，障害基礎年金と遺族厚生年金について併給が可能になった。 ○

A 440 国民年金の場合，自営業者の妻は第1号被保険者になる。サラリーマン（第2号被保険者）の妻（20歳以上60歳未満）は第3号被保険者となる。 ×

A 441 国民年金の第1号被保険者への独自給付である寡婦年金と死亡一時金は，同時に受け取ることができず，どちらかを選択する。 ×

A 442 2000年の厚生年金保険法改正により，60歳代前半の特別支給の老齢厚生年金（報酬比例部分）の支給開始年齢は，2013年度から61歳となり，2025年度までの間に段階的に65歳へと引き上げることとなった（女性は5年遅れて実施）。 ×

A 443 遺族基礎年金は，その者の子を有しない配偶者には支給されない。遺族基礎年金の支給対象者は，死亡した者によって生計を維持されていた，子のある配偶者または子である。 ×

Q 444 障害基礎年金は，初診日が20歳前にある病気やけがによる障害については，20歳になったときに，1級または2級の障害状態であれば，本人の所得にかかわらず受給できる。

Q 445 納付猶予制度により，保険料納付の猶予を受けた者が保険料を追納しなかった場合，当該期間の国庫負担分のみが老齢基礎年金の支給額に反映される。

 Q 446 国民年金の第1号被保険者を対象とする独自の給付として，付加年金がある。

Q 447 遺族厚生年金の年金額は，老齢厚生年金の計算式の例により，計算して算出された額の3分の2に相当する額とする。

Q 448 障害等級2級の受給者に支給される障害基礎年金の額は，老齢基礎年金の満額の1.25倍である。 ⭐

Q 449 年金制度の機能強化のための国民年金法等の一部を改正する法律により，児童扶養手当と障害年金の併給調整が見直された。

Q 450 国民年金第3号被保険者は，確定拠出年金（個人型）に加入することができる。

444 20歳前に傷病を負った人の障害基礎年金については，20歳になったときに障害等級１級または２級の状態であれば受給できる。ただし，本人の前年の所得が一定額を超えると，全額または2分の1が支給停止になる。 ✕

 445 納付猶予制度により，保険料納付の猶予を受けた者が保険料を追納しなかった場合，老齢基礎年金の支給額に，当該期間の国庫負担分は反映されない。保険料の免除と納付猶予（学生の場合は学生納付特例）は，その期間が老齢基礎年金額に反映されるか否かの違いがある。 ✕

 446 付加年金は，第１号被保険者と65歳未満の任意加入被保険者が，国民年金の定額保険料に付加保険料を合わせて納めることで，将来において老齢基礎年金を受給する際に，上乗せ受給できる制度である。 ○

社会保障

447 遺族厚生年金の額は，死亡した者の老齢厚生年金（報酬比例部分）の額の4分の3である。 ✕

448 障害等級２級の受給者に支給される障害基礎年金の額は，老齢基礎年金の満額と同額である。なお障害等級１級の受給者に支給される障害基礎年金の額は，老齢基礎年金の満額の1.25倍である。 ✕

 449 国民年金法等の一部改正により，2021（令和3）年3月分から，児童扶養手当の額が障害年金の子の加算部分の額を上回る場合，その差額を児童扶養手当として受給することができるようになった。 ○

 450 2017（平成29）年１月より，確定拠出年金の個人型は，加入対象者が拡大され，国民年金第３号被保険者や，60歳未満の企業年金加入者や公務員なども加入できるようになった。 ○

7 労災保険制度と雇用保険制度

Q451 労働者災害補償保険（労災保険）の保険給付等の対象となる労働者には，常用労働者のみでなく，臨時雇い，日雇い，アルバイト，パートタイマーなどすべての雇用労働者が含まれる。

Q452 労災保険の補償対象となる労働災害は，天候災害と急病災害に区分される。

Q453 会社の業務を行っている最中の自動車事故により負ったけがの治療については，健康保険は適用されない。

Q454 労災保険の療養補償給付は，労災指定病院等での療養の場合は医療の現物給付が，指定病院以外の病院での療養の場合には療養に要した費用を償還する現金給付が行われる。 🌠

Q455 労災保険の休業補償給付は，業務上の傷病による療養のため労働できず賃金を受けられない場合，7日目以後について支給される。 🌠

Q456 労災保険では，脳血管や心臓の状態を把握するための二次健康診断，医師等による特定保健指導は，受診者の費用負担なく受けることができる。

Q457 労働者災害補償保険に要する費用は，事業主と労働者の保険料で賄われている。

Q458 障害者となった場合，労災による障害等級は第1級から第3級までである。

A451 労災保険は，同様の制度がある<u>公務員</u>を除き，労働者を使用するすべての事業に強制適用される。また，個人タクシー，大工などのいわゆる<u>一人親方</u>も労災保険への<u>特別</u>加入が認められる。 ○

A452 労災保険の補償対象となる労働災害は，<u>業務災害</u>と<u>通勤災害</u>に区分される。 ✕

A453 業務災害や通勤災害については<u>健康保険</u>が適用されず，<u>労災保険</u>による給付を受ける。 ○

A454 <u>療養補償給付</u>は，労災指定病院等での医療の現物給付を原則とするが，例外的に，指定病院以外の病院等で療養した場合に費用の全額を支払い，後に相当額の支給を受ける<u>療養の費用の支給</u>もある。 ○

A455 休業補償給付は，業務上の傷病による療養のため労働できず賃金を受けられない場合，休業<u>4</u>日目から支給される。 ✕

A456 <u>二次健康診断等給付</u>は，事業者の実施する労働安全衛生法に基づく健康診断のうち直近のもの（一次健康診断）などで，脳血管疾患や心臓疾患に関する一定の項目に異常がみられる場合に適用される。 ○

A457 労災保険の保険料は，全額を<u>事業主</u>が負担する。<u>労働者</u>の負担はない。 ✕

A458 労災による障害等級は，第1級から第<u>14</u>級までである。第1級から第7級までについては障害（補償）<u>年金</u>が，第8級以降は障害（補償）<u>一時金</u>が，それぞれ障害の程度に応じて支給される。 ✕

Q 459 新規学卒者が就職できない場合には，失業者に該当し，雇用保険の被保険者でなくても基本手当を受給することができる。

Q 460 雇用保険の育児休業給付金及び介護休業給付金の支給に要する費用には，国庫負担がない。

Q 461 雇用保険の保険者は，政府である。

Q 462 2021（令和3）年の育児・介護休業法改正では，2022（令和4）年10月から，男性の休業の申出期限を，現行の育児休業（1か月前）よりも短縮し，原則休業の2週間前までとすることになった。

Q 463 雇用保険の育児休業給付は，休業前賃金の60％が，育児休業期間中および育児休業復帰後に分けて支給される。⭐

Q 464 一般被保険者である父母が，同一の子について育児休業を取得する場合，それぞれ必要な被保険者期間を満たしていれば，両方の者が育児休業給付金を受給できる。

Q 465 雇用保険の介護休業給付は，要介護状態にある一定の範囲の家族を介護するために休業した被保険者に対して最長1年間，休業前の賃金の67％相当分を支給するものである。⭐

Q 466 2022（令和4）年4月に，有期雇用労働者の育児休業及び介護休業の取得要件に，「事業主に引き続き雇用された期間が1年以上である者」という要件が追加された。

A 459 雇用保険制度における基本手当は<u>一般被保険者</u>に対する求職者給付のひとつである。よって雇用保険の<u>被保険者</u>でない者は，基本手当を受給できない。 ✕

A 460 雇用保険の育児休業給付金及び介護休業給付金の支給に要する費用には，<u>国庫負担</u>がある。 ✕

A 461 雇用保険の保険者は，<u>政府</u>（主管は厚生労働省）である。現業事務を取り扱う出先機関には，<u>公共職業安定所</u>（ハローワーク）などがある。 ◯

A 462 2022（令和4）年10月から，男性の休業の申出期限を，現行の育児休業（1か月前）よりも短縮し，原則休業の<u>2週間</u>前までとすることや，育児休業の<u>分割取得</u>（2回）を可能とする見直しが図られた。 ◯

A 463 雇用保険の被保険者の育児休業給付は，休業前賃金の<u>50</u>%（育児休業開始時から最初の6か月は<u>67</u>%）が，休業期間中に全額支給される。 ✕

A 464 「<u>パパ・ママ育休プラス制度</u>」の利用により，父母ともに育児休業を取得する場合は，一定の要件を満たせば，子が<u>1歳2か月</u>に達する前日までの間，最大<u>1年間</u>，育児休業給付金を受給することができる。 ◯

A 465 <u>介護休業給付</u>は，支給対象となる家族の同一要介護状態につき，1回の介護休業期間について休業前の賃金の<u>67</u>%相当額が支給される。その期間は，介護休業開始日から最長<u>3か月</u>間となっている。 ✕

A 466 2022（令和4）年4月に，有期雇用労働者の育児休業及び介護休業の取得要件であった「事業主に引き続き雇用された期間が1年以上である者」という要件が<u>廃止</u>された。 ✕

Point 11 国民年金と厚生年金

■ 被保険者

国民年金と厚生年金の被保険者は，以下のように規定されています。

国民年金	強制加入	第1号 被保険者	日本国内に住む**20歳以上60歳未満**の者のうち，第2号・第3号被保険者以外の者（自営業者，農林漁業者など）。ただし，被用者年金制度の老齢年金受給権者は適用除外となる
		第2号 被保険者	民間サラリーマンや公務員など，**厚生年金に加入**している者
		第3号 被保険者	第2号被保険者に扶養される**配偶者**で，20歳以上60歳未満の者。ただし，「第3号被保険者届」を事業主を通して年金事務所に提出しなければならない
	任意加入		以下の者は，第1号被保険者に準ずる者として加入が可能 ・日本国内に住む20歳以上60歳未満の者で，被用者年金の**老齢年金受給権者** ・日本国内に住む60歳以上65歳未満の者 ・外国に住む20歳以上65歳未満の日本国民
厚生年金			適用事業所に就業している**70歳未満**の者 ○強制適用事業所…常時5人以上の従業員を雇用している一定業種の事業所や5人未満であっても常時従業員を雇用している法人の事業所 ○任意適用事業所…強制適用外の事業所で，事業主が従業員の2分の1以上の同意を得て，認可を受けた事業所

得点UPのカギ

厚生年金の加入者は，国民年金にも**第2号被保険者**として自動的に加入することになります。ただし，結婚によって被扶養者となった場合は，**第3号被保険者**として加入する届出が必要になります。また，被用者が自営業などに転職した場合も，第1号被保険者として改めて加入手続きが必要です。

Point 12　健康保険と国民健康保険

■ 保険者・被保険者

　被用者医療保険制度の中で最も加入者の多い健康保険と，国民健康保険の保険者と被保険者は，以下のように規定されています。

	健康保険	国民健康保険
保険者	全国健康保険協会　または 健康保険組合 ・健康保険組合は，厚生労働大臣の認可を得て常時700人以上の従業員を使用する事業主が単独で，または同業種・同一地域の2以上の事業主が共同して設立（3,000人以上）する	市町村・都道府県　または 国民健康保険組合 ・国民健康保険組合は，同種の事業・業務に従事する300人以上の者の同意により，都道府県知事の認可を受けて設立される
被保険者	○適用事業所（規定は厚生年金と同）に使用される者は，国籍に関係なく被保険者となる ○パートタイム労働者は，一定条件のもと，常用的雇用関係が認められれば被保険者となる ○被保険者本人の扶養家族についても，被扶養者として保険給付が受けられる ○被保険者期間が2か月以上あった者が退職し，被保険者資格を失っても，一定条件のもと，引き続き**2年**を限度に**任意継続被保険者**となれる（保険料は全額自己負担）	○市町村および都道府県を保険者とする国民健康保険の場合，被用者保険の被保険者とその被扶養者，国民健康保険組合の被保険者，生活保護を受けている世帯を除き，その市町村に住所がある者はすべて強制加入となる

得点UPのカギ　2022（令和4）年4月から傷病手当金について，出勤に伴い不支給となった期間がある場合，その分の期間を延長して支給を受けられるよう，支給期間の**通算化**を行うことになりました。

権利擁護を支える法制度

1 憲 法

Q467 日本国憲法は，大日本帝国憲法と同様に，国民主権主義を採用している。

Q468 日本国憲法25条は，ワイマール憲法の影響を受けている。

Q469 日本国憲法の基本的人権の保障は，特別の定めがある場合を除き，外国人には及ばない。

Q470 日本国憲法の人権規定は，すべての人権を網羅的に掲げているので，そこに掲げられていない新しい人権なるものは考えることはできない。

Q471 日本国憲法では，いかなる宗教団体も政治上の権力を行使してはならないとしている。

Q472 日本国憲法では，国民に対して，納税の義務を課している。

Q473 表現の自由が公共の福祉に反してはならないものであることは，日本国憲法の基本的な考え方である。⭐

この科目では，憲法・民法・行政法の基本原理と成年後見制度等の学習を通して，ソーシャルワークにおける権利擁護について理解を深めてください。

A 467 日本国憲法は，大日本帝国憲法における<u>天皇</u>主権主義を廃し，<u>国民</u>主権主義を採用した。　×

A 468 日本国憲法25条1項では，「すべて国民は，健康で文化的な最低限度の生活を営む権利を有する」とし，<u>生存権</u>の保障を規定している。生存権は，<u>ワイマール憲法</u>（1919年）で初めて規定された。　○

A 469 日本国憲法の基本的人権の保障は，権利の性質上<u>日本国民のみ</u>をその対象としていると解されるものを除き，<u>わが国に在留する外国人</u>にも等しく及ぶ。　×

A 470 日本国憲法の人権規定は，網羅的なものではない。社会の変化に伴い，プライバシー権，環境権，自己決定権など，憲法に個別の規定がない<u>「新しい人権」</u>が主張され，その根拠となるのが，13条が規定する<u>幸福追求権</u>である。　×

A 471 日本国憲法20条1項は，「<u>信教の自由</u>は，何人に対してもこれを保障する。いかなる宗教団体も，国から特権を受け，又は政治上の権力を行使してはならない」と規定している。　○

A 472 日本国憲法第30条では，「国民は，法律の定めるところにより，<u>納税</u>の義務を負ふ」と納税の義務について規定している。　○

A 473 表現の自由は，思想や信条その他あらゆる情報を発表し伝達する自由をいい，あらゆる表現方法が保障される。ただし，無制約なものではなく，<u>公共の福祉</u>による制約を受ける。　○

Q474 財産権は，日本国憲法で「侵してはならない」とされているので，いかなる規制も許されない。

Q475 基本的人権のひとつに分類される国務請求権には，請願権や裁判を受ける権利が含まれる。

Q476 社会権は，人間に値する生活を営むために，国家に対し，積極的に一定の施策を要求する権利である。

Q477 日本国憲法では社会権として，生存権，教育を受ける権利，財産権，肖像権を定めている。

Q478 日本国憲法28条に規定する労働三権とは，団結権，団体交渉権，就労請求権である。

Q479 日本国憲法は，勤労の義務については，人権保障とは関係がないので規定していない。

Q480 国会は，罷免の訴追を受けた裁判官を裁判するため，弾劾裁判所を設ける。

Q481 衆議院は，内閣不信任の決議をすることができる。

Q482 日本国憲法には，国民の義務として憲法尊重の義務が明記されている。

Q483 法的権利説とは，日本国憲法25条1項に規定される生存権は，国の政策的目標ないし政治道徳的義務を定めたものであって，個々の国民に具体的な請求権を保障したものではないとする考え方である。

A 474 日本国憲法は，財産権の不可侵（29条1項）を規 ✕
定しているが，財産権の内容は，公共の福祉の観点
から制約を受けるとしている（29条2項）。

A 475 国務請求権（受益権）には，請願権，裁判を受ける ◯
権利，国家賠償請求権などが含まれる。

A 476 社会権は，人間に値する生活ができるよう，国家に ◯
積極的な施策を請求する権利であり，国家の介入の
排除を目的とする自由権とは対照をなす。

A 477 日本国憲法では社会権として，生存権，教育を受け ✕
る権利，勤労の権利，労働基本権を定めており，財
産権や肖像権は含まれていない。

A 478 日本国憲法28条が規定する労働三権とは，団結権， ✕
団体交渉権，団体行動権（争議権）である。

A 479 日本国憲法27条1項は，「すべて国民は，勤労の権 ✕
利を有し，義務を負ふ」としている。

A 480 弾劾裁判所は，訴追委員会から罷免の訴追を受けた ◯
裁判官を裁判するために設けられる裁判所で，両議
院の議員により組織される。

A 481 憲法69条に規定される内閣不信任決議は，衆議院 ◯
のみの権能である。

A 482 憲法尊重の義務は，国民一般ではなく「天皇又は摂 ✕
政及び国務大臣，国会議員，裁判官その他の公務
員」の義務として憲法99条に規定されている。

A 483 設問の記述はプログラム規定説の説明である。法的 ✕
権利説は，憲法25条は国民の権利を保障し国の法
的義務を定めたものであるとする考え方で，具体的
権利説と抽象的権利説の2説に分かれる。

Q484 2022（令和4）年4月施行の民法の改正により，成年年齢が18歳に引き下げられた。

Q485 契約に際して，詐欺による意思表示がなされた場合，善意の第三者にその取消しを主張することはできないが，強迫の場合には主張することができる。

Q486 無権代理行為は，本人が追認すれば，有効な代理行為となる。

Q487 不動産の買主が，不動産の所有権取得を売主以外の第三者に対して対抗するためには，引渡しが必要である。

Q488 不動産の売買契約を締結した場合，売主から買主に対して不動産の所有権が移転するのは，売買代金を支払った時とするのが判例・通説である。⭐

Q489 書面による消費貸借は，要物契約に分類される。

Q490 売買契約において，売主が品物を提供するまでは，買主は代金の支払いを拒絶することができる。

Q491 不動産売買における契約不適合責任の追及は，欠陥を知ってから1年以内にしなくてはならない。⭐

A 484 2022（令和4）年4月施行の改正民法により，成年年齢が18歳に引き下げられ，婚姻可能年齢（婚姻適齢）が男女共に18歳以上となった。さらに，成年擬制（未成年者が婚姻することで成年と同等に扱われる制度）が廃止された。 ○

A 485 他人の詐欺行為や強迫行為による意思表示は，取り消すことができる。ただし，善意の第三者が詐欺を行った場合は，取消しを主張することはできない。 ○

A 486 代理権がない者による無権代理行為であっても，本人の追認があれば，有効な代理行為となる。 ○

A 487 不動産物権変動は，登記をしなければ，第三者に対抗することができない。なお，動産物権変動を第三者に主張するには，その動産の引渡しが必要。 ✕

A 488 判例・通説では，不動産などの売買で，その不動産の所有権が移転するのは，契約成立（意思表示）の時とされる。 ✕

A 489 書面による消費貸借は，諾成契約に分類される。 ✕

A 490 民法は，互いに対価的意義を有する債務を負担しているとき，当事者の一方は，相手方が債務を履行するまで自分の債務の履行を拒めるものとしている。これを同時履行の抗弁権という。 ○

A 491 契約不適合責任の追及は，買主が欠陥を知ってから1年以内にしなくてはならない。 ○

Q 492 日常生活自立支援事業における日常的金銭管理について，その根拠を民法上の典型契約に求めた場合，寄託契約に該当する。

Q 493 不法行為による損害賠償の方法は，金銭賠償が原則である。

Q 494 夫婦の一方が協議離婚を求め，他方がそれに応じないとき，離婚するためには，家庭裁判所に離婚調停を申し立てることになる。

Q 495 特別養子縁組制度において，配偶者のない者でも養親となることができる。☆

Q 496 普通養子縁組は，原則として育ての親との関係を解消することができない。

Q 497 父母の離婚後，嫡出子の親権は，父母が共同して行う。

Q 498 2011年の民法改正により，児童虐待の防止等を図り，児童の権利利益を擁護する観点から，親権の停止制度が新設された。

Q 499 直系血族および同居の親族は，互いに扶養をする義務がある。☆

Q 500 特別な事情のある場合には，家庭裁判所の審判によって4親等内の親族も扶養義務を負うことがある。

492 日常生活自立支援事業における日常的金銭管理について，その根拠を民法上の典型契約に求めた場合，委任契約に該当する。 ✕

 493 不法行為の効果として損害賠償請求権が発生する。損害には財産的損害だけでなく，精神的損害も含まれ，賠償方法は原則として金銭賠償である。 ◯

 494 夫婦の一方が協議離婚に応じないとき，離婚するためには，まず，調停前置主義によって，家庭裁判所に離婚調停を申し立てる。 ◯

 495 養親となるには配偶者のいる者（夫婦）でなければならず，夫婦共同で縁組をすることになる。 ✕

 496 原則として育ての親との関係を解消することができないのは，特別養子縁組である。普通養子縁組は，育ての親との関係を解消することができる。 ✕

 497 父母が離婚したときは，協議・裁判で決められた一方が，単独で親権を行う。 ✕

 498 親権の停止制度は，父や母による親権の行使が困難，不適当で子の利益を害する場合に，家庭裁判所が，子，その親族，未成年後見人，未成年後見監督人，検察官の請求により，親権停止（2年以内）の審判を行うものである。 ◯

 499 直系血族および兄弟姉妹は，互いに扶養する義務がある。 ✕

 500 特別な事情があると家庭裁判所が認めた場合に限り，3親等内の親族相互間には，扶養義務が生じる。 ✕

権利擁護を支える法制度

Q 501 被相続人の配偶者は，常に相続人となる。⭐

Q 502 相続開始のときに懐胎されていた胎児は，出生すれば相続時に遡って相続人となる。

Q 503 被相続人が死亡する以前に相続人であった子が死亡している場合には，子の子，すなわち孫が代襲相続人となる。

Q 504 特別養子縁組制度において，養親には，離縁請求権がある。

Q 505 被相続人に配偶者と子がいる場合には，法定相続分の割合は，配偶者が2分の1，子が2分の1である。⭐

Q 506 民法により，非嫡出子の相続分は，嫡出子の相続分の半分と定められている。

Q 507 自筆証書遺言を発見した相続人は，その相続人が検認しなければならない。

Q 508 訪問販売であっても，現金取引の場合には，原則としてクーリングオフは認められない。⭐

Q 509 業者が消費者宅等を訪問し，消費者から物品を買い取っていく訪問購入にも，クーリングオフ制度が導入されている。⭐

A 501 相続人には，血族相続人と配偶者たる相続人があり，配偶者は常に相続人になる。 ○

A 502 民法において，胎児は，相続については，既に生まれたものとみなすと規定されている。 ○

A 503 被相続人の死亡（相続開始）より前に，相続人であった子が死亡している場合には，被相続人の孫が代襲相続人となる。 ○

A 504 特別養子縁組制度において，養親に離縁請求権はない。 ×

A 505 法定相続分は，配偶者と子だけが相続人の場合，配偶者2分の1，子2分の1となる。配偶者と直系尊属では，前者3分の2，後者3分の1，配偶者と兄弟姉妹では，前者4分の3，後者4分の1となる。 ○

A 506 2013（平成25）年の民法改正により，非嫡出子の相続分を嫡出子の半分とする規定が削除され，両者の相続分は原則として同等となった。 ×

A 507 自筆証書遺言を発見した相続人は，家庭裁判所の検認を請求しなければならない。 ×

A 508 訪問販売における現金取引では，3,000円未満の場合を除き，クーリングオフが認められている。 ×

A 509 訪問購入については特定商取引法が，不招請勧誘（飛び込み勧誘）の禁止，クーリングオフ制度を記載した書面の交付義務，クーリングオフ期間中の物品引渡しの拒絶などを規定している。 ○

Q 510 行政の行う行為であっても，特定の国民の権利義務を具体的に決定するという法的効果を伴わないものは，行政行為ではない。

Q 511 行政行為は，違法な行為であるという疑いがあるときでも，重大かつ明白な瑕疵がない限り，裁判所または権限ある行政庁が取り消すまでは適法性の推定を受ける。

Q 512 不可争力とは，行政行為に瑕疵があっても，その瑕疵が重大かつ明白でない限り，それを有効なものとして適用させる効力のことをいう。

Q 513 執行力とは，行政行為の内容を自力で実現しうる効力のことをいう。

Q 514 行政罰は，一般的，道徳的，社会的非行に対して科せられる刑罰である。

Q 515 行政手続法は，処分手続として，申請に対する処分と不利益処分との2つの手続を認めている。🌟

Q 516 行政指導に従わなかったことを理由に，相手方に不利益処分を行うことができる。

A 510 行政行為とは，一般には行政庁が<u>公権力</u>の行使として，国民・住民の具体的な権利義務その他の<u>法的地位</u>に変動を生じさせる行為をいう。　○

A 511 瑕疵ある行政行為は，瑕疵の程度により，<u>無効の</u>行政行為と<u>取り消しうべき</u>行政行為に分けられる。前者は，はじめから全く効力を生じないが，後者は，<u>公定力</u>により，正当な権限のある行政庁や裁判所によって取り消されるまでは，有効となる。　○

A 512 <u>不可争力</u>とは，瑕疵ある行政行為でも，一定の不服申立期間や出訴期間を過ぎると，当事者がその取消しを求めることができなくなる効力をいう。　✕

A 513 <u>執行力</u>とは，行政上の義務の不履行があるとき，行政庁が自力で義務の履行を強制できる（強制執行できる）効力をいう。　○

A 514 <u>行政罰</u>は，行政上の義務違反に対して，一般統治権に基づき制裁として科される罰である。したがって，一般的，道徳的，社会的非行に対して科せられる<u>刑事罰</u>とは異なる。　✕

A 515 <u>申請に対する処分</u>とは，行政庁の許認可などを求める申請に対し，行政庁が諾否の応答をすること。<u>不利益処分</u>とは，行政庁が法令に基づき，特定の者に直接義務を課すか，その権利を制限する処分をいう。　○

A 516 行政手続法32条2項に，「行政指導に携わる者は，その相手方が行政指導に従わなかったことを理由として，<u>不利益な取り扱い</u>をしてはならない」と規定されている。　✕

Q517 児童福祉法,身体障害者福祉法には,行政庁に対する不服申立てに関する規定がないが,それらの法に基づく処分について,行政不服審査法による不服申立てを行うことができる。

Q518 行政不服審査法における不服申立ての種類として,審査請求,再調査の請求,再審査請求がある。

Q519 行政不服審査法に基づく不服申立ては,いかなる場合でも,書面を提出して行わなければならない。

Q520 行政処分に対する審査請求があった場合には,当該行政処分の効力は,原則として停止する。

Q521 行政不服審査法による不服申立ての期間は,原則的に30日に統一されている。⭐

Q522 行政庁の自由裁量に属する処分であっても,裁量権の範囲を超え,またはその濫用があった場合には取消訴訟の対象となる。⭐

Q523 処分についての審査請求の裁決に不服がある者は,必ず再審査請求をすることができる。

Q524 行政事件訴訟法において定められている行政事件訴訟には,抗告訴訟,当事者訴訟,民衆訴訟の3類型がある。

A 517 行政不服審査法は，この法律またはその他の法律に不服申立てができないという規定がない限り，すべての行政庁の処分・不作為に対して不服申立てを認める概括主義を採用している。 ○

A 518 不服申立てには，審査請求，再調査の請求，再審査請求の3種類がある。2014年の改正で，異議申立ては廃止された。 ○

A 519 行政不服審査法に基づく不服申立ては，他の法律（条例に基づく処分については条例を含む）に口頭ですることができる旨の定めがある場合は，口頭で行うこともできる。 ×

A 520 不服申立てがあっても，処分の効力，処分の執行または手続の続行を妨げることはできない（執行不停止の原則）。ただし，例外的に申立てまたは職権により執行停止の措置がとられることがある。 ×

A 521 不服申立ての期間は，審査請求・再調査の請求では，原則として，処分があったことを知った日の翌日から起算して3か月以内，再審査請求では，同じく1か月以内である。 ×

A 522 行政事件訴訟法において，行政庁の裁量処分については，裁量権の範囲を超えたり，その濫用があった場合に限り，裁判所は，その処分を取り消すことができることが規定されている。 ○

A 523 審査請求の裁決後，さらに行う不服申立てを再審査請求という。これは，法律が認める場合などに限られるため，必ずすることができるわけではない。 ×

A 524 行政事件訴訟法が定める行政事件訴訟には，抗告訴訟，当事者訴訟，民衆訴訟および機関訴訟の4類型がある。 ×

Q 525 介護保険制度の要介護認定の結果は，行政事件訴訟法上の取消訴訟で争い得るものである。⭐

Q 526 行政事件訴訟法は抗告訴訟を，処分の取消しの訴え，裁決の取消しの訴え，無効等確認の訴え，義務付けの訴えの４つの形態に分類している。⭐

Q 527 取消訴訟は，処分のあったことを知った日から60日以内，および処分のあった日から１年以内に提起しなければならない。

Q 528 介護保険法における介護保険給付に関する処分や障害者総合支援法における介護給付費等に係る処分の取消しを求める訴訟は，原則として審査請求に対する裁決を経た後でなければ提起できない。

Q 529 国家賠償を請求する訴訟は，行政事件訴訟である。

Q 530 行政機関の保有する情報の公開に関する法律（情報公開法）は，日本国民にのみ，情報開示請求権を認めている。

Q 531 官報，白書は，情報公開法にいう「行政文書」に該当しない。

525 介護保険制度の要介護認定・要支援認定の結果など，審査請求が認められているものについては，行政事件訴訟法上の取消訴訟で争い得るものである。 ○

 526 抗告訴訟は，処分の取消しの訴え，裁決の取消しの訴え，無効等確認の訴え，不作為の違法確認の訴え，義務付けの訴え，差止めの訴えの6形態に分類されている。 ×

 527 取消訴訟は，処分または裁決があったことを知った日から6か月を経過すると提起できなくなる。また，処分または裁決があったことを知らなくても，処分または裁決の日から1年を経過すると，正当な理由のない限り，提起できない。 ×

 528 個別の法律が，審査請求に対する裁決後でなければ処分の取消しの訴えを提起できないと定めている場合は，それに従わなければならない（審査請求前置主義）。生活保護法，介護保険法，障害者総合支援法などにこの規定が採用されている。 ○

 529 国家賠償法による損害賠償請求は，行政事件訴訟としてではなく，民事訴訟として行われる。また，訴訟における被告は，行政庁ではなく，国または公共団体である。 ×

 530 情報公開法は，日本国民に限定せず，外国人を含め，すべての者に情報開示請求権を認めている。 ×

 531 情報公開法は，官報，白書，新聞，書籍その他不特定多数の者への販売を目的に発行されるものなどは，行政文書から除外するとしている。 ○

Q532 民法の規定に基づいて，家庭裁判所は養親となる者の請求により特別養子縁組を成立させることができる。

Q533 家庭裁判所には，社会学，心理学，社会福祉学，精神医学などの観点から科学的な調査を担当する家庭裁判所調査官が，非常勤の特別職公務員として民間人から選任されて置かれている。

Q534 法務局には，全国8ブロックごとの地方法務局と，都道府県ごとに42か所の法務局がある。

Q535 成年後見登記事項証明書の交付事務は，市町村が取り扱う。★

Q536 全国の市町村に，総務大臣から委嘱された民間人の人権擁護委員が置かれている。

Q537 司法書士の成年後見事務は，全国組織である公益社団法人成年後見センター・リーガルサポートを通して提供される。

Q538 地域包括支援センターの社会福祉士には，必須事業である包括的支援事業のうち，総合相談支援業務および権利擁護業務における中心的な役割が期待されている。★

A 532 家庭裁判所は家庭に関する事件の審判・調停，少年 ○
の保護事件の審判等に必要な調査や環境調整などの
事務を司っている。養子などの審判のほか，戸籍名
や性別の変更などの審判も取り扱っている。

A 533 家庭裁判所調査官は，裁判所職員採用総合職試験を ✕
受験して採用された後，2年間の研修で必要な技能
等を修得することが必要である。民間人から選任さ
れる非常勤の特別職公務員ではない。

A 534 法務局の組織は，全国を8ブロックの地域に分け， ✕
各ブロックを受け持つ機関である法務局と，その下
にある都道府県を単位とする地域を受け持つ42か
所の地方法務局などからなる。

A 535 法務局が登記所としての事務を担当し，成年後見登 ✕
記事項証明書の交付事務は法務局の登記官が行う。

A 536 人権擁護委員は，法務大臣から委嘱された民間のボ ✕
ランティアである。その定数は，全国を通じて2万
人を越えないものとする（人権擁護委員法4条）。

A 537 公益社団法人成年後見センター・リーガルサポート ○
では，成年後見人養成のための研修を実施したり，
会員（司法書士等）が受任した事件について，定期
的にセンターへ職務遂行状況を報告することを義務
付けるなどの取組みを行っている。

A 538 総合相談支援業務の内容は地域におけるネットワー ○
ク構築，実態把握など，権利擁護業務の内容は成年
後見制度の利用促進，高齢者虐待への対応，消費者
被害の防止などである。

5 成年後見制度

Q 539 後見開始の審判の請求権者は，民法に規定された本人，配偶者に限られる。⭐

Q 540 成年後見人の職務のひとつである身上監護には，被後見人の身体介護は含まれない。

Q 541 成年後見人はその職務として，成年被後見人の生活・療養看護に関して代理権を行使できるが，そのための費用の支出については代理権がない。

Q 542 成年後見人に不正な行為，著しい不行跡などの事実がある場合，家庭裁判所は，職権で成年後見人を解任できる。⭐

Q 543 保佐および補助における判断能力の判定に際して，いずれも原則として医師等の専門家による鑑定が必要である。

Q 544 保佐人は，日用品の購入その他日常生活に関する行為を取り消すことができない。⭐

539 後見開始の審判の請求権者は，民法に規定された本人（意思能力を回復している場合に限る），配偶者，4親等内の親族，未成年後見人，保佐人，補助人，検察官などのほか，民法以外の法律に規定された市町村長，任意後見受任者，任意後見人，任意後見監督人も含まれる。 ×

 540 成年後見人の職務である身上監護は，被後見人の見守りや相談業務などが含まれているが，身体介護は含まれていない。 ○

 541 後見開始の審判により選任された成年後見人は，成年被後見人の財産に関するすべての法律行為について代理権を持つ。 ×

 542 後見人に不正な行為，著しい不行跡その他後見の任務に適しない事由があるときは，家庭裁判所は，後見監督人，被後見人，その親族，検察官の請求によりまたは職権で，解任することができる。 ○

 543 後見および保佐については，家庭裁判所は，精神の状況につき，明らかにその必要がない場合を除き，鑑定をしなければ，後見および保佐開始の審判をすることができない。補助の場合は，原則，鑑定は不要で医師の診断書で判定が行われている。 ×

 544 保佐人には，民法13条1項に定められている重要な法律行為についての取消権は認められているが，日用品の購入その他日常生活に関する行為についての取消権はない。 ○

Q 545 本人以外の者の請求により補助開始の審判をするに当たっては，本人の同意が必要である。

Q 546 任意後見開始の申し立ては，本人のほか，6親等内の親族も行うことができる。

Q 547 任意後見契約を締結するには，公正証書の作成が必要である。⭐

Q 548 補助人に同意権を付与するには，被補助人の同意が必要である。

Q 549 成年後見人による日常生活自立支援事業の利用契約の締結は，法律で禁じられている。

Q 550 市町村は，後見，保佐及び補助の業務を適正に行うことができる者を家庭裁判所に推薦するよう努めなければならない。

Q 551 任意後見人は，本人からの依頼により市町村長が任命する。

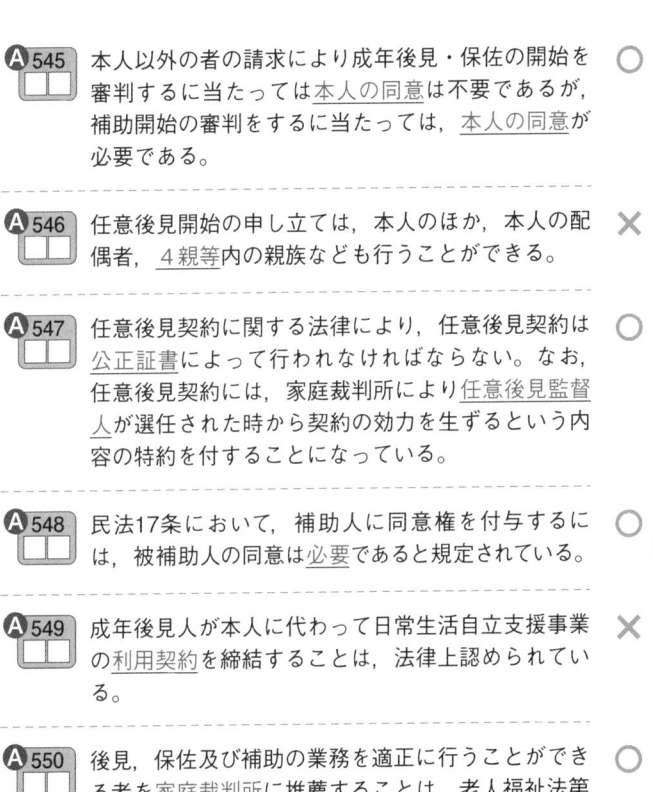

A 545 本人以外の者の請求により成年後見・保佐の開始を審判するに当たっては<u>本人の同意</u>は不要であるが，補助開始の審判をするに当たっては，<u>本人の同意</u>が必要である。　○

A 546 任意後見開始の申し立ては，本人のほか，本人の配偶者，<u>4親等</u>内の親族なども行うことができる。　×

A 547 任意後見契約に関する法律により，任意後見契約は<u>公正証書</u>によって行われなければならない。なお，任意後見契約には，家庭裁判所により<u>任意後見監督人</u>が選任された時から契約の効力を生ずるという内容の特約を付することになっている。　○

A 548 民法17条において，補助人に同意権を付与するには，被補助人の同意は<u>必要</u>であると規定されている。　○

A 549 成年後見人が本人に代わって日常生活自立支援事業の<u>利用契約</u>を締結することは，法律上認められている。　×

A 550 後見，保佐及び補助の業務を適正に行うことができる者を<u>家庭裁判所</u>に推薦することは，老人福祉法第32条の2に基づく必要な措置のひとつである。　○

A 551 任意後見人は，本人と任意後見受任者との間で締結する<u>任意後見契約</u>によって定められる。　×

権利擁護を支える法制度

6 日常生活自立支援事業と成年後見制度利用支援事業

Q552 日常生活自立支援事業は国庫補助事業であり，第二種社会福祉事業に規定された福祉サービス利用援助事業に該当する。⭐

Q553 日常生活自立支援事業の実施主体は都道府県社会福祉協議会である。⭐

Q554 日常生活自立支援事業では，利用者の金銭を管理するサービスは認められていない。

Q555 日常生活自立支援事業における専門員は，利用者に対し，支援計画に基づく支援を提供する業務を担当する。

Q556 日常生活自立支援事業において，実際に援助を行うのは専門員と生活支援員である。そのうち専門員は，原則として社会福祉士や精神保健福祉士等であって，一定の研修を受けた者とされている。

Q557 日常生活自立支援事業においては，契約期間を定めた場合，利用者は期間の途中で解約できない。

Q558 成年後見制度利用支援事業は，障害者総合支援法に基づく地域生活支援事業において，任意の事業となっている。

552 日常生活自立支援事業は，社会福祉法においては<u>福祉サービス利用援助事業</u>として，<u>第二種社会福祉事業</u>に位置付けられている。 　〇

 553 日常生活自立支援事業の実施主体は，<u>都道府県・指定都市社会福祉協議会</u>であり，事業の一部を<u>市町村社会福祉協議会</u>や地域のNPO団体等に委託することができる。 　〇

 554 日常生活自立支援事業では，<u>日常的金銭管理サービス</u>として，年金等の受領に必要な手続き，医療費・公共料金・税金などを支払う手続きなどが行われている。 　✕

 555 利用者に対し，支援計画に基づく支援を提供する業務を担当するのは，<u>生活支援員</u>である。 　✕

 556 <u>専門員</u>は，初期相談から契約締結能力の確認，本人に必要な援助の特定，自立支援計画の策定などの業務を，<u>生活支援員</u>は，<u>専門員</u>の指示を受けて，個々の支援計画に基づいて具体的な援助を行う。 　〇

 557 日常生活自立支援事業は，<u>利用者本人</u>からの申請に基づき，実施主体と契約を締結することによりサービスを利用する。したがって，契約期間中であっても，本人の意思で<u>途中解約</u>は可能である。 　✕

558 成年後見制度利用支援事業は，障害者総合支援法に基づく<u>地域生活支援事業</u>において，<u>必須</u>の事業となっている。一方，介護保険法に基づく<u>地域支援事業</u>においては，<u>任意</u>の事業となっている。 　✕

権利擁護を支える法制度

Point 13 後見開始の審判等

■後見・保佐・補助開始の審判の概要

後見開始の審判		
要件	対象者（判断能力）	精神上の障害（認知症・知的障害・精神障害など）により，判断能力を欠くのが通常の状態にある者
名称	本人	成年被後見人
	保護者	成年後見人
	監督人	成年後見監督人
開始の手続	審判の請求権者	本人，配偶者，4親等内の親族，検察官，市町村長，任意後見受任者，任意後見人，任意後見監督人
		未成年後見人，未成年後見監督人，保佐人，保佐監督人，補助人，補助監督人
	本人の同意	不要
保佐開始の審判		
要件	対象者（判断能力）	精神上の障害により，判断能力が著しく不十分な者
名称	本人	被保佐人
	保護者	保佐人
	監督人	保佐監督人
開始の手続	審判の請求権者	本人，配偶者，4親等内の親族，検察官，市町村長，任意後見受任者，任意後見人，任意後見監督人
		後見人（未成年後見人および成年後見人），後見監督人（未成年後見監督人および成年後見監督人），補助人，補助監督人
	本人の同意	不要
補助開始の審判		
要件	対象者（判断能力）	精神上の障害により，判断能力が不十分な者
名称	本人	被補助人
	保護者	補助人
	監督人	補助監督人
開始の手続	審判の請求権者	本人，配偶者，4親等内の親族，検察官，市町村長，任意後見受任者，任意後見人，任意後見監督人
		後見人，後見監督人，保佐人，保佐監督人
	本人の同意	必要

　日常生活自立支援事業は，認知症高齢者，知的障害者，精神障害者等のうち，判断能力の不十分な人が，地域で自立した生活が送れるよう，利用者との契約に基づいて福祉サービスの利用援助等を行うものです。

■日常生活自立支援事業の概要

実施主体	都道府県・指定都市社会福祉協議会 ※事業の一部を市町村社会福祉協議会等に委託できる
対象者	判断能力が不十分な者であり，かつ事業の契約の内容について判断しうる能力を有していると認められる者
援助内容	福祉サービスの利用援助，福祉サービスに関する苦情解決制度の利用援助，日常的金銭管理サービス，書類等の預かりサービスなど
実施方法	専門員・生活支援員が実施 ※専門員は，初期相談から契約締結能力の確認，本人に必要な援助の特定，自立支援計画の策定，利用契約の締結，生活支援員の指導等を行う。生活支援員は，専門員の指示を受けて，個々の支援計画に基づき具体的な援助を実施する
利用料	自己負担を原則とし，金額は実施主体によって異なる。生活保護受給世帯については無料
その他	社会福祉法では，福祉サービス利用援助事業として，第二種社会福祉事業に規定。契約締結能力について審査する機関として，契約締結審査会が都道府県・指定都市社会福祉協議会に設置される。運営適正化委員会は，第三者機関として，運営の確保・監視の役割と，苦情解決についての相談・助言・調査・解決を行う委員会で，都道府県社会福祉協議会に設置される

地域福祉と包括的支援体制

1 地域福祉の基本的な考え方

Q559 ウェルマンは，各個人が空間の縛りを離れ選択的に絆を築いていくとする，新しいコミュニティの可能性を説いた。

Q560 ロスマンは，コミュニティ・オーガニゼーションを小地域開発モデルと社会計画モデルの2つに分類した。

Q561 マッキーバーは，国家はアソシエーションであり，家族はコミュニティであるとした。⭐

Q562 奥田道大が示した地域共同体モデルとは，市民型権利意識が強く，組織活動家型リーダーが存在する，対行政圧力団体型組織である。

Q563 ノーマライゼーションは，障害があっても普通の生活が送れるようにすることを意味し，スウェーデンのニィリエが提唱した身体障害者の福祉の理念に由来する。⭐

Q564 ソーシャル・インクルージョンとは，すべての人々を孤独や孤立，排除や摩擦から援護し，社会の構成員として包み支え合う社会を目指すことをいう。⭐

地域福祉の基本的な考え方を理解し，包括的支援体制における多職種連携や社会資源の活用とその推進方法，地域における社会福祉士の役割について学習しましょう。

 A 559 ウェルマンは，これまでの地縁を基盤とした居住地域をコミュニティとする伝統的な捉え方に疑問を投げかけた。人々が地理的な空間を超え個人のライフスタイルを通じ，つながりを形成しているコミュニティの解放という視点から整理した。 ○

 A 560 ロスマンは，コミュニティ・オーガニゼーションを小地域開発モデル，社会計画モデル，ソーシャルアクションモデルの3つのモデルに分類した。 ✕

 A 561 マッキーバーは，集団を地域性に基づく共同体コミュニティと共通の利害に基づく人工的な集団であるアソシエーションに分類した。家族はアソシエーションに含まれる。 ✕

 A 562 地域共同体モデルとは，元地元共同意識が強く，名望有力者型リーダーが存在し，伝統型住民層によって形成される村落・町内会型組織のことである。設問の記述は，個我モデルのことである。 ✕

 A 563 ノーマライゼーションは，デンマークのバンクーミケルセンによって提唱された。わが国への本格的な普及は，1981年の国際障害者年以降である。ニィリエは，8つの原理を提唱し，ノーマライゼーションをより具体化させた。 ✕

 A 564 ソーシャル・インクルージョンとは，すべての人々を孤立や孤独，排除や摩擦から援護し，健康で文化的な生活の実現につなげるよう，社会の構成員として包み支え合うという考え方である。 ○

地域福祉と包括的支援体制

177

Q 565 レイン報告では，コミュニティ・オーガニゼーションを，ソーシャル・オーガニゼーションのひとつとし，地域社会における諸問題を民主的に調整する意識的努力を組織することであるとした。⭐

Q 566 ロスによれば，コミュニティ・オーガニゼーションとは，地域社会を構成するグループ間の協力と協働の関係を調整・促進することで地域社会の問題を解決していく過程であるとされている。

Q 567 ロスマンの小地域開発モデルとは，地域社会の問題を計画的・合理的に解決するように，専門的技術を駆使する活動である。

Q 568 ロスマンのソーシャルアクションモデルは，コミュニティの権力関係の変更や資源の移行を主たる目標とするものである。

Q 569 コミュニティケアの考え方は，1970年前後にわが国に伝えられ，施設中心から在宅福祉へと，社会福祉の考え方を転換させる契機となった。

Q 570 シーボーム報告（1968年）は，社会サービスにおけるボランティアの役割は，専門家にできない新しい社会サービスを開発することにあることを強調した。⭐

Q 571 エイブス報告（1969年）は，地方自治体がソーシャルワークに関連した部門を統合すべきであることを勧告した。⭐

A 565 1939年に提出された<u>レイン報告</u>では，地域社会に 　✕
生じる福祉ニーズに対し，社会資源を調整，開発す
ることがコミュニティ・オーガニゼーションの主な
機能であるとして，<u>ニーズ・資源調整説</u>を唱えてい
る。設問の記述は，リンデマンの理論である。

A 566 ロスは，地域社会が<u>団結協力</u>して実行する態度を養 　✕
い育てる<u>過程</u>をコミュニティ・オーガニゼーション
であると定義した。設問の記述は，ニューステッ
ターの<u>インターグループワーク説</u>である。

A 567 ロスマンの<u>小地域開発</u>モデルとは，コミュニティの 　✕
住民の多くが地域活動に参加することにより，地域
の変化を期待する伝統的な活動である。設問の記述
は，<u>社会計画</u>モデルの内容である。

A 568 <u>ソーシャルアクション</u>モデルは，地域住民の連帯に 　○
基づいて資源の整備や制度の改善を求めていく活動
である。

A 569 わが国のコミュニティケアの考え方は，イギリスに 　○
おける1968年の<u>シーボーム</u>報告の影響を受けてい
る。

A 570 1968年の<u>シーボーム報告</u>は，高齢者や障害者への 　✕
サービスを供給し，地方公共団体を中心とした対人
社会サービスの強化を勧告した。設問の記述は，<u>エ
イブス報告</u>に関するものである。

A 571 1969年に発表された<u>エイブス報告</u>では，ボラン 　✕
ティアは専門家の代わりではなく，新たな社会サー
ビスを開発する役割があることを強調した。設問の
記述は，<u>シーボーム報告</u>に関するものである。

179

Q572 イギリスでは，シーボーム報告に続き，バークレイ報告により，コミュニティケアが展開し，コミュニティ・ソーシャルワークという考え方が登場した。

Q573 ワグナー報告を受けて，コミュニティケア推進に向け，社会福祉施設の解体がより促進された。

Q574 岡村重夫によれば，地域福祉の構成要素は，コミュニティケア，一般的地域組織化活動と福祉組織化活動，予防的社会福祉からなる。

Q575 右田紀久惠の展開した地域福祉論は，生活問題という視点と原則の重視が特徴である。

Q576 永田幹夫は，地域福祉の構成要素のひとつとして，在宅福祉サービスをあげた。

Q577 1979（昭和54）年に全国社会福祉協議会が刊行した『在宅福祉サービスの戦略』は，非貨幣的ニーズの充足に着目し，在宅福祉サービスの推進を政策的にいかに行うかについて検討している。

Q578 1990（平成2）年のいわゆる社会福祉関係八法改正の際，社会福祉事業法の改正に伴って市町村社会福祉協議会が法定化された。

A 572 コミュニティ・ソーシャルワークとは，要援護者の自立支援を図るために展開されるソーシャルワークの総体を指す。フォーマルケアとインフォーマルケアの統合化をはじめ，医療・保健・教育等のサービスの有機的な連携を図るものである。　○

A 573 1988年のワグナー報告では，積極的に利用される魅力ある施設サービスを目指すことが提言された。　×

A 574 岡村重夫は，地域福祉の構成要素として，最も直接的で具体的な援助活動としてのコミュニティケアと，それを可能にするための条件づくりとしての一般的地域組織化活動と福祉組織化活動，予防的社会福祉をあげている。　○

A 575 右田紀久惠は，地域社会に生じる生活問題を，生活原則，権利原則，住民主体原則によって軽減，除去または予防し，地域住民の生活権保障と社会的自己実現を目的とした制度，体系を地域福祉の基礎要件とした。　○

A 576 永田幹夫は，地域福祉の構成要素として，在宅福祉サービス，環境改善サービス，組織活動の３点をあげた。　○

A 577 全国社会福祉協議会が刊行した『在宅福祉サービスの戦略』では，今後の社会福祉の中心的課題を非貨幣的ニーズであるとした。なお，非貨幣的ニーズとは，金銭給付にとどまらない家事援助や身体自立，精神的ケアなどの具体的な福祉サービスを指す。　○

A 578 市町村社会福祉協議会は，1983年の社会福祉事業法の改正により法定化された。　×

地域福祉と包括的支援体制

181

Q579 2000(平成12) 年に社会福祉事業法から社会福祉法へ改正されたことにより, 市町村社会福祉協議会の目的は地域福祉の推進にあるという規定が削除された。

Q580 市町村は, 二次医療圏において, 特殊な医療が提供できる体制を構築することとされている。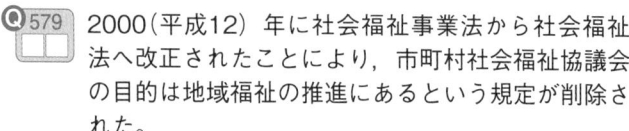

Q581 地域住民には, 「社会福祉を目的とする事業を経営する者及び社会福祉に関する活動を行う者」の事業や活動を代替する役割があると社会福祉法に規定されている。

Q582 社会福祉事業の経営者は, 利用者と利用契約を結ぶ場合には, 契約内容について十分な説明を行い, 書面によって契約することが義務付けられている。

Q583 社会福祉法では, 利用者保護の観点から, 福祉サービスについて広告可能な事項を列記し, その他の事項についての広告を禁止している。

Q584 社会福祉法は, 社会福祉事業の経営者が, 常に, その提供する福祉サービスについて, 利用者等からの苦情の適切な解決に努めるべきことを定めている。

579 2000（平成12）年に社会福祉法へ改正されたことにより，市町村社会福祉協議会の目的は地域福祉の推進にあることが明文化された。 ✕

 580 医療計画の策定主体は，都道府県である（医療法30条の4）。二次医療圏は，一般的医療を行い，複数の市町村を単位とする。特殊な医療を提供する医療圏は三次医療圏である。 ✕

581 社会福祉法において，地域住民，社会福祉を目的とする事業を経営する者および社会福祉に関する活動を行う者は，相互に協力し，地域福祉の推進に努めなければならないと規定されている。 ✕

 582 社会福祉事業の経営者は，利用者と利用契約を結ぶ場合，経営者の名称や主な事務所の所在地，提供する福祉サービスの内容などを記載した書面を遅滞なく交付しなければならない。 ○

 583 社会福祉法79条では，広告された福祉サービスの内容その他の厚生労働省令で定める事項について，著しく事実に相違する表示や実際よりも優良・有利であると誤認させるような表示をしてはならない（誇大広告の禁止）と規定されているが，広告可能な事項の列記はない。 ✕

 584 社会福祉事業の経営者は，常に，その提供する福祉サービスについて，利用者等からの苦情の適切な解決に努めなければならない（社会福祉法82条）。 ○

Q 585 公営住宅の供給を行う地方公共団体は，公営住宅の入居者に特別の事情がある場合において必要があると認めるときであっても，家賃を減免することは認められていない。

Q 586 地域包括支援センターの総合相談支援業務は，センターに配置された社会福祉士，保健師，主任介護支援専門員の３人の専門職またはそれらに準ずる者がチームとして連携して行うこととされている。☆

Q 587 社会福祉協議会は，都道府県や市町村が運営する福祉団体である。

Q 588 2000（平成12）年の社会福祉法の改正によって，市町村社会福祉協議会は，都道府県をまたがる２以上の市町村の区域内において設置することができるようになった。

Q 589 市町村社会福祉協議会は，社会福祉事業よりも広い範囲の事業である社会福祉を目的とする事業に関する企画および実施を行う。

Q 590 関係行政庁の職員は市町村社会福祉協議会の役員になることができるが，役員総数の３分の１を超えてはならない。☆

Q 591 都道府県社会福祉協議会は，広域的見地から市町村社会福祉協議会を監督する。

A 585 公営住宅の供給を行う地方公共団体は，公営住宅の入居者に特別の事情がある場合において必要があると認めるときは，家賃を<u>減免</u>することができる。 ✕

A 586 介護保険法施行規則において，地域包括支援センターには，原則，<u>社会福祉士</u>，保健師，<u>主任介護支援専門員</u>の3人の専門職またはそれらに準ずる者を配置することが規定されている。 ○

A 587 <u>社会福祉協議会</u>は，地域福祉の推進を目的とした団体（民間非営利団体）として，社会福祉法109〜111条に規定されている。 ✕

A 588 2000年の社会福祉法の改正により，市町村社会福祉協議会は，1または同一<u>都道府県</u>内の2以上の<u>市町村</u>の区域内において設置できることが規定された。 ✕

A 589 社会福祉法109条において，市町村社会福祉協議会が行う業務には，社会福祉に関する活動への<u>住民</u>の参加のための援助，<u>社会福祉</u>を目的とする事業の企画および実施，調査，<u>普及</u>，宣伝，<u>連絡</u>，調整および<u>助成</u>などと規定されている。 ○

A 590 社会福祉法109条5項において，関係行政庁の職員は，<u>市町村社会福祉協議会</u>および地区社会福祉協議会の役員となることができる。ただし，役員の総数の<u>5分の1</u>を超えてはならないと規定されている。 ✕

A 591 社会福祉法110条において，<u>都道府県社会福祉協議会</u>は，広域的な見地から「市町村社会福祉協議会の相互の<u>連絡</u>及び事業の<u>調整</u>」を行うことが規定されている。 ✕

Q592 社会福祉事業に従事する者の養成および研修は，市町村社会福祉協議会の行う事業である。⭐

Q593 社会福祉法では，都道府県に対して，福祉人材センターの設置を義務付けている。

Q594 NPO法人は，特殊法人である。

Q595 特定非営利活動法人のうち，「保健，医療又は福祉の増進を図る活動」を活動分野としている団体は，2023（令和5）年9月末現在で最も少ない。

Q596 認定特定非営利活動法人の認定の有効期間は，認定の日から3年である。

Q597 共同募金の活動原則は，共同募金運動要綱に明記されている。

Q598 共同募金の寄附金の公正な配分に資するために，市町村共同募金会に配分委員会を設置することが義務付けられている。

Q599 共同募金は，配分委員会の承認を得れば，社会福祉を目的とする事業を経営する者以外にも配分できる。⭐

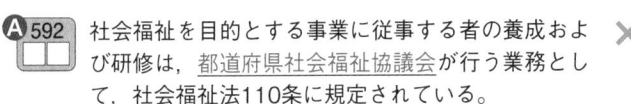

A 592 社会福祉を目的とする事業に従事する者の養成およ　✕
び研修は，<u>都道府県社会福祉協議会</u>が行う業務として，社会福祉法110条に規定されている。

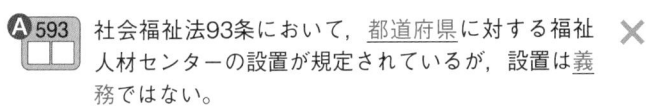

A 593 社会福祉法93条において，<u>都道府県</u>に対する福祉　✕
人材センターの設置が規定されているが，設置は<u>義務</u>ではない。

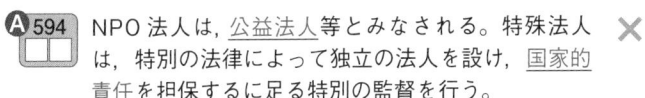

A 594 NPO法人は，<u>公益法人</u>等とみなされる。特殊法人　✕
は，特別の法律によって独立の法人を設け，<u>国家的責任</u>を担保するに足る特別の監督を行う。

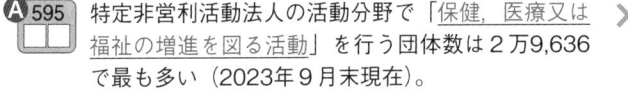

A 595 特定非営利活動法人の活動分野で「<u>保健，医療又は</u>　✕
<u>福祉の増進を図る活動</u>」を行う団体数は2万9,636で最も多い（2023年9月末現在）。

A 596 認定特定非営利活動法人の認定有効期間は，特定非　✕
営利活動促進法に基づき，<u>認定</u>の日から<u>5</u>年と定められている。

A 597 共同募金運動要綱には，活動原則として，<u>民間性</u>，　◯
地域性，<u>計画性</u>，公開性，<u>参画性</u>，福祉教育の<u>普遍性</u>があげられている。

A 598 共同募金の配分委員会設置が義務付けられているの　✕
は，<u>都道府県共同募金会</u>である。

A 599 共同募金は，<u>社会福祉を目的とする事業を経営する</u>　✕
<u>者</u>以外には配分できない（社会福祉法117条）。

Q600 共同募金の活動は，歳末たすけあい募金や一般募金として行われ，近年，募金額は，減少傾向にある。

Q601 共同募金において寄付金を募集する区域は都道府県を単位とし，募集期間は都道府県知事が定めるとされている。⭐

Q602 町内会は，地方自治法によって，世帯単位で加入することとされている。

Q603 町内会は，収益事業を実施することができない。

Q604 生活協同組合は，厚生労働省所管の消費生活協同組合法に基づいて運営されており，戦後，GHQ（連合国軍最高司令官総司令部）が設置した団体である。

Q605 パブリックコメントとは，利害関係者や学識経験者を集めて意見を聴き，予算や法律・規則の制定を行う手法のことである。

Q606 生活支援コーディネーターは，サービス提供主体の間の連携を推進するとともに，新たなサービスを創出する役割を期待されている。

Q607 社会福祉法では，地域福祉の推進として，地域子育て支援拠点事業等を経営する者の責務などについて規定している。

A 600 共同募金の募金額は，1995（平成7）年前後をピークに減少傾向にある。　○

A 601 共同募金において寄付金を募集する区域は都道府県を単位とし，募集期間については厚生労働大臣が定める期間内に限られている。　✕

A 602 町内会は，包括的な活動を行う任意の団体（住民組織）であることから，世帯単位による加入が一般的であるが，加入については地方自治法で定められていない。　✕

A 603 地方自治法260条の2において，町内会は，不動産の貸付け等，収益事業を実施することができることが規定されている。　✕

A 604 1879（明治12）年に東京で設立された共立商社が，わが国最初の生活協同組合である。なお，生活協同組合は，1948（昭和23）年に制定された消費生活協同組合法により，都道府県または厚生労働省所管で運営されている。　✕

A 605 パブリックコメントは，公的機関が政策を実施する場合に，事前に公にして，利害関係者や学識経験者だけでなく，国民の意見を公募する手法である。　✕

A 606 生活支援コーディネーター（地域支え合い推進員）は，関係者間の情報共有やサービス提供主体間の連携体制づくりなどのネットワークの構築に加え，地域に不足するサービスの創出，サービスの担い手養成など資源開発を行う役割も期待されている。　○

A 607 社会福祉法では，地域福祉の推進として，地域子育て支援拠点事業等を経営する者の責務や，包括的な支援体制の整備などについて規定している。　○

Q 608 民生委員の任期は2年である。⭐

Q 609 民生委員は，1945（昭和20）年以前には方面委員と呼ばれていたが，1946年の民生委員令の公布によって民生委員に名称が改められた。⭐

Q 610 民生委員の定数は，厚生労働大臣の定める基準を参酌して，都道府県の条例で定める。⭐

Q 611 民生委員は，市町村長の推薦によって都道府県知事から委嘱される。⭐

Q 612 民生委員法において，民生委員協議会は，民生委員の職務に関して，関係各庁に意見を具申しなければならないとしている。

Q 613 運営適正化委員会の設置主体は，都道府県社会福祉協議会である。⭐

Q 614 運営適正化委員会は，福祉サービスに関する苦情について，事業者に改善を命じることができる。⭐

A 608 民生委員の任期は3年である。その職務について，都道府県知事の指揮監督を受ける。なお，民生委員は，市（特別区を含む）町村の区域に置くこととされている。 ✕

A 609 第二次世界大戦後，1946年の旧生活保護法制定とともに民生委員令が制定され，方面委員から民生委員へ名称が改められた。また，1947年の児童福祉法制定により，民生委員は児童委員も兼ねることとなった。 ○

A 610 民生委員法4条において，民生委員の定数は，厚生労働大臣の定める基準を参酌して，都道府県の条例で定める。条例は，都道府県知事が，各区域を管轄する市町村長（特別区長を含む）の意見を聴いて，これを定めることが規定されている。 ○

A 611 民生委員法5条において，民生委員は，都道府県知事の推薦によって，厚生労働大臣がこれを委嘱することが規定されている。 ✕

A 612 民生委員法において，民生委員協議会は，民生委員の職務に関して，関係各庁に意見を具申することができるが，義務ではない。 ✕

A 613 社会福祉法83条において，運営適正化委員会の設置主体は，都道府県社会福祉協議会であることが規定されている。 ○

A 614 運営適正化委員会が，福祉サービスに関する苦情について行うのは，相談，援助，調査，解決のためのあっせん等である。事業者に改善を命じることができるのは，厚生労働大臣，都道府県知事，市町村長等行政機関である。 ✕

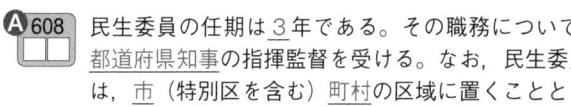

地域福祉と包括的支援体制

Q615 在宅福祉サービスには，利用者の居宅を訪問して提供するサービスだけでなく，利用者が通所するサービスも含まれる。

Q616 災害対策基本法における避難行動要支援者とは，本人が同意し，提供した情報に基づいて避難行動要支援者名簿に登載された者をいう。

Q617 国民の社会福祉に関する活動への参加の促進を図るための措置に関する基本的な指針（平成5年厚生省告示）では，ボランティア活動を国民の義務として促進することを提言した。

Q618 社会福祉法では，第二種社会福祉事業は，国，地方公共団体または社会福祉法人が経営することを原則としている。⭐

Q619 日常生活支援住居施設は，社会福祉法上の第二種社会福祉事業に位置付けられている。⭐

Q620 国，都道府県以外の者が第二種社会福祉事業を開始する場合は，事業開始日から3か月以内に都道府県知事に届け出なければならない。

A 615 在宅福祉サービスには，利用者の居宅を訪問する<u>訪問型サービス</u>のほか，利用者がデイサービスなどに通所する<u>通所型サービス</u>もある。1990（平成2）年の社会福祉関係八法の改正により，在宅福祉サービスの多くは，<u>第二種社会福祉事業</u>として法定化された。　○

A 616 <u>避難行動要支援者</u>とは，要配慮者のうち，災害が発生したり災害が発生するおそれがある場合に<u>自ら避難</u>することが困難な者で，円滑かつ迅速な<u>避難の確保</u>を図るため，特に支援を要する者のことをいう。　×

A 617 <u>国民の社会福祉に関する活動への参加の促進を図るための措置に関する基本的な指針</u>（平成5年厚生省告示）では，ボランティア活動や住民参加による福祉活動を促進するための措置が示されたが，義務付けられていない。　×

A 618 社会福祉事業のうち，国，地方公共団体または社会福祉法人が経営することを原則とするのは，<u>第一種社会福祉事業</u>である（社会福祉法60条）。　×

A 619 2020（令和2）年4月に創設された<u>日常生活支援住居施設</u>は，生活保護受給者のうち居宅では日常生活が困難であるが，社会福祉施設に入所の対象にならない者が対象で，都道府県知事が認めた施設である。<u>第二種社会福祉事業</u>に位置付けられている。　○

A 620 国および都道府県以外の者が第二種社会福祉事業を開始したときは，開始日から<u>1か月</u>以内に事業経営地の<u>都道府県知事</u>に届け出なければならない（社会福祉法69条）。　×

地域福祉と包括的支援体制

Q 621 児童福祉法に規定する乳児院，母子生活支援施設，児童養護施設，障害児入所施設，児童心理治療施設又は児童自立支援施設を経営する事業は，社会福祉法に規定する第二種社会福祉事業に位置付けられている。

Q 622 住民が生活問題状況を自覚し，自分たちの生活をコントロールしたり，改善したりする能力の形成を目指すことは，エンパワメントの考え方に含まれる。

Q 623 ローカルガバナンスとは，正当な手続によって選出された首長や議員によって地方政治が一元的に統治されている状態のことをいう。

Q 624 地域福祉の推進には，個人支援レベル，機関・団体の活動者や実務者レベル，それらの代表者レベルの各種の重層的な連携が想定される。

Q 625 社会資源は，フォーマルなものとインフォーマルなものに区分することができる。⭐

Q 626 地域福祉における社会資源とは，地域住民のニーズを充足するために用いられるものをいうことから，サービスを利用する住民は含まれない。

Q 627 ニーズ推計とは，ニーズを一定の基準で分類し，その類型ごとに出現率の推計等を行い，それに対応するサービスの種類や必要量を算出する手法である。

Q 628 地域福祉の調査として，認知症高齢者の家族介護者の不安を軽減する方法を明らかにするため，当事者と共にアクションリサーチを実施する。

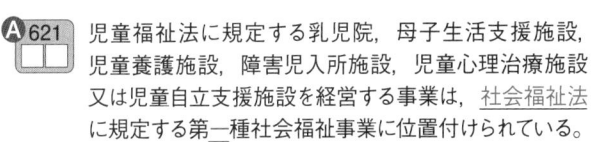

A 621 児童福祉法に規定する乳児院，母子生活支援施設，児童養護施設，障害児入所施設，児童心理治療施設又は児童自立支援施設を経営する事業は，<u>社会福祉法</u>に規定する第一種社会福祉事業に位置付けられている。 ✕

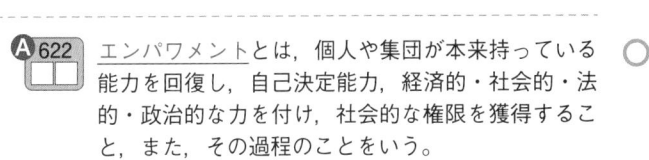

A 622 <u>エンパワメント</u>とは，個人や集団が本来持っている能力を回復し，自己決定能力，経済的・社会的・法的・政治的な力を付け，社会的な権限を獲得すること，また，その過程のことをいう。 ○

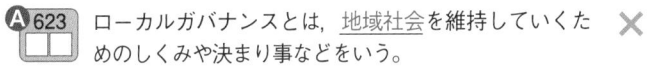

A 623 ローカルガバナンスとは，<u>地域社会</u>を維持していくためのしくみや決まり事などをいう。 ✕

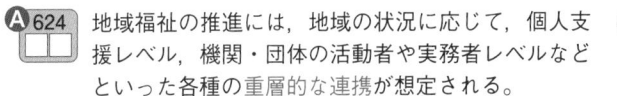

A 624 地域福祉の推進には，地域の状況に応じて，個人支援レベル，機関・団体の活動者や実務者レベルなどといった各種の<u>重層的な連携</u>が想定される。 ○

A 625 社会資源には，行政や社会福祉施設，各種専門職などによる<u>フォーマル</u>な資源と，家族・近隣，ボランティアなどによる<u>インフォーマル</u>な資源がある。 ○

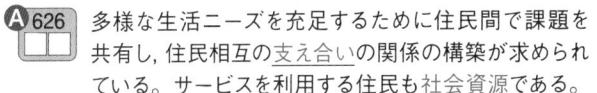

A 626 多様な生活ニーズを充足するために住民間で課題を共有し，住民相互の<u>支え合い</u>の関係の構築が求められている。サービスを利用する住民も<u>社会資源</u>である。 ✕

A 627 ニーズ推計は，ニーズ状況を把握して類型化し，類型ごとに<u>出現率</u>を推定し，ニーズ類型に対応するサービスの種類や必要量を算出するといった手法である。 ○

A 628 認知症高齢者の家族介護者の不安を軽減する方法を明らかにするため，当事者と共に<u>アクションリサーチ</u>を実施することは，地域福祉の調査として適切である。 ○

地域福祉と包括的支援体制

Q629 運営適正化委員会は，日常生活自立支援事業を利用するための締結能力の判定を行う第三者委員会である。⭐

Q630 運営適正化委員会や福祉事務所は，生活保護法に設置根拠をもつ。

Q631 社会福祉法によると，社会福祉事業の経営者は，自らその提供する福祉サービスの質の評価を行うこととされている。

Q632 第三者評価制度は，法令に定められた福祉サービスの運営基準が遵守されているかを確認するための仕組みである。⭐

Q633 地域の課題を地域で解決していく財源として，クラウドファンディングやSIB（Social Impact Bond）等も有効であるとされている。

Q634 バリアフリー法において，バリアフリー化の対象に道路や都市公園は含まれるが，車両等は含まれない。

Q635 プラットフォーム型の連携とは，支援チーム等を編成してチームアプローチによって支援することをいう。

A 629 運営適正化委員会は，<u>福祉サービス利用援助</u>事業の　×
適正な運営の確保および福祉サービスに関する<u>苦情</u>
<u>解決</u>を行い，福祉サービスの利用者の権利を擁護す
ることを目的としており，社会福祉事業における公
正・中立な<u>第三者委員会</u>である。

A 630 運営適正化委員会や福祉事務所は，生活保護法では　×
なく<u>社会福祉法</u>に設置根拠をもつ。

A 631 社会福祉法78条1項において，「社会福祉事業の経　○
営者は，自らその提供する福祉サービスの質の評価
を行うことその他の措置を講ずることにより，常に
<u>福祉サービス</u>を受ける者の立場に立つて<u>良質かつ適</u>
<u>切</u>な福祉サービスを提供するよう<u>努めなければなら</u>
<u>ない</u>」と規定されている。

A 632 第三者評価制度は，利害関係のない第三者による評　×
価の仕組みである。法令に定められた福祉サービス
の運営基準が遵守されているかを確認するのは，<u>国</u>
および<u>地方公共団体</u>等所轄庁の役割である。

A 633 地域力強化検討会最終とりまとめ（2017年）では，　○
地域で解決していく<u>財源</u>として，クラウドファン
ディングや SIB 等も有効であるとしている。

A 634 バリアフリー法において，バリアフリー化の対象　×
は，建築物および<u>旅客施設</u>，<u>車両等</u>，道路，路外駐
車場，<u>都市公園</u>などである。

A 635 <u>プラットフォーム型</u>の連携とは，ワンストップでの　×
支援を可能とするものである。設問の記述は，<u>プロ</u>
<u>ジェクト型</u>の連携である。

4 福祉行財政システム

Q636 社会福祉法人の認可事務は，自治事務である。

Q637 都道府県と市町村には，福祉事務所の設置が義務付けられている。⭐

Q638 都道府県には，身体障害者更生相談所を設置する義務はない。

Q639 里親支援は，児童相談所の業務に位置付けられている。

Q640 介護保険法に規定される居宅介護サービス費の請求に関し不正があった場合，指定居宅サービス事業者の指定の取消しや効力の停止を行うのは，市町村長である。

Q641 児童養護施設や救護施設は，利用契約制度に分類される施設である。

Q642 子ども・子育て支援法によれば，認定こども園を利用する場合，保護者は，市町村から支給認定を受けなければならない。

A 636 社会福祉法人の認可事務は,自治事務ではなく法定受託事務である。 ×

A 637 福祉事務所の設置義務は,都道府県と市にあることが社会福祉法に規定されている。町村については,任意による設置が定められている。 ×

A 638 都道府県は,身体障害者の更生援護の利便や,市町村の援護の適切な実施の支援のため,必要の地に身体障害者更生相談所を設けなければならない(身体障害者福祉法11条)。 ×

A 639 児童相談所の業務の1つとして,里親の開拓から児童の自立支援までの里親支援が位置付けられている。 ○

A 640 介護保険法に規定される居宅介護サービス費の請求に関し不正があった場合,指定居宅サービス事業者の指定の取消しや効力の停止を行うのは,都道府県知事である。 ×

A 641 児童養護施設や救護施設は,利用契約制度ではなく措置制度に分類される施設である。 ×

A 642 認定こども園は施設型給付の対象であり,保護者は,子どものための教育・保育給付を受けようとするときは,市町村に対し,区分についての申請をし,認定を受けなければならない(子ども・子育て支援法20条)。 ○

Q643 生活保護の保護費について，市町村や都道府県が支弁した費用のうち，国は2分の1を負担する。⭐

Q644 『地方財政白書（令和5年版）』によると，2021（令和3）年度の歳出純計決算額は100兆円を超えている。

Q645 『地方財政白書（令和5年版）』において，目的別歳出純計決算額の構成比の推移をみると，民生費の構成比は，2011（平成23）年度以降，一貫して減少している。

Q646 『地方財政白書（令和5年版）』によると，2021（令和3）年度決算額における地方公共団体の目的別歳出は，教育費が最も大きな割合を占めている。

Q647 『地方財政白書（令和5年版）』によると，2021（令和3）年度の民生費の目的別歳出の内訳を純計額でみると，児童福祉費が最も大きな割合を占めている。⭐

Q648 『地方財政白書（令和5年版）』によると，2021（令和3）年度の歳入において地方税と地方譲与税は，ともに前年度と比べて増加している。

Q649 『地方財政白書（令和5年版）』によると，歳入純計決算額の構成比は，地方交付税の割合が最も大きい。

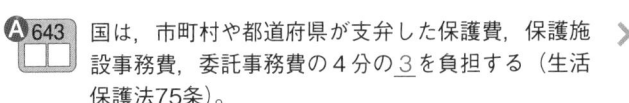
A643 国は，市町村や都道府県が支弁した保護費，保護施設事務費，委託事務費の4分の3を負担する（生活保護法75条）。 ×

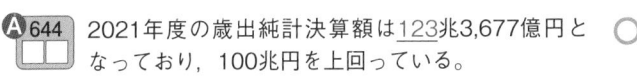
A644 2021年度の歳出純計決算額は123兆3,677億円となっており，100兆円を上回っている。 ○

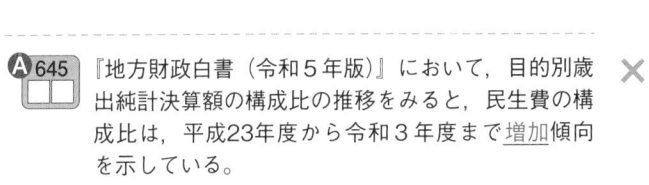
A645 『地方財政白書（令和5年版）』において，目的別歳出純計決算額の構成比の推移をみると，民生費の構成比は，平成23年度から令和3年度まで増加傾向を示している。 ×

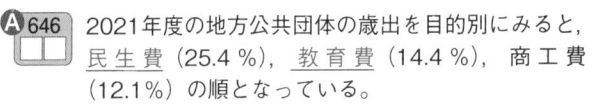
A646 2021年度の地方公共団体の歳出を目的別にみると，民生費（25.4％），教育費（14.4％），商工費（12.1％）の順となっている。 ×

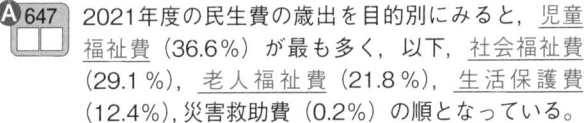
A647 2021年度の民生費の歳出を目的別にみると，児童福祉費（36.6％）が最も多く，以下，社会福祉費（29.1％），老人福祉費（21.8％），生活保護費（12.4％），災害救助費（0.2％）の順となっている。 ○

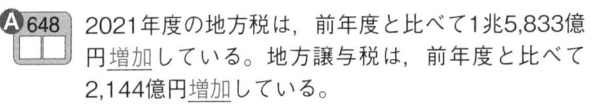
A648 2021年度の地方税は，前年度と比べて1兆5,833億円増加している。地方譲与税は，前年度と比べて2,144億円増加している。 ○

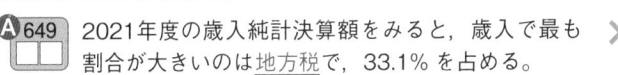
A649 2021年度の歳入純計決算額をみると，歳入で最も割合が大きいのは地方税で，33.1％を占める。 ×

Q 650 『地方財政白書（令和5年版）』によると，地方公共団体の経費は，その経済的な性質によって，義務的経費，投資的経費，その他の経費に大別することができるとしている。

Q 651 地方交付税は，地方公共団体間の財政力の不均衡を是正することを主な目的として，国から地方公共団体に対し，使途を特定して交付されるものである。

Q 652 地方消費税は，都道府県税である。

Q 653 介護保険の財源構造の割合は，保険料負担と公費負担とが同率になっている。⭐

Q 654 措置制度のもとでは，福祉サービスの利用者と措置権者の間での契約に基づいてサービスが提供される。

Q 655 後期高齢者医療の給付に要する費用の3分の2は，保険料で賄われている。⭐

Q 656 介護老人福祉施設のサービスのうち，食費，居住費その他日常生活に要する費用については，原則として利用者の自己負担となっている。

A 650 『地方財政白書（令和5年版）』によると，地方公共団体の経費は，その経済的な性質によって，<u>義務的経費</u>，<u>投資的経費</u>，<u>その他の経費</u>に大別することができるとしている。さらに，投資的経費は，道路，橋りょう，公園，公営住宅，学校の建設等に要する普通建設事業費のほか，災害復旧事業費と失業対策事業費からなるとしている。 ○

A 651 地方交付税は，国が都道府県や市町村など，各地方公共団体の<u>財政均衡化</u>を図るために調整する<u>税金</u>であり，<u>一般財源</u>に含まれるため，使途に制限はない。 ×

A 652 地方消費税は都道府県に歳入されるので<u>都道府県税</u>である。歳入後，その<u>2分の1</u>が市町村へ交付される。 ○

A 653 介護保険は社会保険方式で実施されており，財源構造は保険料が<u>50</u>％，公費負担が<u>50</u>％である。 ○

A 654 措置制度は，福祉サービスの利用者の申出により，措置権者が<u>調査・判定</u>をして行政処分を行うことである。 ×

A 655 後期高齢者医療制度の費用負担は，原則として公費（税金）約<u>5</u>割，国保・被用者保険からの支援金約<u>4</u>割，高齢者の保険料約<u>1</u>割となっている。 ×

A 656 介護老人福祉施設を含む介護保険施設では，居住費（滞在費）・食費その他日常生活に要する費用については，利用者の<u>自己負担</u>となっている。ただし<u>低所得者</u>については，負担の上限額（負担限度額）が定められ，居住費（滞在費）・食費の負担が軽減される。 ○

5 福祉計画の意義

Q657 わが国の地域福祉計画は，民間計画の策定と，行政計画の策定という2つの流れで展開されてきた。

Q658 1983（昭和58）年，全国社会福祉協議会は市町村社会福祉協議会に地域福祉計画の策定を指導したことが，民間計画の始まりである。

Q659 1990（平成2）年の社会福祉関係八法の改正により，地方公共団体による行政計画の策定が本格的に進行した。

Q660 1993（平成5）年の障害者基本法制定に伴い，国に障害者基本計画の策定が，都道府県と市町村に障害者計画の策定が義務付けられた。

Q661 少子化対策推進基本方針に基づき，子ども・子育て応援プランが実施された。

Q662 全国社会福祉協議会は1984（昭和59）年に『地域福祉計画－理論と方法』を刊行し，都道府県，市町村，市町村社会福祉協議会がそれぞれの計画を一体的に策定する，いわゆる「三相計画」の構想を示した。

Q663 児童福祉法の改正によって，2021（令和3）年度から市町村障害児福祉計画と都道府県障害児福祉計画を策定することになった。

A 657 わが国の地域福祉計画は，社会福祉協議会など民間を中心とした計画である<u>民間計画</u>と，行政による<u>行政計画</u>という2つの流れで展開されてきた。 ○

 A 658 1983年，<u>全国社会福祉協議会</u>は「市町村の社会福祉協議会強化計画」を提起し，市町村社会福祉協議会に地域福祉計画の策定を指導した。これが，<u>民間計画</u>の始まりである。 ○

 A 659 1990年の<u>社会福祉関係八法</u>の改正により，公的な在宅福祉サービスの位置付けの明確化と法的整備が行われ，地域福祉計画に関連する新たな行政計画として，<u>老人保健福祉計画</u>が登場した。 ○

 A 660 障害者基本法の制定に伴い，国に<u>障害者基本計画</u>の策定が義務付けられた。都道府県の<u>障害者</u>計画は2004年から，市町村の<u>障害者</u>計画は2007年度からそれぞれ義務付けられた。 ×

 A 661 1999（平成11）年に定められた少子化対策推進基本方針に基づき，<u>新エンゼルプラン</u>が実施された（2000～2004年度）。新エンゼルプラン終了後に，<u>少子化社会対策大綱</u>に基づき，<u>子ども・子育て応援プラン</u>が実施された（2005～2009年度）。 ×

 A 662 1989（平成元）年に東京都地域福祉推進計画等検討委員会が三相計画を示した。三相計画は，市町村が策定する<u>市町村地域福祉計画</u>，市町村社会福祉協議会や住民等が策定する<u>地域福祉活動計画</u>，東京都が策定する<u>地域福祉推進計画</u>により構成される。 ×

 A 663 児童福祉法の改正により，2018年度から市町村には<u>市町村障害児福祉計画</u>の策定義務，都道府県には<u>都道府県障害児福祉計画</u>の策定義務を課している。 ×

6 福祉計画の種類と策定・運用

Q664 市町村と都道府県に対しては，策定した地域福祉計画について，定期的に調査，分析，評価を行う義務を課している。

Q665 「地域における福祉サービスの適切な利用の推進に関する事項」は，都道府県地域福祉支援計画に盛り込まれる事項である。

Q666 市町村地域福祉計画を策定または変更する場合には，その内容を公表するよう努めるものとしている。

Q667 都道府県地域福祉支援計画では，地域における高齢者の福祉，障害者の福祉，児童の福祉，その他の福祉に関し，共通して取り組むべき事項を策定するよう努める。

Q668 市町村介護保険事業計画は，市町村高齢者居住安定確保計画との整合性の確保が図られたものでなければならない。🔖

Q669 都道府県介護保険事業支援計画と都道府県地域福祉支援計画は，一体のものとして作成されなければならない。🔖

Q670 重層的支援体制整備事業実施計画は，市町村に策定義務がある。

A 664 社会福祉法の改正により，2018（平成30）年度から市町村や都道府県に対し，策定した地域福祉計画について，定期的に調査，分析，評価を行う努力義務を課した。　×

A 665 「地域における福祉サービスの適切な利用の推進に関する事項」は，市町村地域福祉計画に盛り込まれる事項である。　×

A 666 市町村地域福祉計画を策定または変更する場合には，あらかじめ地域住民等の意見を反映させるよう努め，さらに，その内容を公表するよう努めるものとしている。　○

A 667 地域における高齢者の福祉，障害者の福祉，児童の福祉，その他の福祉に関し，共通して取り組むべき事項を策定するよう努めるのは，都道府県地域福祉支援計画ではなく市町村地域福祉計画である。　×

A 668 市町村介護保険事業計画は，市町村計画との整合性の確保が図られたものでなければならない（介護保険法117条9項）。　×

A 669 介護保険法118条10項において，都道府県介護保険事業支援計画は，都道府県地域福祉支援計画，都道府県高齢者居住安定確保計画と「調和が保たれたものでなければならない」と規定されている。　×

A 670 重層的支援体制整備事業実施計画は，市町村が重層的支援体制整備事業を実施する場合について策定するよう努めるものとされている。　×

Q671 老人福祉法では，市町村老人福祉計画を定め，または変更しようとするときは，市町村はあらかじめ，国の意見を聴かなければならないと定めている。

Q672 厚生労働大臣は，市町村介護保険事業計画に位置付けた目標の達成状況に関する調査および分析を行い，当該計画の実績の評価を行う。☆

Q673 市町村子ども・子育て支援事業計画の計画期間は5年を1期としている。☆

Q674 市町村障害児福祉計画は，市町村障害者計画と調和が保たれたものでなければならない。☆

Q675 市町村障害福祉計画には，障害福祉サービス，相談支援および地域生活支援事業の提供体制の確保に係る目標に関する事項を定めるものとされている。

Q676 地域生活課題の解決に資する支援が包括的に提供される体制の整備に関する事項は，市町村地域福祉計画に定めるものである。

Q677 子ども・子育て支援法に基づいて策定した都道府県子ども・子育て支援事業支援計画は，厚生労働大臣に提出しなければならない。

A 671 老人福祉法において,「市町村は,市町村老人福祉 ✕
計画を定め,又は変更しようとするときは,あらか
じめ,都道府県の意見を聴かなければならない」と
規定されている(老人福祉法20条の8第9項)。

A 672 市町村は,市町村介護保険事業計画に位置付けた目 ✕
標の達成状況に関する調査および分析を行い,当該
計画の実績の評価を行う。その評価結果は公表する
よう努めるとともに,都道府県知事に報告する(介
護保険法117条7項・8項)。

A 673 市町村は,基本指針に即して,5年を1期とする市 ◯
町村子ども・子育て支援事業計画を定めるものとす
る(子ども・子育て支援法61条)。

A 674 市町村障害児福祉計画は,市町村障害福祉計画と一 ◯
体のものとして作成することができるほか,市町村
障害者計画や市町村地域福祉計画などと調和が保た
れたものでなければならない(児童福祉法33条の
20)。

A 675 障害者総合支援法に,市町村障害福祉計画において ◯
は,障害福祉サービス,相談支援および地域生活支
援事業の提供体制の確保に係る目標に関する事項を
定めるものとすると規定されている。

A 676 地域生活課題の解決に資する支援が包括的に提供さ ◯
れる体制の整備については,社会福祉法106条の3
に規定されている。

A 677 都道府県は,都道府県子ども・子育て支援事業支援 ✕
計画を定め,または変更した場合,遅滞なく,これ
を内閣総理大臣に提出しなければならない。

Q678 ニッポン一億総活躍プランでは，地域共生社会について，地域のあらゆる住民が役割をもち，支え合いながら，自分らしく活躍できる地域コミュニティを育成するとしている。⭐

Q679 2003年，高齢者介護研究会の報告書「2015年の高齢者介護」で「地域包括ケアシステムの確立」が提起された。

Q680 8050問題とは，高齢の親の介護のために，働き盛りの子どもが仕事を続けられなくなることを指している。

Q681 地域包括ケアシステムの中核的施設として，都道府県に地域包括支援センターが設置されている。

Q682 支援を必要としている人に対しては，具体的な問題解決を図るアプローチと，つながり続けることを目指すアプローチの両方が必要と考えられている。

Q683 重層的支援体制整備事業のひとつである多機関協働事業では，単独の支援機関では対応が難しい複雑化・複合化した事例の調整役を担う。⭐

A 678 <u>ニッポン一億総活躍プラン</u>は2016（平成28）年に閣議決定された。制度などの縦割りや支え手・受け手の関係を越えて地域住民や多様な主体が参画し，住民個々の暮らしや生きがい，地域を共につくるなど，<u>地域共生社会</u>の構築が提唱された。　○

A 679 高齢者介護研究会は，中長期的な介護保険制度の課題や高齢者介護のあり方について検討するために設置された。この研究会による提起から<u>地域包括ケアシステム</u>が始まった。　○

A 680 設問の記述は，<u>介護離職</u>の説明である。<u>8050問題</u>とは，80歳代の高齢者の親が長期化した50歳代のひきこもりやニートの子どもの生活を支える，親子の社会的孤立を指す。　×

A 681 地域包括支援センターは，<u>市町村</u>に設置されている。地域住民の健康の保持・増進，生活の安定のために必要な援助や支援を包括的に行う中核機関として機能している。　×

A 682 設問の内容は，地域共生社会推進検討会のとりまとめ（2019年）に示された。つながり続けることを目指すアプローチは，<u>伴走型支援</u>と呼ばれ，<u>生活困窮者自立支援事業</u>などにおいて実践が進められている。　○

A 683 <u>重層的支援体制整備事業</u>は2020年の社会福祉法改正で創設され，包括的相談支援事業，参加支援事業，地域づくり事業などがある。<u>多機関協働事業</u>もそのひとつで，複合的な課題をもつ人に対し，関係機関の役割分担を図ったり，支援の方向性を整理したりする。　○

Point 15 第一種・第二種社会福祉事業

第一種社会福祉事業

運営主体は原則として国および地方公共団体, 社会福祉法人です。

規定している法律	施設・事業名等
生活保護法	■救護施設　　　　　　　■更生施設 ■**生計困難者**を無料または低額な料金で入所させて生活の扶助を行うことを目的とする施設 ■生計困難者に対して助葬を行う事業
児童福祉法	■乳児院　　　　　　　　■児童心理治療施設 ■児童養護施設　　　　　■障害児入所施設 ■児童自立支援施設　　　■母子生活支援施設
老人福祉法	■養護老人ホーム　　　　■特別養護老人ホーム ■軽費老人ホーム
障害者総合支援法	■障害者支援施設
女性支援法	■女性自立支援施設
その他	■授産施設　■共同募金を行う事業　■生計困難者に対して無利子または低利で資金を融通する事業

第二種社会福祉事業

(2024年4月現在)

届出を行えば運営でき, 運営主体に制限はありません。

規定している法律	施設・事業名等
生活困窮者 自立支援法(※)	■認定生活困窮者就労訓練事業
児童福祉法	■障害児通所支援事業　　　■障害児相談支援事業 ■児童自立生活援助事業　■子育て短期支援事業 ■放課後児童健全育成事業　■乳児家庭全戸訪問事業 ■養育支援訪問事業　■地域子育て支援拠点事業 ■一時預かり事業　■小規模住居型児童養育事業 ■児童厚生施設　■助産施設　■保育所 ■児童家庭支援センター　■児童福祉増進相談事業 ■小規模保育事業　■病児保育事業 ■子育て援助活動支援事業　■里親支援センター

特別養子縁組 あっせん法	■養子縁組あっせん事業
認定こども園法	■幼保連携型認定こども園
母子及び父子並び に寡婦福祉法	■母子家庭日常生活支援事業 ■父子家庭日常生活支援事業 ■寡婦日常生活支援事業　■母子・父子福祉施設
老人福祉法	■老人居宅介護等事業　■老人デイサービス事業 ■老人短期入所事業　■老人短期入所施設 ■認知症対応型老人共同生活援助事業 ■小規模多機能型居宅介護事業 ■複合型サービス福祉事業 ■老人デイサービスセンター ■老人福祉センター　■老人介護支援センター
障害者総合 支援法	■障害福祉サービス事業　■移動支援事業 ■一般相談支援事業　■特定相談支援事業 ■地域活動支援センター　■福祉ホーム
身体障害者 福祉法	■身体障害者生活訓練等事業 ■手話通訳事業　■補装具製作施設 ■身体障害者福祉センター　■盲導犬訓練施設 ■介助犬訓練事業　■聴導犬訓練事業 ■視聴覚障害者情報提供施設 ■身体障害者更生相談事業
知的障害者 福祉法	■知的障害者更生相談事業
その他	■生計困難者に対して， 　①その住居で衣食その他日常の生活必需品もし 　　くはこれに要する金銭を与え，または生活に 　　関する相談に応ずる事業 　②無料または低額な費用で介護老人保健施設ま 　　たは介護医療院を利用させる事業 ■生計困難者のために， 　①無料または低額な料金で簡易住宅を貸し付け， 　　または宿泊所その他の施設を利用させる事業 　②無料または低額な料金で診療を行う事業 ■各社会福祉事業に関する連絡または助成を行う 　事業 ■福祉サービス利用援助事業　■隣保事業

※　生活困窮者自立支援法の成立に伴い，認定生活困窮者就労訓練事業が第二
種社会福祉事業に位置付けられた。

（2024年4月現在）

213

福祉行政の主な組織・団体と専門職

各相談機関の特徴と職員については以下のとおりです。

■各相談機関の特徴と職員

相談機関	特徴と職員
福祉事務所	特徴：都道府県と市は設置義務あり，町村は任意設置。社会福祉行政の第一線に立ち福祉各法による措置を実行する 職員：所長，査察指導員，現業員，事務員　等
児童相談所	特徴：都道府県（指定都市含む）は設置義務あり。18歳未満の児童を対象に，相談，調査，医学的・心理学的・教育学的・社会学的・精神保健上の判定，指導，一時保護などの業務を行う 職員：所長，児童福祉司，児童心理司，保健師　等
身体障害者更生相談所	特徴：都道府県は設置義務あり，指定都市は任意設置。市町村相互間の連絡調整，情報提供，相談・指導のうち専門的な知識を必要とするもの，医学的・心理学的・職能的判定，補装具の処方や適合判定などの業務を行う 職員：身体障害者福祉司，身体障害者相談員　等
知的障害者更生相談所	特徴：都道府県は設置義務あり，指定都市は任意設置。市町村相互間の連絡調整，情報提供，相談・指導のうち専門的な知識を必要とするもの。医学的・心理学的・職能的判定などの業務を行う 職員：知的障害者福祉司，知的障害者相談員　等
女性相談支援センター	特徴：都道府県は設置義務あり，指定都市は任意設置。困難な問題を抱える女性の相談，調査，医学的・心理学的・職能判定，指導，一時保護などの業務を行う 職員：所長，女性相談支援員，心理判定員　等

（2024年4月現在）

Point 17　社会福祉の財源

■ 社会保障関係費

社会福祉における国の財政は，一般会計予算の社会保障関係費として計上され，地方公共団体の財政では民生費として計上されます。

■社会保障関係費の内訳

	2024年度
社会保障関係費	37兆7,193億円
年金給付費	13兆4,020億円　（35.5%）
医療給付費	12兆2,366億円　（32.4%）
生活扶助等社会福祉費	4兆4,912億円　（11.9%）
介護給付費	3兆7,188億円　（9.9%）
少子化対策費	3兆3,823億円　（9.0%）
保健衛生対策費	4,444億円　（1.2%）
雇用労災対策費	440億円　（0.1%）

Point 18　福祉計画の種類

福祉計画には，主に地域福祉計画，老人福祉計画，障害者計画，介護保険事業計画，障害福祉計画などがあります。

■福祉計画の種類

計画名	都道府県	市町村	根拠法
地域福祉計画	努力義務策定	努力義務策定	社会福祉法
老人福祉計画	義務策定	義務策定	老人福祉法
障害者計画	義務策定	義務策定	障害者基本法
介護保険事業計画	義務策定	義務策定	介護保険法
障害福祉計画	義務策定	義務策定	障害者総合支援法
行動計画	任意策定	任意策定	次世代育成支援対策推進法
障害児福祉計画	義務策定	義務策定	児童福祉法
子ども・子育て支援事業計画	義務策定	義務策定	子ども・子育て支援法
高齢者居住安定確保計画	任意策定	任意策定	高齢者の居住の安定確保に関する法律

215

障害者福祉

1 障害者の生活実態

Q684 「平成28年生活のしづらさなどに関する調査」（厚生労働省）によれば，在宅で生活をしている障害者手帳所持者数は，500万人を超えている。

Q685 「平成28年生活のしづらさなどに関する調査」（厚生労働省）によれば，障害者手帳の種類別でみると，精神障害者保健福祉手帳所持者数が最も多い。

Q686 「平成28年生活のしづらさなどに関する調査」（厚生労働省）において，身体障害者手帳所持者数を種類別でみると，視覚障害は肢体不自由よりも少ない。

Q687 「平成28年生活のしづらさなどに関する調査」（厚生労働省）において，65歳未満の身体障害者のうち，「親と暮らしている」者が半数以上である。

Q688 「平成28年生活のしづらさなどに関する調査」（厚生労働省）によれば，身体障害者手帳所持者のうち，65歳以上の者は3分の2を超えている。

Q689 「平成28年生活のしづらさなどに関する調査」（厚生労働省）によれば，手帳非所持で，自立支援給付等を受けていない者の約3割が障害による日常生活を送る上での生活のしづらさがあるとしている。

Q690 『令和5年版　障害者白書』によれば，2020（令和2）年の精神障害者数を男女別にみると，20歳未満では女性の方が多い。

障害者福祉の歴史・理念を踏まえたうえで，障害者総合支援法に基づいた障害福祉サービスの体系と関連施策の内容をしっかり理解しましょう。

684 厚生労働省が2016（平成28）年12月に実施した「平成28年生活のしづらさなどに関する調査」によれば，在宅で生活をしている障害者手帳所持者数は，559.4万人となっている。 ○

685 「平成28年生活のしづらさなどに関する調査」によれば，最も多いのは身体障害者手帳所持者で428万7,000人である。 ×

686 「平成28年生活のしづらさなどに関する調査」において，身体障害者手帳所持者数を種類別にみると，肢体不自由は45.0%で最も多く，視覚障害は7.3%となっている。 ○

687 「平成28年生活のしづらさなどに関する調査」によれば，65歳未満の身体障害者のうち，「親と暮らしている」者は48.6%で半数以下となっている。 ×

688 「平成28年生活のしづらさなどに関する調査」によれば，身体障害者手帳所持者のうち65歳以上の者は72.6%であり，3分の2を超えている。 ○

689 「平成28年生活のしづらさなどに関する調査」によれば，手帳非所持で，自立支援給付等を受けていない者のうち，74.7%の者が障害による日常生活を送る上での生活のしづらさがあると回答した。 ×

690 『令和5年版　障害者白書』によれば，2020年において，20歳未満では男性が38万3,000人，女性が21万7,000人となっている。 ×

2 障害者福祉の歴史

Q691 人権に関する基本理念が表明された国連の宣言は、世界人権宣言である。

Q692 1950（昭和25）年の精神衛生法の施行により、精神障害者の私宅監置は廃止された。

Q693 障害者の自立生活運動は、ピアカウンセリングを重視している。

Q694 1981年の国際障害者年では、WHOによる国際障害分類の発表や、UNESCOによるサンドバーグ宣言の採択などが行われた。⭐

Q695 障害者の権利に関する条約では、合理的配慮という考え方が重要視された。⭐

Q696 国連・障害者の十年は、わが国の障害者福祉制度に大きな影響を与え、その結果、重症心身障害児施設が制度化された。

Q697 アメリカ合衆国では、障害者の権利宣言に先立って、1972年に障害をもつアメリカ人法（ADA）を制定させた。

Q698 障害者の権利に関する条約の批准に向けた国内法の整備に向けて、2009（平成21）年に障がい者制度改革推進会議が厚生労働省に設置された。

A 691 1948年に出された世界人権宣言で，すべての人間は，生まれながらにして自由であり，かつ，尊厳と権利について平等であると表明された。 ○

A 692 精神衛生法では，精神障害者に対する医療と保護を目的に私宅監置が廃止された。 ○

A 693 障害者の自立生活運動は，ピアカウンセリングを重視しているほか，当事者の自己決定権の行使を提起している。 ○

A 694 1981年の国際障害者年では，完全参加と平等をテーマに，世界各国で障害者施策の実施が計画され，WHO，UNESCO，EU，ILO などの国際機関により，さまざまな取組みが行われた。 ○

A 695 障害者の権利に関する条約では，障害者一人ひとりの状況に応じてその環境を改善したり調整したりする合理的配慮という考え方が重要視された。 ○

A 696 重症心身障害児施設は，1967（昭和42）年の児童福祉法の一部改正により，病院認可児童福祉施設として制度化された。なお，重症心身障害児施設は，児童福祉法の改正により，2012年4月から障害児入所施設に改められた。 ✕

A 697 障害者の権利宣言は1975年に採択され，障害をもつアメリカ人法（ADA）は1990年に制定された。 ✕

A 698 2009年に障害者の権利に関する条約の批准に向けた国内法の整備に向けて，障がい者制度改革推進会議が内閣府に設置された。 ✕

Q 699 2004（平成16）年の障害者基本法の改正により，障害者の範囲に難病等の者も含まれるようになった。

Q 700 1990（平成2）年の社会福祉関係八法改正により，身体障害者福祉行政について，在宅福祉と施設福祉の市町村への一元化が図られた。

Q 701 1949（昭和24）年制定当時の身体障害者福祉法は，身体障害者の定義を，身体上の障害のため生活能力が損傷されている18歳以上の者であって，都道府県知事から身体障害者手帳の交付を受けた者とした。

Q 702 重度精神薄弱児扶養手当法（1964年）の制定当初から，知的障害児を支給対象としていた。

Q 703 障害者関連法としてわが国で最初に制定されたのは身体障害者福祉法である。

Q 704 2010（平成22）年に発足した障がい者制度改革推進会議における検討の結果，障害者自立支援法が制定された。

Q 705 障害者差別解消法（2013年）では，障害者について，障害者基本法と同様の定義がなされた。

A 699 障害者基本法の障害者の範囲に難病等の者も含まれ **×**
るようになったのは、2011年の改正による。同改
正で精神障害に発達障害が含まれるとされた。

 A 700 社会福祉関係八法改正のねらいは、住民に身近な市 **○**
町村において、在宅・施設サービスを総合的かつ一
元的に提供する体制の構築にあった。

A 701 1949年制定当時の身体障害者福祉法における身体 **×**
障害者の定義は、「『身体障害者』とは、別表に掲げ
る身体上の障害のため職業能力が損傷されている
18歳以上の者であって、都道府県知事から身体障
害者手帳の交付を受けたもの」と規定されていた。

A 702 重度精神薄弱児扶養手当法（現：特別児童扶養手当 **○**
等の支給に関する法律）は、制定当初、重度の知的
障害児を対象とした法律であった。その後1966（昭
和41）年に重度精神薄弱児扶養手当法の一部を改
正する法律が成立し、精神または身体に重度の障害
を有する児童が対象となった。

 A 703 身体障害者福祉法は、1949（昭和24）年に制定さ **○**
れた。生活保護法・児童福祉法と併せて福祉三法と
呼ばれる。

 A 704 2010（平成22）年に発足した障がい者制度改革推 **×**
進会議における検討の結果制定されたのは、障害者
総合支援法である。障害者自立支援法が制定された
のは、2005（平成17）年である。

 A 705 障害者差別解消法2条において、障害者を「身体障 **○**
害、知的障害、精神障害（発達障害を含む。）その
他の心身の機能の障害がある者であって、障害及び
社会的障壁により継続的に日常生活又は社会生活に
相当な制限を受ける状態にあるものをいう」と定義
しており、障害者基本法の定義と同様である。

障害者福祉

3 障害者総合支援法

Q706 障害者総合支援法における「障害者」は，障害のある20歳以上の者とされている。

Q707 市町村長は，障害福祉サービス事業者の指定を行う。 ☆

Q708 障害者または障害児の保護者の居住地が明らかでないとき，介護給付費の支給決定は，現在地の市町村が行う。

Q709 自立支援医療の種類に，更生医療は含まれない。

Q710 障害支援区分として，区分1から区分7まである。

Q711 すべての国民は，障害の種類に応じて，障害者が自立した日常生活を営めるような地域社会の実現に協力するよう努めなければならない。 ☆

Q712 障害支援区分は，障害者等の標準的な支援の度合を総合的に示すものである。 ☆

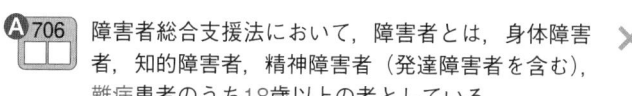

A 706 障害者総合支援法において，障害者とは，身体障害者，知的障害者，精神障害者（発達障害者を含む），難病患者のうち18歳以上の者としている。　×

A 707 都道府県知事は障害福祉サービス事業者のほか，障害者支援施設や自立支援医療機関などの指定も行っている。　×

A 708 障害者総合支援法において，障害者または障害児の保護者が居住地を有しないとき，または明らかでないときは，その障害者または障害児の保護者の現在地の市町村が支給決定を行うものとしている。　○

A 709 自立支援医療の種類には，更生医療が含まれている。　×

A 710 障害支援区分は，区分1から区分7までではなく区分6までである。　×

A 711 障害者総合支援法では，すべての国民は，その障害の有無にかかわらず，障害者等が自立した日常生活又は社会生活を営めるような地域社会の実現に協力するよう努めなければならないとしている。　×

A 712 障害支援区分とは，障害者等の障害の多様な特性その他の心身の状態に応じて必要とされる標準的な支援の度合を総合的に示すものとして厚生労働省令で定める区分をいう。　○

障害者福祉

Q713 障害者総合支援法で，重度の肢体不自由者のみが対象であった重度訪問介護は，行動障害を有する障害支援区分3以上の者も利用できるようになった。

Q714 重度訪問介護では，利用者が医療機関に入院した場合，一切の支援を行うことができない。

Q715 自立生活援助とは，一人暮らし等の障害者が居宅で自立した生活を送れるよう，定期的な巡回訪問や相談に応じ，助言等を行う。

Q716 就労移行支援とは，通常の事業所の雇用が困難な障害者に，就労の機会を提供し，必要な訓練などを行うサービスである。🌟

Q717 障害福祉サービスのうち，共生型サービスが認められているのは，居宅介護と重度訪問介護に限られている。🌟

Q718 市町村は，障害支援区分の認定のための調査を，指定一般相談支援事業者等に委託することができる。

Q719 生活介護とは，医療を必要とし，常時介護を要する障害者に，機能訓練，看護，医学的管理の下における介護等を行うサービスである。

A 713 2014（平成26）年4月から，重度の知的障害，精神障害により，行動上著しい困難を有する障害者であって常時介護を要する者も対象に含まれるようになった。 ×

A 714 重度訪問介護は，2018（平成30）年4月から医療機関への入院時も一定の支援を行うことが可能となった。 ×

A 715 自立生活援助は，施設入所支援や共同生活援助を受けていた障害者等を対象に，定期的な巡回訪問や随時の対応により，円滑な地域生活に向けた相談や助言等の援助を行う。 ○

A 716 就労移行支援は，就労を希望する65歳未満の障害者に対して，一定期間，生産活動等の機会を提供することによって，就労に必要な知識や能力の向上を図る訓練等を行うサービスである。設問の記述は，就労継続支援である。 ×

A 717 障害福祉サービスのうち，共生型サービスが認められているのは，居宅介護，重度訪問介護，生活介護，自立訓練，短期入所である。 ×

A 718 障害支援区分の認定調査は，基本的に市町村が行うものであるが，指定一般相談支援事業者等に委託することも可能である。 ○

A 719 生活介護とは，常時介護を要する障害者に，障害者支援施設等で介護，創作的活動や生産活動の機会の提供等を行うものをいう。設問は療養介護の記述である。 ×

225

Q 720 障害者総合支援法では，都道府県知事は，自立支援給付および地域生活支援事業の円滑な実施を確保するための基本指針を定め，公表しなければならない。

Q 721 地域移行支援は，障害者総合支援法に規定されている特定相談支援事業である。

Q 722 障害福祉サービス事業者等の情報公表制度の実施主体は，市町村長である。

Q 723 サービス管理責任者は，サービス等利用計画の作成にかかわる業務を担当する。

Q 724 市町村は，地域生活支援事業としてサービス管理責任者研修を実施し，事業所や施設のサービスの質の確保を図らなければならない。

Q 725 市町村審査会は，一次判定結果，医師意見書および特記事項の内容を踏まえ，二次判定を行う。

Q 726 就労移行支援に係る訓練等給付を受ける場合には，障害支援区分の認定を受けなければならない。

Q 727 居宅介護では，一定の研修を修了した介護職員が，医師の指示の下，喀痰吸引を実施できる。

 **720** 基本指針を策定しなければならないのは，<u>厚生労働大臣</u>である。また，厚生労働大臣は基本指針を定めたり変更した際には，遅滞なく<u>公表</u>しなければならない。 ✕

 721 特定相談支援事業とは，<u>基本相談支援と計画相談支援</u>を行うサービスを指す。地域移行支援は，一般相談支援事業のひとつである。なお，指定特定相談支援事業者の指定は<u>市町村</u>が行う。 ✕

 722 障害福祉サービス事業者等の情報公表制度の実施主体は，<u>都道府県知事</u>（都道府県）である。 ✕

 723 サービス等利用計画を作成するのは，<u>相談支援専門員</u>の業務である。サービス管理責任者は，<u>個別支援計画</u>の作成にかかわる業務を担当する。 ✕

 724 サービス管理責任者研修は，<u>都道府県地域生活支援事業</u>に位置付けられている。したがって，市町村ではなく，都道府県の研修として実施される。 ✕

 725 市町村審査会は，判定結果を<u>市町村</u>へ通知する。<u>市町村</u>は，その結果に基づき，障害支援区分の認定を行い，認定結果を<u>申請者</u>に通知する。 ◯

 726 就労移行支援を含む訓練等給付を受ける場合，<u>障害支援区分</u>の認定は必要ない。 ✕

 727 居宅介護や重度訪問介護では，一定の研修を修了した介護職員が，医師の指示の下，<u>喀痰吸引</u>や<u>経管栄養</u>を実施できる。 ◯

障害者福祉

4 障害者福祉関連法

Q728 1960(昭和35) 年制定当時の精神薄弱者福祉法は, 精神薄弱者援護施設を法的に位置付け, 入所施設の設置体制を整備した。

Q729 政令指定都市は, 身体障害者の更生援護の利便性, 援護の適切な実施の支援のため, 身体障害者更生相談所を設置しなければならない。

Q730 障害者基本法には, 社会的障壁の除去について規定されている。

Q731 手帳の申請窓口は, 身体障害者手帳と療育手帳は各々の障害者更生相談所, 精神障害者保健福祉手帳は精神保健福祉センターである。 ⭐

Q732 身体障害者手帳に, 有効期限は設けられていない。 ⭐

Q733 1990(平成2) 年の福祉関係八法改正により, 老人福祉法以外に身体障害者福祉法, 精神薄弱者福祉法, 精神保健法も改正され, 在宅福祉サービスの推進, 在宅福祉サービスと施設福祉サービスの市町村への一元化が図られた。

Q734 身体障害者手帳は, 障害等級1~6級の者に交付される。

A 728 精神薄弱者福祉法5条では、「精神薄弱者援護施設とは、精神薄弱者更生施設、精神薄弱者授産施設、精神薄弱者通勤寮及び精神薄弱者福祉ホームをいう」と規定されていた。 ○

A 729 身体障害者福祉法には、身体障害者更生相談所の設置義務は都道府県にあることが規定されている。 ✕

A 730 2011（平成23）年の障害者基本法の改正で、2004年の改正で規定された「障害を理由とする差別の禁止」に違反しないよう、社会的障壁の除去の実施にかかる合理的配慮の考え方が取り入れられた。 ○

A 731 身体障害者手帳、療育手帳は居住地の福祉事務所か市町村、精神障害者保健福祉手帳は居住地の市町村が申請窓口となる。 ✕

A 732 精神障害者保健福祉手帳の有効期限は2年であるが、身体障害者手帳には、有効期限がない。 ○

A 733 1990年の社会福祉関係八法（児童福祉法、身体障害者福祉法、精神薄弱者福祉法、老人福祉法、母子及び父子並びに寡婦福祉法、社会福祉事業法、老人保健法、社会福祉・医療事業団法）の改正には、精神保健法は含まれない。 ✕

A 734 身体障害者手帳は、身体障害者等級の1～7級のうち、障害等級1～6級の者に対して交付される。 ○

Q735 身体障害者福祉法では，市町村は援護の実施責任者の観点から，身体障害者の福祉に関する必要な情報の提供を当該市町村以外の相談支援事業者に委託することはできないと規定されている。

Q736 市町村は，その設置する福祉事務所に知的障害者福祉司を置くことができる。

Q737 知的障害者福祉法では，知的障害者とは，都道府県知事から療育手帳の交付を受けた者をいうとしている。

Q738 精神保健福祉法では，精神障害者とは，統合失調症，精神作用物質による急性中毒またはその依存症，知的障害，精神病質その他の精神疾患を有する者をいうとしている。⭐

Q739 精神保健福祉相談員は，精神保健福祉法に基づいて保健所等に配置されている。

Q740 手足の麻痺や音声・言語障害のない高次脳機能障害は，身体障害者手帳の交付対象である。

Q741 発達障害者支援法の対象に，18歳未満の者は含まれていない。

Q742 発達障害者支援法では，自閉症と注意欠陥多動性障害のみを発達障害として規定している。⭐

A 735 身体障害者福祉法では，市町村は情報の提供，相談・指導のうち，主として居宅において日常生活を営む身体障害者及びその介護を行う者に係るものについては，これを相談支援事業を行う当該市町村以外の者に委託することができると規定されている。 ✕

A 736 市町村は，その設置する福祉事務所に知的障害者福祉司を置くことができると知的障害者福祉法に規定されている。 ○

A 737 知的障害者福祉法では，知的障害者の定義は明確にされていない。そのため，療育手帳は，療育手帳制度について（1973年，厚生事務次官通知）を根拠に発行されている。 ✕

A 738 精神保健福祉法における精神障害者の定義は，精神障害とされるものについて，統合失調症などの精神疾患や中毒症・依存症という病態を取り上げ，具体的に例示していることに最大の特徴がある。 ○

A 739 精神保健福祉相談員は，精神保健福祉法に基づき，保健所や精神保健福祉センターに配置されている。 ○

A 740 高次脳機能障害で日常生活や社会生活に制約がある者は，精神障害者保健福祉手帳の交付対象となる。 ✕

A 741 発達障害者支援法2条2項において，発達障害者のうち18歳未満の者は発達障害児として同法の対象とされている。 ✕

A 742 発達障害者支援法では，発達障害を自閉症，アスペルガー症候群その他の広汎性発達障害，学習障害，注意欠陥多動性障害その他これに類する脳機能の障害であってその症状が通常低年齢において発現するものとして政令で定めるものと規定している。 ✕

Q743 発達障害者支援法による発達障害者支援センターの業務には，専門的な発達支援とともに，就労支援を行うことも含まれている。

Q744 障害者総合支援法における基幹相談支援センターでは，総合的・専門的な相談支援を行う。

Q745 高齢者，障害者等の移動等の円滑化の促進に関する法律（バリアフリー法）では，日本国憲法13条及び14条の理念を踏まえ，高齢者及び障害者の移動の権利が法文上明記された。

Q746 障害者虐待の防止，障害者の養護者に対する支援等に関する法律（障害者虐待防止法）は，障害者虐待の定義を，養護者・障害者福祉施設従事者・病院従事者・使用者による虐待としている。

Q747 障害者差別解消法では，行政機関等は，障害者から社会的障壁の除去を必要とする旨の意思表明があった場合，その実施に伴う負担の程度にかかわらず，配慮しなければならない。⭐

Q748 障害者差別解消法では，差別を解消するための支援措置として，新たに専門の紛争解決機関を設けることとされている。⭐

A 743 発達障害者支援センターの主な業務は，①発達障害
者およびその家族に対する，専門的な相談・助言，
②専門的な発達支援および就労の支援，③医療，保
健，福祉，教育等の業務を行う関係機関および民間
団体，これに従事する者に対する，発達障害につい
ての情報提供，研修，④発達障害に関して，医療等
の業務を行う関係機関および民間団体との連絡調
整，である。

○

A 744 基幹相談支援センターでは，総合的・専門的な相談
支援として，3障害対応のワンストップ相談窓口，
支援困難事例への対応や相談支援事業への助言，地
域の相談支援専門員の人材育成等を行っている。

○

A 745 バリアフリー法は，「高齢者，障害者等の移動上及
び施設の利用上の利便性及び安全性の向上の促進を
図り，もって公共の福祉の増進に資すること」を目
的としているが，移動の権利は法文上明記されてい
ない。

×

A 746 障害者虐待防止法における障害者虐待の定義は，養
護者，障害者福祉施設従事者，使用者による虐待で
あり，病院従事者は含まれない。

×

A 747 障害者差別解消法では，行政機関等は，障害者から
社会的障壁の除去を必要とする旨の意思表明があっ
た場合，その実施に伴う負担が過重でないときは，
配慮が求められるとしている。

×

A 748 新たに専門の紛争解決機関を設けるのではなく，既
存の相談，紛争解決の制度の活用・充実を図り，体
制を整備していくこととされている。

×

5 障害者と家族等に対する支援

Q749 親が子どもの障害を受け止めていく過程について、慢性的悲哀説を唱えたのは、ドローターである。

Q750 市町村は、身体障害者更生相談所および知的障害者更生相談所を設置しなければならない。

Q751 障害のある子どもの教育は、特殊教育から特別支援教育に転換された。☆

Q752 障害者福祉サービスのサービス管理責任者は、サービス等利用計画および障害児支援利用計画を作成する。

Q753 障害者ピアサポート研修事業が、都道府県・指定都市の地域生活支援事業の任意事業に位置付けられている。

Q754 精神障害などで長期入院していた障害者の地域移行支援では、病院の精神保健福祉士、相談支援事業所の相談支援専門員、共同生活援助などの障害福祉サービスの担当者、行政の職員、家族などが連携して進める。

A 749 ドローターは，ショック→否認→悲しみと怒り→適 ✕
応→再起という段階を経て子の障害を受容する段階
的モデル説を唱えた。親の悲しみはずっと持続する
という慢性的悲哀説を唱えたのはオーシャンスキー
である。

A 750 更生相談所の設置は，都道府県・政令指定都市の役 ✕
割である。更生相談所は，障害者本人や家族に対す
る専門的知識・技術を必要とする相談・指導，医学
的，心理学的判定などを行う。

A 751 特別支援教育は，一人ひとりの教育的ニーズを把握 ○
し，生活や学習上の困難を改善または克服するため
に適切な指導や必要な支援を行うもので，すべての
学校で実施することになっている。図書館や公民館
などの社会教育施設も，障害児・者と家族の支援に
役立つと考えられている。

A 752 サービス管理責任者は，事業所が提供するサービス ✕
についての個別支援計画を作成する（児童発達支援
管理責任者も同様）。サービス等利用計画・障害児
支援利用計画は，相談支援専門員が利用者の生活全
体のニーズを把握して作成する。

A 753 障害者ピアサポート研修事業は，障害等の経験をも ○
ち，それを活かして他の障害者等を支援するピアサ
ポーター，またその活用方法等を理解した障害福祉
サービス事業所等の管理者等を養成する。

A 754 統合失調症などで長期入院している場合，退院でき ○
ないと思い込み，生活への意欲を失っていることも
多い。そのような人が退院してグループホームや賃
貸の住まいで暮らせるようにする（地域移行支援）
には多職種連携が重要になる。

障害者福祉

Q755 身体障害者手帳1級を所持する障害者を雇用した場合，1人をもって3人分として実雇用率を算定できる。⭐

Q756 障害者雇用納付金を納付しても，障害者雇用義務は免除されない。⭐

Q757 地域障害者職業センターの職業準備訓練は，障害者雇用促進法に基づく支援である。

Q758 職場適応援助者（ジョブコーチ）事業は，民間事業所を活用した人的支援を伴う職場実習であって，職場定着のための支援ではない。

Q759 就労移行支援事業は，就職に向けての訓練を中心とした事業であることから，利用申込みの窓口はハローワークになっている。

Q760 2019（令和元）年の障害者雇用促進法の改正によって，国と地方公共団体に対し，障害者雇用推進者と障害者職業生活相談員を選任する義務等を課した。⭐

Q761 障害者雇用推進者とは，各障害者の職業生活に関する相談・指導を行う者をいう。⭐

A 755 常勤（週30時間以上の労働）の重度の身体障害者 ✕
の場合，1人をもって <u>2</u> 人分として実雇用率を算定
できる。また，知的障害の場合も重度であれば1人
を2人分とする（<u>ダブルカウント</u>）。

A 756 障害者雇用納付金制度とは，雇用率未達成企業（常 ○
用労働者100人超の事業主）から，不足人数1人分
につき月額 <u>5万</u> 円（減額特例あり）を徴収する制度
である。障害者雇用納付金は，障害者雇用調整金と
報奨金の財源となる。障害者雇用納付金の納付によ
る雇用義務の免除はない。

A 757 障害者雇用促進法に，地域障害者職業センターは， ○
「障害者に対する <u>職業評価，職業指導，職業準備訓</u>
<u>練及び職業講習</u>を行うこと」と規定されている。

A 758 <u>職場適応援助者（ジョブコーチ）</u> 事業は，各事業所 ✕
にジョブコーチが出向いて直接支援を行い，障害者
の <u>職場定着</u> を図る事業である。

A 759 就労移行支援事業は，<u>市町村</u> の障害者福祉担当が窓 ✕
口となっており，そこで就労移行支援事業サービス
を利用するための <u>福祉サービス受給者証</u> が交付され
る。

A 760 2019年の障害者雇用促進法の改正によって，国と ○
地方公共団体に対し，<u>障害者雇用推進者</u> と <u>障害者職</u>
<u>業生活相談員</u> を選任する義務等を課したほか，
2020年4月 から，障害者活躍推進計画を作成し，
公表する義務も課している。

A 761 <u>障害者雇用推進者</u> とは，障害者雇用の促進等の業務 ✕
を担当する者をいう。各障害者の職業生活に関する
相談・指導を行う者を <u>障害者職業生活相談員</u> とい
う。

Q762 雇用施策を機能的に進めていくためには，都道府県が地域に密着した具体的なサービスを担当する。

Q763 公共職業安定所（ハローワーク）は，雇用保険に関する業務を行っている。⭐

Q764 広域障害者職業センターは，広範囲の地域にわたり，障害者に対する職業評価，職業指導，職業準備訓練等を行うとともに，職場適応援助者の養成および研修を行う。

Q765 精神障害者総合雇用支援事業は，医療関係者と連携して，新規雇入れ，職場復帰，雇用継続にかかる総合的な支援を地域障害者職業センターで行うものである。

Q766 障害者職業能力開発校における訓練期間は，原則として1年である。

Q767 障害者就業・生活支援センターは，社会福祉法に基づき支援対象障害者からの相談に応じ，関係機関との連絡調整を行っている。

762 雇用施策を機能的に進めていくためには，国は雇用施策の全体的な<u>企画立案</u>を行い，都道府県は<u>連絡調整</u>に当たり，市町村は地域に密着した具体的な<u>サービス</u>を担当する。　×

 763 職業安定法8条において，「公共職業安定所は，<u>職業紹介</u>，<u>職業指導</u>，<u>雇用保険</u>その他この法律の目的を達成するために必要な業務を行い，<u>無料</u>で公共に奉仕する機関とする」ことが規定されている。　○

 764 <u>広域障害者職業センター</u>は，障害者に対する職業評価，職業指導，職業講習等を一貫した体系の中で実施するが，職業準備訓練や職場適応援助者の養成および研修は<u>地域障害者職業センター</u>が行う。　×

 765 <u>精神障害者総合雇用支援事業</u>は，独立行政法人高齢・障害・求職者雇用支援機構が実施する精神障害者の新規雇用，職場復帰および雇用継続にかかる総合的な支援を行う事業で，全国の<u>地域障害者職業センター</u>で実施している。　○

 766 障害者職業能力開発校における訓練期間は，原則<u>1年</u>であるが，技能習得の程度により，<u>1年</u>を限度として延長することができる。　○

 767 障害者就業・生活支援センターは，<u>障害者雇用促進法</u>に基づき支援対象障害者からの<u>相談</u>に応じ，関係機関との<u>連絡調整</u>を行っている。　×

障害者福祉

Point 19　　　障害者等の定義

障害者福祉関連法では，障害者等を次のように定義しています。

障害者基本法	障害者…身体障害，知的障害，精神障害（発達障害を含む）その他の心身の機能の障害がある者であって，障害および社会的障壁により継続的に日常生活または社会生活に相当な制限を受ける状態にあるもの
	社会的障壁…障害がある者にとって日常生活または社会生活を営むうえで障壁となるような社会における事物，制度，慣行，観念その他一切のもの
身体障害者福祉法	身体障害者…別表に掲げる身体上の障害がある18歳以上の者であって，都道府県知事から身体障害者手帳の交付を受けた者。なお，上記要件を1つでも欠く場合，身体障害者福祉法の障害者には該当しない
知的障害者福祉法	知的障害者福祉法では，知的障害の定義は明確になされていないが，18歳以上という年齢制限がある。これは，身体障害者福祉法と同じく，18歳未満は児童福祉法の対象とするという法定上の区分を示すものである。各種制度を利用する際に提示する療育手帳は，心理臨床上で活用されている知能指数を参考に交付される
精神保健福祉法	精神障害者…統合失調症，精神作用物質による急性中毒またはその依存症，知的障害，精神病質その他の精神疾患を有する者。この定義は，精神障害とされるものについて，統合失調症という精神疾患や中毒症・依存症という病態を取り上げ，具体的に例示しているということに最大の特徴がある
発達障害者支援法	発達障害…自閉症，アスペルガー症候群その他の広汎性発達障害，学習障害，注意欠陥多動性障害その他これに類する脳機能の障害であってその症状が通常低年齢において発現するものとして政令で定めるもの
	発達障害者…発達障害を有するために日常生活または社会生活に制限を受ける者
	発達障害児…発達障害者のうち18歳未満の者

障害者総合支援法	障害者…身体障害者福祉法4条に規定する身体障害者，知的障害者福祉法にいう知的障害者のうち18歳以上である者および精神保健福祉法5条に規定する精神障害者（発達障害者支援法2条2項に規定する発達障害者を含み，知的障害者福祉法にいう知的障害者を除く）のうち18歳以上である者並びに治療方法が確立していない疾病その他の特殊の疾病であって政令で定めるものによる障害の程度が厚生労働大臣が定める程度である者であって18歳以上であるもの	
	障害児…児童福祉法4条2項に規定する障害児（身体に障害のある児童，知的障害のある児童，精神に障害のある児童〔発達障害者支援法に規定する発達障害児を含む〕または治療方法が確立していない疾病その他の特殊の疾病であって障害者総合支援法4条1項の政令で定めるものによる障害の程度が同項の厚生労働大臣が定める程度である児童）	
障害者虐待防止法	障害者…障害者基本法2条1号に規定する障害者をいう	
障害者差別解消法	障害者…障害者基本法2条1号に規定する障害者をいう	

Point 20　　　手帳制度

手帳の種類と内容

	身体障害者手帳	療育手帳	精神障害者保健福祉手帳
等級など	身体障害者障害程度等級表により，障害が重い順に1～7級のレベルに分類	A（重度），B（その他）に分類。地方公共団体によってはさらに細かく区分する場合も	1～3級に分かれ，有効期限は2年間
交付対象者	本人または家族の申請に基づく，1～6級の身体障害者	児童相談所または知的障害者更生相談所において知的障害であると判定された者	統合失調症，精神作用物質による急性中毒や依存症，精神病質その他精神疾患を有する者
交付者	都道府県知事，または指定都市市長，もしくは中核市市長	都道府県知事，または指定都市市長	都道府県知事，または指定都市市長

障害者総合支援法による就労支援制度

就労移行支援事業	就労を希望する65歳未満の障害者が対象。事業所や企業で作業・実習を行いながら, 適性にあった職場探し, 就労後の職場定着などの支援を行う。事業所と雇用関係はない
就労継続支援事業 A型（雇用型）	企業等の雇用に結び付かなかった障害者や, 企業等での就労経験はあるものの現在雇用関係にない障害者等で, 利用開始時に65歳未満の者が対象。利用期間に制限はなく, 事業所と雇用契約を結んで就労の機会を提供し, 一般就労を目指す
就労継続支援事業 B型（非雇用型）	就労の経験はあるが, 年齢や体力面で一般就労(一般雇用)が困難となった障害者等が対象。年齢や利用期間に制限はない。事業所と雇用契約は結ばず, 就労の機会を提供する
就労定着支援	就業に伴う生活面の課題に対応できるよう, 事業所や家族との連絡調整などの支援を行う

得点UPのカギ 就労継続支援事業の具体的な利用者像は以下のとおり。
A型は, 雇用契約に基づく就労が可能と見込まれる65歳未満の障害者であって, ①**就労移行支援**で一般企業の雇用に結び付かなかった者, ②**特別支援学校**を卒業して雇用に結び付かなかった者, ③一般企業を離職した者または就労経験がある者が対象。
B型は, 就労の機会を通じて, 生産活動にかかる知識や能力の向上が期待される障害者であって, ①**就労移行支援**で一般企業の雇用に結び付かなかった者, ②一般企業等で就労経験のある者で, 年齢や体力面で雇用されることが困難な者, ③上記①②以外の者であって, 50歳に達している者または障害基礎年金1級受給者, などが対象です。

Point 22　障害者雇用率制度

　事業者に障害者の雇用義務を課すことで，その雇用の促進を促すことを目的とした障害者雇用率制度によって，民間企業，国，地方公共団体は，一定の割合（法定雇用率）に相当する数以上の障害者を雇用しなければならないとされています。

機関等		法定雇用率
民間企業	一般の民間企業	2.5％（40.0人以上）
	特殊法人等	2.6％（38.5人以上）
国，地方公共団体	国，地方公共団体	2.6％（38.5人以上）
	都道府県等の教育委員会	2.5％（40.0人以上）

※カッコ内の数字は対象となる企業等の規模。法定雇用率は，令和8年度までに段階的に引き上げられる

Point 23　障害者雇用の支援機関

■ 障害者雇用を支援する機関

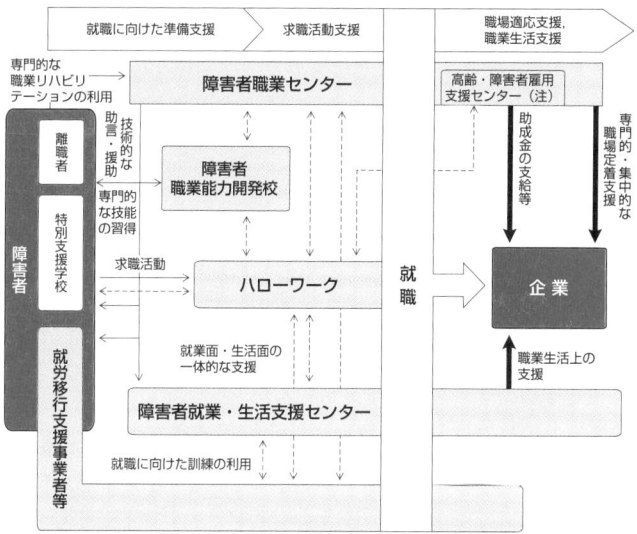

※<----->は連携関係を示す
(注)「高齢・障害者雇用支援センター」は，地域障害者職業センターにおける助成金等の申請窓口業務担当課の通称。
資料：「障害者雇用を支援する機関」（独立行政法人高齢・障害・求職者雇用支援機構）

243

刑事司法と福祉

1 刑法と少年法

Q768 刑事司法の原則のひとつに「被告人は有罪が確定するまでは無罪であるものとして扱わなければならない」というものがある。

Q769 犯罪の成立要件のひとつは，構成要件である。

Q770 心神喪失者の行為は，刑が軽減される。

Q771 少年保護手続の対象となるのは，18歳以下である。⭐

Q772 14歳未満の場合，少年法より，児童福祉法の措置が優先される。

Q773 少年院では，矯正教育や社会復帰支援などを行う。

犯罪や非行をした人の社会復帰には，地域社会の理解と協力が不可欠です。刑法と少年法，更生保護の概要と制度の担い手について理解してください。

 768 設問の内容を，<u>無罪推定法理</u>という。刑事裁判では，<u>検察官</u>が被告人の有罪を立証しなければならず，検察官の主張や立証に疑いが残る場合には，被告人を処罰することはできない。 ○

 769 <u>構成要件</u>とは，「人を殺した者」など，刑罰法規において犯罪と定められた行為のこと。犯罪の成立要件には，ほかに，<u>違法性</u>，<u>責任</u>がある。 ○

770 <u>心神喪失</u>は，精神の障害により事物の是非善悪を判断する能力（弁識能力）がない，またはこの判断に従って行動する能力（制御能力）がない状態のことで，心神喪失者の行為は<u>処罰されない</u>。心神耗弱は，弁識能力または制御能力が著しく低下した状態で，心神耗弱者の場合は，<u>刑が軽減される</u>。 ×

771 少年保護手続の対象となる<u>少年</u>の年齢は，<u>20歳未満</u>である。2022年の成年年齢引き下げに伴い，<u>18・19歳</u>を<u>特定少年</u>とし，一定の重さの罪の場合は原則的に大人と同じ裁判を受けることになった。 ×

772 <u>14歳未満</u>の場合，結果が重大な一定の事件を除き，家庭裁判所に送致するかしないかは，<u>児童相談所</u>が判断する。 ○

 773 <u>少年院</u>では，個性，長所，進路希望，心身の状況，非行の傾向などを考慮し，個別的な必要性に応じた処遇（<u>処遇の個別化</u>）が行われている。共通の特性・教育上の必要性によって集団を編成し，それぞれの集団に最も適切な処遇（<u>分類処遇</u>）も行う。 ○

刑事司法と福祉

2 更生保護制度

Q774 犯罪予防の活動の促進は，更生保護に含まれる。

Q775 更生保護制度は，更生保護の語を法律上初めて使用した1949（昭和24）年制定の犯罪者予防更生法によって創設された。

Q776 少年法の目的に少年の健全育成があるが，これは児童自立支援施設または児童養護施設に送致された少年に適用され，保護観察に付された少年には適用されない。

Q777 家庭裁判所が決定する保護処分には，児童相談所送致，保護観察，少年院送致がある。

Q778 更生保護の対象者のうち18歳未満の者は，児童福祉法が規定する児童に該当するため，基本的には児童相談所が主務官庁となる。

Q779 少年院からの仮退院者や児童自立支援施設からの退所者には保護観察が付される。⭐

774 更生保護には，<u>犯罪予防</u>の活動の促進や再犯・再非行の防止などが含まれている。 ○

 775 <u>犯罪者予防更生</u>法は，更生保護の機関として地方更生保護委員会や保護観察所等を，更生の措置として仮釈放や保護観察等を定めた。同法の制定により，新たな国家の制度として<u>更生保護制度</u>が成立した。 ○

 776 少年法は，少年の健全な育成を期し，非行のある少年に対して<u>性格</u>の矯正及び<u>環境</u>の調整に関する保護処分を行うとともに，少年の<u>刑事事件</u>について特別の措置を講ずることを目的とする。保護観察中の者に対する措置なども定めており，保護観察に付された少年にも適用される。 ×

 777 少年法は，家庭裁判所が決定する保護処分として，保護観察所の保護観察，<u>児童自立支援</u>施設または<u>児童養護</u>施設送致，少年院送致を定めている。 ×

 778 更生保護の対象者が14歳未満の触法少年や虞犯少年以外の少年（20歳未満）の場合，<u>家庭裁判所</u>に送られる。家庭裁判所が，保護観察や少年院送致を決定した場合，保護観察（少年院仮退院後の保護観察を含む）を実施する機関は<u>保護観察所</u>となる。 ×

刑事司法と福祉

 779 <u>少年院</u>からの仮退院者には保護観察が付されるが，<u>児童自立支援施設</u>からの退所者には保護観察は付されない。 ×

Q780 保護観察の対象者は，自らの改善更生に必要な特別遵守事項を自ら定めなければならない。

Q781 特別遵守事項は，遵守されない場合は保護観察の取消し等の不良措置の根拠となり得るので安易に変更されるべきではなく，一旦定められた後の変更はできない。

Q782 仮釈放とは，懲役または禁錮に処された者に改悛の状があるとき，服役期間にかかわらず，行政官庁の処分によって仮に釈放されることを指す。

Q783 仮釈放を許された者は，その期間中，保護観察に付される。⭐

Q784 仮釈放の許否に関する審理は，地方更生保護委員会が，委員3人から構成される合議体によって行うが，これは矯正施設の長からの申出がなければ，開始することはできない。

Q785 更生緊急保護は，その対象となる者の改善更生のために必要な限度で，国の責任において行われる。

Q786 少年法において，少年院に収容中の者に対する生活環境の調整における調整すべき事項に，釈放後の就業先や通学先の確保が規定されている。

780 特別遵守事項は，<u>地方更生保護委員会</u>または<u>保護観察所の長</u>が定める。 ✕

---

 781 更生保護法は，遵守事項について，違反すれば<u>不良措置</u>につながる法的規範であることを明確にしたうえで，保護観察の開始に際して<u>特別遵守事項</u>の設定を必要的なものとせず，保護観察の途中でもこれを設定，変更することができるとしている。 ✕

---

 782 <u>仮釈放</u>とは，懲役または禁錮に処された者に改悛の状があるとき，有期刑についてはその刑期の<u>3分の1</u>を，無期刑については<u>10年</u>（いわゆる法定期間）を経過した後，行政官庁の処分によって仮に釈放することを指す。 ✕

---

 783 <u>仮釈放</u>や<u>仮退院</u>を許された者は，その期間中，保護観察に付されるが，<u>仮出場</u>を許された者は保護観察に付されない。 〇

---

 784 仮釈放の許否に関する審理は，<u>地方更生保護委員会</u>が，委員3人から構成される合議体によって行う。この審理は，<u>矯正施設の長</u>からの申出がなくても，<u>地方更生保護委員会</u>が必要があると認めるときには開始することができる。 ✕

---

 785 更生緊急保護は，<u>国</u>の責任において行われる。具体的には，<u>保護観察所の長</u>が自ら行うか，<u>更生保護法人</u>やその他の適当な者に委託して行うこととされている。 〇

---

 786 少年院に収容中の者に対する生活環境の調整において，調整すべき事項に，釈放後の住居や<u>就業先</u>，<u>通学先</u>の確保が<u>更生保護法</u>に示されている。 ✕

刑事司法と福祉

Q 787 懲役・禁錮の刑につき仮釈放中の者は，更生緊急保護を受けることができる。

Q 788 恩赦には，政令恩赦と個別恩赦がある。⭐

Q 789 個別恩赦を実施すべきかどうか審査をするのは，中央更生保護審査会である。

Q 790 犯罪被害者等基本法が定める「犯罪被害者等」は，「犯罪やこれに準ずる心身に有害な影響を及ぼす行為の被害者」のみを指す。

Q 791 意見等聴取制度を利用できる者は，被害者本人に限られている。

Q 792 心情等伝達制度において，被害者が心情等を述べることができる期間に制限はない。

787 更生緊急保護の対象者には，保護観察に付されなかった者が含まれる。仮釈放中の者は保護観察に付されている者であるため，更生緊急保護を受けることができない。 ✕

 788 政令恩赦は，政令で定められた恩赦の対象となる者に対して一律で行われるものであり，大赦，減刑，復権がある。一方，個別恩赦は特定の者について個別に審査して行われるものであり，特赦，減刑，刑の執行の免除，復権がある。 ◯

 789 中央更生保護審査会は更生保護法に基づき法務省に設置される機関で，委員長および委員4人で組織される。審査会が審査の結果，恩赦を実施すべきであると認める場合には，法務大臣にその旨の申出を行い，内閣が閣議により決定し，天皇が認証する。 ◯

 790 犯罪被害者等基本法が定める「犯罪被害者等」は，「犯罪やこれに準ずる心身に有害な影響を及ぼす行為の被害者およびその家族または遺族」を指す。 ✕

 791 意見等聴取制度とは，地方更生保護委員会が行う加害者の仮釈放・仮退院の審理において，犯罪被害者等が意見等を述べることができる制度である。これを利用できる者は，被害者本人，被害者の法定代理人，被害者が死亡した場合またはその心身に重大な故障がある場合におけるその配偶者，直系親族または兄弟姉妹に限られている。 ✕

刑事司法と福祉

 792 更生保護における犯罪被害者等施策のひとつである心情等伝達制度を利用して，被害に関する心情等を加害者に伝えられるのは，加害者が保護観察を受けている期間である。 ✕

3 更生保護制度の担い手

Q793 保護観察官には，法務省専門職員（人間科学）採用試験がある。

Q794 保護観察官は家庭裁判所に配置されている。

Q795 保護司は，都道府県知事から委嘱される。

Q796 保護司が職務に要した費用は，実費弁償の形で支給される。

Q797 保護司の任期は原則として2年となっている。

Q798 対象者の福祉的支援を含む補導援護については保護司が担い，遵守事項を守らせるための指導監督は保護観察官が担っている。

Q799 保護観察所は，都道府県によって設置される。☆

Q800 更生保護活動への社会的関心の高まりに伴い，ここ数年，全国の保護司定数は毎年増員されている。☆

A 793 保護観察官の採用試験には, 国家公務員採用総合職 ◯
試験, 法務省専門職員（人間科学）採用試験, 国家
公務員採用一般職試験がある。

A 794 保護観察官が配置されているのは, 地方更生保護委 ✕
員会および保護観察所である（更生保護法31条）。

A 795 保護司は, 法務大臣から委嘱される。 ✕

A 796 保護司には給与は支給されないが, 職務に要した費 ◯
用は実費弁償の形で支給される。

A 797 保護司の任期は2年である。再任は妨げられないと ◯
規定されており, 任期後の再任は可能である。

A 798 補導援護および指導監督とも, 保護観察官（主任 ✕
官）と保護司（担当保護司）の協働のもと, 保護観
察対象者の改善更生を図ることを目的として実施さ
れる。分業で行われているわけではない。

A 799 保護観察所は, 国（法務省）によって設置される。 ✕
保護観察所は法務省の出先機関で, 各地方裁判所の
管轄区域ごとに設置され, 保護観察の実施を主な業
務としている。

A 800 保護司の定数は保護司法2条において「全国を通じ ✕
て, 5万2,500人をこえないものとする」と定めら
れており, また保護区ごとの定数が法務大臣により
定められている。

刑事司法と福祉

253

Q 801 更生保護施設を運営するのは，更生保護法人でなければならない。⭐

Q 802 更生保護施設には，被保護者の生活指導を行い，その相談に応じる補導主任を置かなければならない。

Q 803 保護司の活動拠点として，更生保護サポートセンターが設置されている。⭐

Q 804 仮釈放者を対象に犯罪傾向などの問題性に応じた重点的・専門的処遇を行うために，自立更生促進センターが全都道府県に設置された。

Q 805 更生保護女性会は，犯罪をした者や非行のある少年の改善更生に協力することを目的とするボランティア団体である。

Q 806 協力雇用主は，犯罪や非行をした者を，差別することなく積極的に雇用し，改善更生に協力する民間の事業者である。

801 <u>更生保護施設</u>の運営主体の多くは，更生保護事業法に基づき，法務大臣の認可を受けて更生保護事業を営む民間団体の<u>更生保護法人</u>であるが，これに限られてはいない。社会福祉法人，特定非営利活動法人（NPO 法人），社団法人が運営するものもある。 ✕

 802 更生保護施設には，実務の執行を総括する<u>施設長</u>と，被保護者の生活指導を行い，その相談に応じる<u>補導主任</u>を置かなければならない。 ○

 803 <u>更生保護サポートセンター</u>は，地域における更生保護活動の拠点として2008（平成20）年度から設置が進められており，経験豊富な<u>企画調整保護司</u>が常駐し，保護司の処遇活動に対する支援や関係機関との連携による地域ネットワークの構築等を行っている。 ○

 804 <u>自立更生促進センター</u>は，親族や民間の更生保護施設では円滑な社会復帰のための環境を整えることができない仮釈放者や少年院仮退院者等を，国が<u>保護観察所</u>に併設した宿泊施設に宿泊させながら，<u>保護観察官</u>が指導監督と就労支援を行うことで，対象者の改善更生と再犯防止を図るための施設である。福島市・北九州市の2か所で設置・運用されている。 ✕

 805 <u>更生保護女性会</u>は，地域社会の犯罪・非行を未然に防ぐための啓発活動を行うとともに，犯罪をした者や非行のある少年の<u>改善更生</u>に協力することを目的とするボランティア団体である。 ○

 806 <u>協力雇用主</u>は，犯罪や非行をした者を雇用することで，改善更生に協力する民間の事業者である。<u>協力雇用主</u>を志望する事業主が，事業内容や雇入れ条件などを<u>保護観察所</u>に登録し，<u>保護観察所</u>と公共職業安定所が登録情報を共有することで，犯罪や非行をした者の就職を円滑に進めようとするものである。 ○

刑事司法と福祉

Q807 保護観察所の長は，保護観察付執行猶予者が遵守事項を遵守せず，その情状が重く，刑の執行猶予の言渡しを取り消すべきものと認めるときは，地方更生保護委員会に対し，書面で，刑の執行猶予の言渡しの取消しを申し出なければならない。

Q808 保護観察所の長は，更生緊急保護を行う必要があるか否か判断するに当たっては，場合により，申出をした対象者の刑事上の手続に関与した検察官等の意見を聴くことができる。

Q809 保護観察所の長が保護観察処分少年に対する特別遵守事項を定めるに当たっては，保護処分をした家庭裁判所の意見を聴くが，特別遵守事項を変更する際にはこの限りではない。⭐

Q810 検察官は，懲役の刑の執行を終わった者など法に規定される対象者に対し，必ず更生緊急保護の制度および申出の手続について教示しなければならない。

Q811 保護観察所の長は，矯正施設に収容されている者について，その社会復帰を円滑にするため必要があると認めるときは，釈放後の住居，就業先その他の生活環境の調整を行う。⭐

807 保護観察所の長が，保護観察付執行猶予者の刑の執行猶予の言渡しの取消しを申し出るのは，対象者の現在地または最後の住所地を管轄する地方裁判所，家庭裁判所または簡易裁判所に対応する<u>検察庁の検察官</u>に対してである。 ✕

808 保護観察所の長は，更生緊急保護を行う必要があるか否か判断するに当たっては，申出をした対象者の刑事上の手続に関与した<u>検察官</u>またはその者が収容されていた<u>刑事施設</u>の長もしくは<u>少年院</u>の長の意見を聴かなくてはならない。 ✕

809 保護観察所の長が，保護観察処分少年に対する<u>特別遵守事項</u>を定める場合や変更する場合にあたっては，保護処分をした<u>家庭裁判所</u>の意見を聴くことになっている。 ✕

810 <u>検察官</u>は，更生保護法に規定される対象者に，必要があると認めるときは，<u>更生緊急保護</u>の制度および申出の手続について教示しなければならない。 ✕

811 保護観察所の長は，矯正施設に収容されている者について，その社会復帰を円滑にするため必要があると認めるときは，その者の家族などを訪問して協力を求めるなどの方法により，釈放後の住居，就業先その他の<u>生活環境の調整</u>を行う。 ○

Q 812 警告を発したにもかかわらず，保護観察処分少年が遵守事項を遵守せず，その程度が重いと認めるときは，保護観察所の長は，家庭裁判所に少年院等送致の決定を申請することができる。

Q 813 刑務所出所者等総合的就労支援対策の施策のひとつに，矯正機関・更生保護機関と職業安定機関との連携の強化がある。

Q 814 刑務所出所者等総合的就労支援対策では，協力雇用主については既に十分確保されているとして，施策に含まれていない。

Q 815 保護観察所の長は，保護観察対象者の救護を，更生保護事業法の規定により更生保護事業を営む者その他の適当な者に委託して行うことができる。⭐

Q 816 保護観察所は，住居の確保が困難な者に関して，自立準備ホームと連携する。

812 保護観察所の長は，<u>保護観察処分少年</u>について，新 ○
たに一定の審判に付する事由があると認めるとき
は，<u>家庭裁判所</u>に通告することもできる。

 813 2006（平成18）年度から開始された<u>刑務所出所者</u> ○
<u>等総合的就労支援対策</u>では，施策として矯正機関・
更生保護機関と<u>職業安定</u>機関との連携の強化，刑務
所受刑者および少年院在院者に対する就労支援の推
進，保護観察対象者および更生緊急保護対象者に対
する就労支援の推進などをあげている。

 814 刑務所出所者等総合的就労支援対策には，就労先の ✕
一層の確保のため，国民や雇用主の理解と協力を促
進し，犯罪前歴を承知のうえで雇用する<u>協力雇用主</u>
の拡大も含まれている。

 815 <u>保護観察所の長</u>は，保護観察対象者の救護を<u>更生保</u> ○
<u>護事業法</u>の規定により<u>更生保護事業</u>を営む者その他
の適当な者に委託して行うことができる。また，保
護観察所の長は，その援護によっては公共の衛生福
祉に関する機関などから必要な応急の救護を得られ
ない場合には，予算の範囲内で自ら保護観察対象者
の救護を行うものとされている。

 816 行き場のない出所者等が多数に上るため，2011（平 ○
成23）年度から緊急的住居確保・自立支援対策が
開始された。これは，NPO法人等が管理する施設
の空きベッド等を活用した施設（<u>自立準備ホーム</u>）
を予め<u>保護観察所</u>に登録し，保護が必要なケースに
ついて，<u>保護観察所</u>から事業者に対して宿泊場所，
食事の提供とともに，毎日の生活指導等を委託する
ものである。

5 医療観察制度

Q817 心神喪失等の状態で重大な他害行為を行った者の医療及び観察等に関する法律（医療観察法）の目的には，対象者の処遇を決定する手続と，医療の確保や必要な観察および指導，病状の改善，再発の防止だけでなく，社会復帰の促進がうたわれている。

Q818 精神保健観察の実施機関は，法務省が所管する保護観察所であり，保護観察所に配属される社会復帰調整官がその事務に従事する。

Q819 医療観察制度では，地域社会における処遇は，保護観察所を中心として，指定通院医療機関，都道府県・市町村，障害者福祉サービス事業者等との連携を軸に行われる。

Q820 医療観察制度において，裁判所により入院命令が出された場合，その対象者に対して医療を実施する指定入院医療機関は，法務大臣が指定した病院である。

Q821 医療観察制度では，裁判所によって通院の決定を受けた対象者には，裁判所の決定の日から原則1年間，指定通院医療機関による医療が提供される。

Q822 社会復帰調整官の任用資格は，更生保護法上に規定されており，精神保健福祉士や看護師等としている。

A 817 医療観察法は，同法の目的を「その適切な処遇を決定するための手続等を定めることにより，継続的かつ適切な医療並びにその確保のために必要な観察及び指導を行うことによって，その病状の改善及びこれに伴う同様の行為の再発の防止を図り，もってその社会復帰を促進すること」としている。 ◯

A 818 精神保健観察を実施する保護観察所は，法務省が所管し，地方裁判所の管轄区域ごとに設置されている。社会復帰調整官は，精神障害者の保健および福祉や医療観察法に基づく対象者の処遇に関する専門的知識に基づき，生活環境の調査・調整，精神保健観察の実施等に関する事務を行う。 ◯

A 819 地域社会における処遇は，保護観察所を中心として，指定通院医療機関（病院・診療所等），都道府県・市町村（精神保健福祉センター・保健所等），障害福祉サービス事業者等の関係機関・団体の相互間の連携を軸に行われる。 ◯

A 820 指定入院医療機関は，国，都道府県，特定独立行政法人，特定地方独立行政法人が開設する病院の中から，開設者の同意を得て，厚生労働大臣が指定する。 ✕

A 821 裁判所によって通院の決定を受けた対象者には，裁判所の決定の日から原則3年間，指定通院医療機関による医療が提供される。 ✕

A 822 社会復帰調整官は，医療観察法により，精神保健福祉士その他の精神障害者の保健および福祉に関する専門的知識を有する者として政令で定めるものとされており，具体的には，精神保健福祉士，社会福祉士，保健師，看護師等となっている。 ✕

Q823 医療観察制度では，検察官の申立てを受けた裁判所が裁判官と精神保健参与員各1名からなる合議体を構成し，審判が行われる。

Q824 医療観察法において，精神保健参与員は，各事件について精神保健福祉士1人以上と定められている。

Q825 社会復帰調整官は，地方裁判所が対象者の処遇に関する審判を行う際に，処遇の要否について意見を述べる。

Q826 医療観察法では，精神保健観察に付された者の守るべき事項として，一定の住居に居住することを掲げている。

Q827 社会復帰調整官は，地方検察庁に配属されている。

Q828 精神保健観察は，必要な医療を受けているか否かおよびその生活の状況を見守る制度である。

Q829 厚生労働大臣は，指定通院医療機関の指定を行う。

823 裁判官と精神保健審判員（精神科医）各1名からなる合議体を構成して審判が行われる。 ✕

 824 精神保健参与員は、精神保健福祉士などの精神障害者の保健と福祉に関する専門的知識および技術を有する者の名簿に記載された者のうち、地方裁判所が予め選任したものの中から処遇事件ごとに裁判所が指定する。その員数は、各事件について1人以上とされるが、精神保健福祉士に限定されない。 ✕

 825 地方裁判所が対象者の処遇に関する審判を行う際に、処遇の要否について意見を述べるのは、精神保健参与員の役割である。 ✕

 826 医療観察法107条では、精神保健観察に付された者の守るべき事項として、一定の住居に居住することのほか、住居の移転や長期の旅行をするときは、あらかじめ、保護観察所の長に届け出ることなどを明記している。 ○

 827 社会復帰調整官は、地方検察庁ではなく、保護観察所に配属されている。 ✕

 828 社会復帰調整官は、精神保健観察に付されている者と適当な接触を保ち、指定通院医療機関の管理者、都道府県知事および市町村長から報告を求めるなどして、必要な医療を受けているか否かおよびその生活の状況を見守る。 ○

 829 医療観察法に基づき、指定通院医療機関の指定を行うのは、厚生労働大臣である。 ○

刑事司法と福祉

Point 24 刑事司法手続（成人）の流れ

刑事司法手続（成人）の流れは，下図のとおりです。

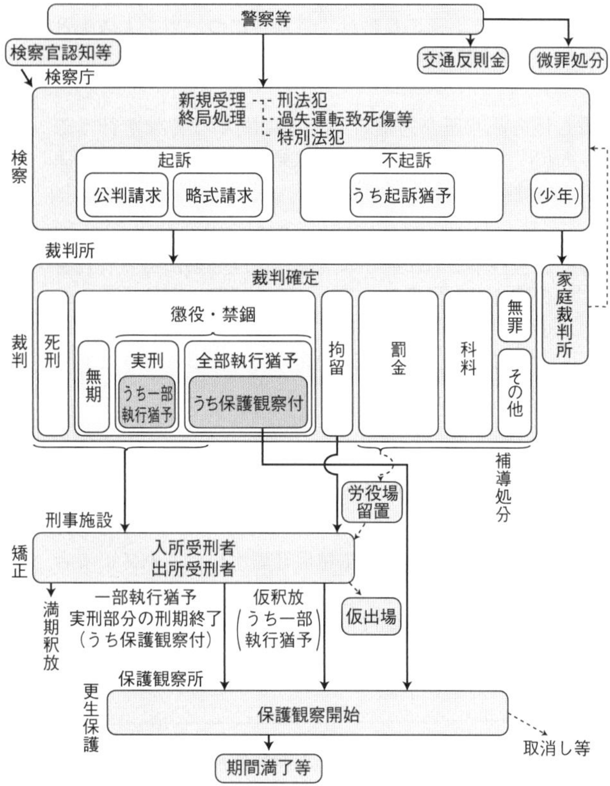

```
                    警察等
  ┌──────────────────┼──────────────┐
検察官認知等                    交通反則金   微罪処分
  ↓
検察庁
┌─────────────────────────────────────────────┐
│         新規受理 --- 刑法犯                    │
│  検      終局処理 --- 過失運転致死傷等          │
│  察                --- 特別法犯                 │
│  ┌──────────────┐        ┌──────────────┐     │
│  │    起訴       │        │   不起訴      │     │
│  │ 公判請求 略式請求│      │ うち起訴猶予 │  （少年）│
│  └──────────────┘        └──────────────┘     │
└─────────────────────────────────────────────┘
  裁判所                                         家庭裁判所
┌─────────────────────────────────────────────┐
│                  裁判確定                      │
│       懲役・禁錮                               │
│ 死  ┌──┬─────┬──────────┐       ┌──┬──┬──┬無罪│
│ 裁 刑│無│ 実刑 │全部執行猶予│  拘  罰 科│  │そ│
│ 判   │期│うち一部│うち保護観察付│ 留 金 料│  │の他│
│      │  │執行猶予│          │          │   │
└─────────────────────────────────────────────┘
                                        補導処分
                              労役場留置
刑事施設
┌─────────────────────┐
矯  │   入所受刑者          │
正  │   出所受刑者          │
└─────────────────────┘
↓満期釈放  一部執行猶予    仮釈放      仮出場
          実刑部分の刑期終了（うち一部）
          （うち保護観察付）執行猶予
保護観察所
┌─────────────────────────────────────┐
更  │           保護観察開始               │
生  └─────────────────────────────────────┘
保護      ↓                      取消し等
       期間満了等
```

資料：「令和5年版 犯罪白書」（法務省）をもとに作成

264

Point **25** 非行少年に対する手続の流れ

　刑事司法における非行少年（犯罪少年，触法少年，虞犯少年）に対する手続の流れは，下図のとおりです。なお，2007年に改正少年法が施行され，少年院に送致される少年の年齢が「14歳以上」から「おおむね12歳以上」に引き下げられました。

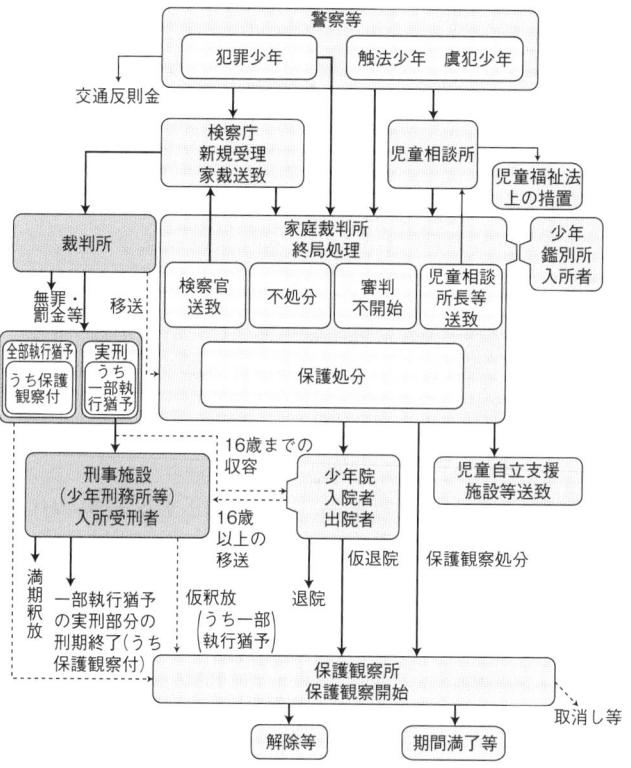

資料：「令和5年版　犯罪白書」（法務省）をもとに作成

ソーシャルワークの基盤と専門職

1 社会福祉士及び精神保健福祉士の法的な位置づけ

Q830 社会福祉士及び介護福祉士法は社会福祉士及び介護福祉士の資格を定めて，その業務の適正を図り，社会秩序の安定に寄与することを目的とする。

Q831 社会福祉士と精神保健福祉士には，共通して，資質向上の責務が課せられている。

Q832 社会福祉士は，5年ごとに資格更新のための研修を受けなければならない。

Q833 社会福祉士及び介護福祉士法では，社会福祉士に対し，社会福祉士の信用を傷つけるような行為を禁じている。

Q834 2020（令和2）年に改正された地域共生社会の実現のための社会福祉法等の一部を改正する法律において，介護福祉士養成施設卒業者への国家試験義務付けに係る現行5年間の経過措置が延長された。

Q835 社会福祉士は，業務を行うにあたって，福祉サービス関係者等との連携を保たなければならない。⭐

Q836 社会福祉士が参加する多職種チームには，利用者を含めてはならない。

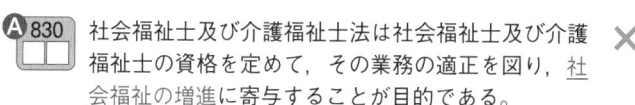

社会福祉士として，ソーシャルワークの概念と理念，職業倫理についての理解は重要です。この科目では，法に規定される社会福祉士の位置付け，ソーシャルワーカーの倫理綱領などについて学習します。

A 830 社会福祉士及び介護福祉士法は社会福祉士及び介護福祉士の資格を定めて，その業務の適正を図り，<u>社会福祉の増進</u>に寄与することが目的である。　×

A 831 社会福祉士及び介護福祉士法や精神保健福祉士法では，社会福祉士と介護福祉士，精神保健福祉士に対し，<u>資質向上</u>の責務が課せられている。　○

A 832 社会福祉士の資格に有効期間はなく，資格更新の必要がない。５年ごとに資格更新のための研修を受けなければならないのは，<u>介護支援専門員</u>である。　×

A 833 社会福祉士及び介護福祉士法では，<u>信用失墜行為</u>の禁止として，社会福祉士に対し，社会福祉士の信用を傷つけるような行為を禁じている。　○

A 834 地域共生社会の実現のための社会福祉法等の一部を改正する法律において，介護福祉士養成施設卒業者への国家試験義務付けに係る現行５年間の経過措置をさらに<u>5年間</u>延長することになった。　○

A 835 社会福祉士の義務のひとつとして，業務を行うにあたり，福祉サービス関係者等との<u>連携</u>を保たなければならないという<u>連携保持義務</u>がある。　○

A 836 <u>利用者本位</u>の観点から，利用者は多職種チームの中心となる。　×

ソーシャルワークの基盤と専門職

2 ソーシャルワークの定義と形成過程

Q 837 国際ソーシャルワーカー連盟と国際ソーシャルワーク学校連盟による2014年のソーシャルワーク専門職のグローバル定義は，日本ソーシャルワーカー協会のソーシャルワーカーの倫理綱領にも記載されている。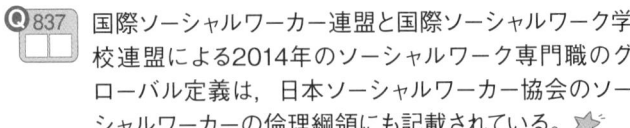

Q 838 2014年のソーシャルワーク専門職のグローバル定義では，ソーシャルワークの中核をなす原理として多様性の尊重をあげている。

Q 839 2014年のソーシャルワーク専門職のグローバル定義では，ソーシャルワークは社会開発を促進するとされている。

Q 840 イギリスの慈善組織協会は，把握したすべての貧困者を救済の価値のある貧困者として救済活動を行った。

Q 841 フレックスナーによってソーシャルワークはすでに専門職であると結論付けられ，専門性が社会的に認知されるきっかけとなった。

Q 842 ミルフォード会議の報告書（1929年）において，ソーシャルケースワークという概念が初めて示され，統合化への先駆けとなった。

Q 843 日本では，高度経済成長期に，エビデンスに基づくソーシャルワークのあり方が重視された。

837 ソーシャルワーク専門職のグローバル定義では，生活課題に取り組み<u>ウェルビーイング</u>を高めるよう，人々やさまざまな構造に働きかけることが唱えられている。 ○

---

 838 ソーシャルワーク専門職のグローバル定義では，「<u>社会正義</u>，<u>人権</u>，集団的責任，および<u>多様性</u>尊重の諸原理は，ソーシャルワークの中核をなす」としている。 ○

---

839 同定義では，ソーシャルワークは，<u>社会変革と社会開発</u>，社会的結束，人々の<u>エンパワメント</u>と解放を促進するとしている。 ○

---

840 1869年にロンドンで誕生した<u>慈善組織協会（COS）</u>は，貧民を救済に値する者と値しない者に選別して，救済に値する者を<u>ケースワーク</u>の対象として，値しない者は<u>救貧法</u>の対象とした。 ×

---

841 フレックスナーは「ソーシャルワークは専門職か」と題する講演を行い，諸条件によりソーシャルワークは<u>専門職に該当しない</u>と発表した。 ×

---

 842 ミルフォード会議の報告書（1929年）の成果は，<u>ジェネリック・ソーシャル・ケースワーク</u>という概念である。専門職として専門化，細分化が進んでいくソーシャルワークに共通する事項を抽出しようとする試みで，<u>統合化</u>への先駆けとなった。 ×

---

 843 エビデンスに基づく実践は，欧米を中心に<u>1990年</u>代以降ソーシャルワーク分野に導入されたものである。日本の高度経済成長期は，1950年代半ば～1970年代半ば頃である。 ×

ソーシャルワークの基盤と専門職

3 ソーシャルワークの理念

Q 844 ソーシャルワーカーには，業務遂行によって得た専門職業上の知識をクライエントのみならず，一般市民の社会生活にも役立てることが求められる。

Q 845 ソーシャルワーカーには，援助活動において，自身の価値観や倫理観によって，クライエントの行動や態度を判断し，指導していくことが求められる。

Q 846 クライエント本位の基本原則によると，クライエントの意思表明が不明確な場合は，本人に代わって援助者が支援の内容を決定しなければならない。

Q 847 高齢者のための国連原則では，高齢者と開発，高齢に至るまでの健康と福祉の増進，支援環境の整備の3つの優先的方針が定められている。

Q 848 ニィリエが唱えたノーマライゼーションの8つの原理には，ノーマルな異性との生活が含まれる。⭐

Q 849 アドボカシーとは，自らの意思を示すことが困難なサービス利用者の権利を，その家族や友人の判断に基づいて擁護することである。⭐

Q 850 シチズンアドボカシーとは，同じ課題を抱えるクライエントの代弁や制度の改善・開発を目指す活動である。

844 ソーシャルワーカーは，業務遂行によって得た専門職業上の知識をクライエントのみならず，社会全体の利益になるよう活用していくことが大切である。 ○

 845 ソーシャルワーカーは，援助活動において，クライエントの価値観や自己決定を尊重し，クライエントがその権利を十分理解し，活用していけるように援助する。 ×

 846 クライエント本位の視点では，クライエントの意思を可能な限り確認し，本人の希望に沿った支援をする必要がある。 ×

 847 高齢者のための国連原則は，国連総会が1991年に採択したもので，自立，参加，介護，自己実現，尊厳の5つの領域の一般原則が定められている。 ×

 848 ニィリエが唱えた8つの原理は，①ノーマルなリズムによる1日の生活，②ノーマルなリズムによる1週間の生活，③ノーマルなリズムによる1年間の生活，④ライフサイクルにおけるノーマルな発達経験，⑤自己決定に対するノーマルな理解と尊重，⑥ノーマルな異性との生活，⑦ノーマルな経済水準による生活，⑧ノーマルな住環境による生活である。 ○

 849 アドボカシーとは，サービス利用者の主体的な生活を実現するために，その意思や権利を代弁することである。家族や友人の判断よりも本人の意向が尊重されるようにすべきである。 ×

 850 シチズンアドボカシーは，クライエント等の市民が主体となって行う権利擁護運動である。設問の記述は，コーズアドボカシーである。 ×

Q851 ノーマライゼーションの理念は，身体障害者の社会生活を可能な限り通常の生活状態に近づけるようにすることから始まった。

 Q852 バンクーミケルセンは，ノーマライゼーションの原理に「可能なかぎり文化的に通常となっている手段を利用すること」という要素を含めるべきとした。

 Q853 スウェーデンのニィリエは，ノーマライゼーションについての8つの原理を提唱した。

 Q854 ノーマライゼーションという言葉が初めて法律に導入されたのは，アメリカ合衆国の「障害を持つアメリカ人法（ADA法）」である。

 Q855 1995（平成7）年の「障害者プラン～ノーマライゼーション7か年戦略～」では，バリアフリー社会の実現を目指す方向が示された。

 Q856 わが国では，1972（昭和47）年の国際障害者年がノーマライゼーションの理念を社会に広めるきっかけとなった。

 Q857 1960（昭和35）年に成立した精神薄弱者福祉法の目的に，ノーマライゼーションの促進が明記されている。

 Q858 ノーマライゼーションの思想は，障害者の権利に関する宣言に盛り込まれた。

851 ノーマライゼーションの理念は，知的障害者の生活を可能な限り通常の生活状態に近づけるようにすることから始まった。 ✕

 852 ノーマライゼーションの原理に「可能なかぎり文化的に通常となっている手段を利用すること」という要素を含めるべきとしたのは，アメリカのヴォルフェンスベルガーである。 ✕

 853 スウェーデンのニィリエは，ノーマライゼーションについての8つの原理を提唱し，バンクーミケルセンの理念を普及させたことによって，ノーマライゼーションの育ての父と呼ばれている。 ◯

 854 ノーマライゼーションの理念は，ノーマライゼーションの父と呼ばれているデンマークのバンク - ミケルセンにより初めて提唱された理念であり，ノーマライゼーションという言葉が初めて法律に導入されたのは，デンマークの「1959年法」である。 ✕

 855 1995年の「障害者プラン〜ノーマライゼーション7か年戦略〜」や，2002年の「障害者基本計画」では，バリアフリー社会の実現を目指す方向が示された。 ◯

 856 1981（昭和56）年の国際障害者年は，ノーマライゼーションの理念を社会に広めるきっかけとなった。 ✕

 857 精神薄弱者福祉法の目的に，ノーマライゼーションの促進は明記されていない。 ✕

 858 国連の知的障害者の権利宣言や，障害者の権利に関する宣言などに盛り込まれた。 ◯

4 ソーシャルワークの倫理

Q859 ミラーソンは、「専門職とは、主観的にも客観的にも相応の職業上の地位を認められ、一定の研究領域を持ち、専門的な訓練と教育とを経て、固有の職務を行う比較的地位が高い非肉体的職務に属する職業をいう」と定義している。

Q860 専門職倫理は、専門職として行動する際の指針となるものであり、専門職が倫理綱領に忠実な行動をとっている限り、結果において、倫理上の責任が生ずることはない。

Q861 ソーシャルワーカーの倫理綱領において、ソーシャル・インクルージョンをめざすことが、社会に対する倫理責任のひとつとして唱えられている。 ⭐

Q862 ソーシャルワーカーの倫理綱領において、組織・職場に対する倫理責任のひとつとして、ソーシャルワーカーは、自らが属する組織・職場の基本的な使命や理念を認識し、最良の業務を遂行することがあげられている。

Q863 2020年6月のソーシャルワーカーの倫理綱領の改訂は、2014年のソーシャルワーク専門職のグローバル定義の採択を受けて行われた。

Q864 トールは、倫理とは、人間関係とその交互作用に対して価値が適用されたものであるとした。

859 ミラーソンは，専門職の属性として，①公衆の福祉という目的，②理論と技術，③教育と訓練，④テストによる能力証明，⑤専門職団体の組織化，⑥倫理綱領をあげており，倫理綱領は専門職の条件であるとしている。 ○

 860 専門職は，倫理綱領に忠実な行動をとるだけでなく，結果をもとにサービスの効果，効率についても常に検討し，援助方法の改善，向上も心がけなければならない。 ×

861 ソーシャルワーカーの倫理綱領では，ソーシャル・インクルージョンについて，ソーシャルワーカーは，あらゆる差別，貧困，抑圧，排除，無関心，暴力，環境破壊などに立ち向かい，包摂的な社会をめざすと規定している。 ○

862 ソーシャルワーカーの倫理綱領では，倫理基準を，クライエントに対する倫理責任，組織・職場に対する倫理責任，社会に対する倫理責任，専門職としての倫理責任に分けて規定している。設問の記述は，組織・職場に対する倫理責任の最良の実践を行う責務の規定である。 ○

863 ソーシャルワーカーの倫理綱領の前文では，ソーシャルワーク専門職のグローバル定義（2014年7月）をソーシャルワーク実践の拠り所とするとしている。 ○

864 倫理とは，人間関係とその交互作用に対して価値が適用されたものであるとしたのは，トールではなくレヴィである。 ×

ソーシャルワークの基盤と専門職

Point 26 社会福祉士及び介護福祉士法

　社会福祉士と介護福祉士の定義については社会福祉士及び介護福祉士法に，精神保健福祉士の定義については精神保健福祉士法に規定されています。

■社会福祉士および介護福祉士の定義

	内　容
社会福祉士	登録を受け，社会福祉士の名称を用いて，専門的知識および技術をもって，身体上もしくは精神上の障害があること，または環境上の理由により日常生活を営むのに支障がある者の福祉に関する相談に応じ，助言，指導，福祉サービスを提供する者または医師，その他の保健医療サービスを提供する者，その他の関係者との連絡および調整，その他の援助を行うことを業とする者
介護福祉士	登録を受け，介護福祉士の名称を用いて，専門的知識および技術をもって，身体上または精神上の障害があることにより，日常生活を営むのに支障がある者につき，心身の状況に応じた介護を行い，ならびにその者およびその介護者に対して介護に関する指導を行うことを業とする者

（介護福祉士は喀痰吸引等を業とすることが定められ，2017年1月の国家試験に合格した介護福祉士より，医師の指示，看護師等との連携の下，行うこととなっている）

■精神保健福祉士の定義

	内　容
精神保健福祉士	登録を受け，精神保健福祉士の名称を用いて，精神障害者の保健および福祉に関する専門的知識および技術をもって，精神科病院その他の医療施設において精神障害の医療を受け，または精神障害者の社会復帰の促進を図ることを目的とする施設を利用している者の地域相談支援の利用に関する相談その他の社会復帰に関する相談に応じ，助言，指導，日常生活への適応のために必要な訓練その他の援助を行うことを業とする者

Point 27 ソーシャルワーカーの倫理綱領

　国際ソーシャルワーカー連盟（IFSW）に加盟している日本の
ソーシャルワーカー職能4団体は，2005年に4団体共通の倫理
綱領として採択して，2020年に現在の内容に改訂しました。

■ ソーシャルワーカーの倫理綱領（前文）

> 　われわれソーシャルワーカーは，すべての人が人間としての尊
> 厳を有し，価値ある存在であり，平等であることを深く認識する。
> われわれは平和を擁護し，社会正義，人権，集団的責任，多様性
> 尊重および全人的存在の原理に則り，人々がつながりを実感でき
> る社会への変革と社会的包摂の実現をめざす専門職であり，多様
> な人々や組織と協働することを言明する。われわれは，社会シス
> テムおよび自然的・地理的環境と人々の生活が相互に関連してい
> ることに着目する。社会変動が環境破壊および人間疎外をもたら
> している状況にあって，この専門職が社会にとって不可欠である
> ことを自覚するとともに，ソーシャルワーカーの職責についての
> 一般社会および市民の理解を深め，その啓発に努める。（略）

Point 28 ソーシャルワーク専門職の グローバル定義

　国際ソーシャルワーカー連盟と国際ソーシャルワーク学校連盟
（IASSW）は，2014年7月に新たな「ソーシャルワーク専門職の
グローバル定義」を採択し，社会福祉援助技術（ソーシャルワーク）
を次のように定義しています。

> 　ソーシャルワークは，社会変革と社会開発，社会的結束，およ
> び人々のエンパワメントと解放を促進する，実践に基づいた専門
> 職であり学問である。社会正義，人権，集団的責任，および多様
> 性尊重の諸原理は，ソーシャルワークの中核をなす。ソーシャル
> ワークの理論，社会科学，人文学，および地域・民族固有の知を
> 基盤として，ソーシャルワークは，生活課題に取り組みウェルビ
> ーイングを高めるよう，人々やさまざまな構造に働きかける。

ソーシャルワークの理論と方法

1 人と環境の交互作用

Q865 サイバネティックスとは，システムが他の干渉を受けずに自己を変化させようとする仕組みである。

Q866 システム理論の視点でなされるソーシャルワークは，システムの中心は個人であるため，個人に特化して，その変化に焦点を当てて働きかける。

Q867 一般システム理論は，理論生物学者ベルタランフィにより提唱された。

Q868 ピンカスとミナハンによるソーシャルワーク実践における4つの基本システムのうち，ソーシャルワーカーが所属する公私の機関もしくは組織体を，アクション・システムという。🌿

Q869 ピンカスとミナハンによるソーシャルワーク実践における4つの基本システムのうち，ソーシャルワーカーが働きかけ，変化を引き起こす対象を，ターゲット・システムという。🌿

Q870 バートレットは，人と環境との関係を，人々が試みる対処と環境からの要求との間で保たれる均衡関係としてとらえた。

ソーシャルワークでは，クライエントとそれを取り巻く環境の双方に働きかけ，問題解決を図ります。この科目では，ソーシャルワークの基本となる理論やアプローチ方法について学びます。

 865 <u>サイバネティックス</u>とは，システムが外界との関係に対応しながら，目的達成のために最適な行動をとるように自己制御しようとする仕組みをいう。 ✕

866 システム理論とは，<u>システム</u>は要素の集合であり，個々の要素は互いに影響し合うとする理論である。システム理論の視点でなされるソーシャルワークは，個人に特化するのではなく，<u>人と環境の交互作用</u>に着目して働きかける。 ✕

867 <u>ベルタランフィ</u>が提唱した一般システム理論では，システムを，外部環境に対して開かれている<u>開放システム</u>としてとらえる。 〇

868 <u>アクション・システム</u>とは，選択された標的を変革し影響を与える実行活動に参加する人々や資源すべてを指す。設問の記述は，<u>チェンジ・エージェント・システム（ワーカー・システム）</u>の説明である。 ✕

 869 <u>ターゲット・システム</u>とは，問題解決のために変革あるいは影響を与えていく標的となる人や組織を指す。 〇

 870 バートレットは，<u>社会生活機能</u>という概念を用いて，社会環境からの要求と人々の対処努力との間の交換・均衡に焦点を合わせることを提唱した。 〇

Q871 パールマンは問題解決アプローチにおいて，クライエントが社会的役割を遂行するうえで生じる葛藤の問題を重視し，その役割遂行上の問題解決に取り組むクライエントの力を重視した。⭐

Q872 サリービーが唱えたストレングス視点においては，問題解決を行うためのストレングスは，個人や家族のみならず，地域の中にも見いだすことができる。

Q873 ロビンソンは，精神分析学を基本にするケースワークを発展させ，診断主義アプローチを体系化するのに貢献した。

Q874 心理社会的アプローチは，精神分析理論を導入したもので，人は意志を持っていると考え，意志の力を活用した援助を行う。

Q875 リードとエプスタインは，ランクの業績を基盤に，機能主義アプローチを提唱した。

Q876 課題中心アプローチでは，援助者が独自の視点から目標となる課題を設定し，援助が行われる。⭐

Q877 リードとエプスタインの課題中心アプローチは，クライエントが解決を望む問題を吟味し，計画的に取り組む長期的な支援である。

871 パールマンはまた，クライエントが支援を活用する力を意味する<u>ワーカビリティ</u>や，人・問題・場所・過程を意味する<u>4つのP</u>を唱えている。 ○

872 <u>サリービー</u>が体系化したストレングス視点において，ストレングスとは，<u>強さ</u>や<u>長所</u>の意味であり，個人や家族のみならず，地域の社会資源の中にも見いだすことができるとした。 ○

873 診断主義アプローチは，<u>ハミルトン</u>やトウルによって体系化された。ロビンソンはタフトとともに，<u>機能主義アプローチ</u>を体系化するのに貢献した。 ×

874 心理社会的アプローチは，<u>診断主義</u>の流れをくむもので，ホリスによって提唱された。ホリスは<u>状況の中にある人間</u>をケースワークの中心概念としてとらえた。 ×

875 リードとエプスタインは，既存のアプローチ理論を折衷して，<u>課題中心アプローチ</u>を提唱した。設問の記述は，<u>タフト</u>や<u>ロビンソン</u>によるものである。 ×

876 課題中心アプローチでは，達成可能と考えられる課題を，<u>短期課題</u>として<u>クライエント</u>が設定する。ただし，計画の作成などは援助者とともに行い，その達成のため，計画的に援助することに重点が置かれる。 ×

877 リードとエプスタインの課題中心アプローチは，クライエントが解決を望む問題を吟味し，計画的に取り組む<u>短期</u>的な支援である。 ×

ソーシャルワークの理論と方法

Q878 ジャーメインとギッターマンは，役割理論を基盤とし，人と環境との交互作用に焦点を当て両者の調和を目指す理論を説いた。

Q879 行動変容アプローチは，役割理論を導入したもので，条件反射の消去あるいは強化により，特定の問題行動の変容を図る。

Q880 行動変容アプローチは，行動を学習の結果として捉え，正しく学習することにより問題行動を除去することを目指す。

Q881 ナラティブアプローチは，診断主義アプローチへの批判として誕生した経緯があり，自我心理学から強い影響を受けている。⭐

Q882 フェミニストアプローチは，女性にとっての差別や抑圧などの社会的な現実を顕在化させ，個人のエンパワメントと社会的抑圧の根絶を目指す。

Q883 解決志向アプローチは，クライエントが抱く解決のイメージを尊重し，その実現に向けてクライエントの社会的機能を高めることを目指す。

Q884 エンパワメントアプローチは，クライエントのパワーレス状態を生み出す抑圧構造への批判的意識を醸成する。

878 ジャーメインとギッターマンは，エコロジカル・アプローチとライフモデルを体系化した。システム理論を基盤として，人と環境との交互作用に焦点を当て両者の調和を目指す理論を説いた。 ✕

 879 行動変容アプローチは，学習理論に基づきクライエントの抱える問題に焦点を当て，問題行動が除去されたり，修正されることを目標に据えたものである。 ✕

 880 設問の記述は，行動変容アプローチである。また，エンパワメントアプローチとは，クライエントが置かれている否定的な抑圧状況を認識し自らの能力に気づき，その能力を高め，問題に対処することを目指すアプローチである。 ○

 881 ナラティブアプローチは，言葉や認識によって現実がつくられているとする考えから生まれ，クライエントが語る物語（ナラティブ）を通して援助を行う。設問の記述は，機能的アプローチである。 ✕

 882 フェミニストアプローチは，フェミニズムの視点から行うソーシャルワーク実践であり，ジェンダーの概念を取り入れることやエンパワメントを促すことなどにその特徴がある。 ○

 883 解決志向アプローチは，問題の原因を追究するのではなく，解決につながる要素に注目し，直接的な解決を目指す方法である。バーグやシェイザーらによるブリーフセラピー（短期療法）の流れを汲む。 ○

 884 エンパワメントアプローチは，クライエントのパワーレス状態を生み出す抑圧構造への批判的意識を醸成するものであり，個人，対人，組織，社会の4つの次元における力の獲得を目指して実施される。 ○

ソーシャルワークの理論と方法

3 ソーシャルワークの過程

Q885 インテークの段階では，クライエントの主訴を把握し，ソーシャルワーカーが所属する機関の機能について説明する。⭐

Q886 ソーシャルワークにおけるプランニングでは，ニーズ優先アプローチに基づいて策定する必要がある。⭐

Q887 介入は，クライエントや関係者とのパートナーシップを重視して進められる。

Q888 ソーシャルワークの過程における終結では，ソーシャルワーカーが事前評価を行い，クライエントの抱える課題を把握する。

Q889 ソシオグラムは，交流分析理論に基づき，人間の性格を5つの領域に分析する。

Q890 PIEは，クライエントが訴える社会生活機能の問題を記述し，分類し，コード化する。

Q891 自分の感情表現に対して共感的な理解と適切な反応を得たいというクライエントのニーズから，統制された情緒的関与の原則が導き出された。⭐

A 885 インテークの段階では，コミュニケーションを図りながら，クライエントの主訴を把握するとともに，ソーシャルワーカーが所属する機関の機能について説明するなど，自己開示も行うことによって，ラポール（信頼関係）を築いていく。 ○

 A 886 ソーシャルワークにおけるプランニングでは，ニーズ優先アプローチに基づいて策定するように心がけなければならない。 ○

 A 887 介入は，ケース会議などを通じて社会資源の活用や開発を図るほか，クライエントや関係者とのパートナーシップを重視して進められる段階である。 ○

 A 888 設問の記述は，アセスメントの段階である。終結は，残された問題や今後起こり得る問題を解決するための援助効果との関連性を見極める段階である。 ✕

 A 889 ソシオグラムは，成員間の選択・拒否関係を図式化し，小集団における人間関係の構造を明らかにするものである。設問の内容は，エゴグラムである。 ✕

 A 890 PIE（Person-in-Environment）は，ソーシャルワークのアセスメントツールのひとつで，クライエントが訴える社会生活機能の問題を記述し，分類し，コード化することで，その人の人生行路を把握するのに役立つ。 ○

 A 891 統制された情緒的関与の原則とは，クライエントの感情表現に対して，ソーシャルワーカーが自らの感情を自覚し，統制（コントロール）するという原則である。 ○

ソーシャルワークの理論と方法

285

Q 892 バイステックによる自己決定の原則とは，クライエントの心情を感じ取ってほしいという要求に応えてクライエントの訴えや気持ちを確実に受け止める準備をすることである。

Q 893 バイステックによる意図的な感情の表出の原則とは，ソーシャルワーカーのクライエントに対する肯定的な感情を，クライエントに対して意図的に表現することである。⭐

Q 894 モニタリングとは，現行のケアプランで対応できないクライエントを他機関に送致することである。

Q 895 フォローアップでは，クライエントが抱える問題の全体像を理解・評価する。

Q 896 ソーシャルワークにおけるアウトリーチは，援助開始前に行われ，援助開始後には行われない。

Q 897 単一事例実験計画法とは，対象が1ケースで，クライエントの問題（目標）に対して，介入（インターベンション）の効果を測定する方法である。

Q 898 ソーシャルワークにおける効果測定は，ソーシャルワーカーの援助技術がどの程度向上したかについて，スーパーバイザーが評価することによって行われる。

892 <u>自己決定の原則</u>とは，クライエント自身が自分のことを自分で決定することである。ただし，<u>自己決定</u>が自身や第三者に害を及ぼす可能性がある場合は，ソーシャルワーカーが<u>干渉</u>することもある。

 893 意図的な感情の表出（感情表現）の原則とは，クライエントが<u>否定的な感情</u>も含めて，<u>自由</u>に表出できるようにソーシャルワーカーが働きかけることである。

 894 モニタリングは，一連の援助過程の<u>中間評価</u>で，点検・見直しを行う段階である。設問の記述は，援助の前後に行う<u>リファーラル</u>である。

 895 フォローアップとは，支援が終結したクライエントの状況の変化に対応するために，<u>モニタリング</u>を継続することである。設問の記述は，<u>アセスメント</u>（事前評価）時あるいは<u>エバリュエーション</u>（事後評価）時に行われる。

 896 ソーシャルワークにおけるアウトリーチは，自ら援助を求めない人への関わりとして有効なものであり，<u>援助開始前</u>だけでなく，<u>援助開始後</u>にも行われることがある。

 897 <u>単一事例実験計画法（シングル・システム・デザイン）</u>は，個々のケースに対して，その援助がどれだけ効果的に機能したかを測定する方法である。

 898 <u>効果測定</u>は，サービスの内容や，対象となるクライエントの変化を測定するものであり，スーパーバイザーが評価するものではない。 ×

ソーシャルワークの理論と方法

4　ソーシャルワークの記録

Q 899　説明体は，事実についてのクライエントによる説明や解釈を記述するものである。

Q 900　福祉関係事業者における個人情報の適正な取扱いのためのガイドラインによると，個人情報の利用にはあらかじめ本人の同意が必要であり，児童虐待事例について関係機関と情報交換する場合も同様である。

Q 901　ファミリーマップは，家族関係を記号で図示するものであり，家族のコミュニケーションや力関係，情緒的な結び付きを視覚化してとらえることができる。⭐

Q 902　ジェノグラムとは，夫婦の人間関係を図式化したものである。⭐

Q 903　エコマップは，社会資源との関係について，時系列的に変化を図示することを目的とする。⭐

Q 904　叙述体は，事実やその解釈，見解の要点を整理して示すものである。

Q 905　問題志向型記録では，問題ごとにS（主観的情報），O（客観的情報），A（アセスメント），P（計画）の項目に沿って記述する。

899 説明体は，客観的な事実に加えて，<u>ソーシャルワーカー</u>による主観的な説明や解釈を記述するスタイルである。　✕

 900 個人情報を扱うには<u>利用の目的</u>を特定し，それ以外での利用では<u>本人の同意</u>が必要となる。ただし児童虐待事例などは<u>本人の同意</u>を得る必要はない。　✕

 901 <u>ファミリーマップ</u>は，家族の構成員間にみられるコミュニケーションの状況や力関係，情緒的結び付きなどを示した図である。家族内で起きているコミュニケーション上の葛藤や問題などが視覚的に把握できるので，その家族が抱える病理性の分析などにも有効である。　◯

902 ジェノグラムは，<u>ボーエン</u>が開発したマッピング技法で，<u>3</u>世代以上の拡大家族間の相互作用の見取り図である。　✕

903 エコマップは，<u>ハートマン</u>が考案したマッピング技法である。クライエントの家族関係だけでなく，その周囲の人々や社会資源との関係なども含めて，その時点ごとの<u>環境</u>を図示する。　✕

 904 叙述体は，援助の過程で生じた事柄を，記録者の解釈を交えずに，<u>時間</u>的な流れに沿って，そのまま記録したものであり，事実を<u>時間の経過</u>に従って記述する文体である。設問の記述は，<u>要約体</u>である。　✕

 905 問題志向型記録は，問題点ごとに，S（<u>主観的情報</u>），O（客観的情報），A（<u>アセスメント</u>），P（<u>計画</u>）の4項目に整理して記載するものである。　◯

5 ケアマネジメント

Q906 「どうされましたか」という質問の仕方は，開かれた質問に該当する。

Q907 1963年のケネディ大統領の特別教書により，アメリカ合衆国において脱施設化の方向性と地域ケア体制が促進された。

Q908 ケアマネジメントにおいては，クライエントのニーズ充足のために，サービスプログラムや類似の機能を果たすインフォーマルな社会資源を探し出し調整する。

Q909 ケアマネジメントにおけるアセスメントでは，精神面，身体面の把握のみならず，住環境，家族関係，経済状況，援助の状況など幅広い生活障害全般の把握を行う。⭐

Q910 アセスメントでは，さまざまな生活課題の中でケアマネジメントが対応すべきものを仕分けるスクリーニングを行う。

Q911 ケアプランにおけるサービス選択では，ケアマネジャーによる専門的な判断を優先する。

Q912 ケアマネジャーは，ケアプランの実施に当たっては，サービスやサポートの提供主体と利用者の間に入って調整を行う。

906 「どうされましたか」という質問の仕方は，相手が
自由に意見を述べることができることから，<u>開かれ
た質問</u>に該当する。 ○

 907 アメリカでは，1963年にケネディ大統領が議会に提
出した<u>ケネディ教書</u>により，地域精神保健センター
が設置され，精神科病院からの早期退院など，脱施
設化の方向性と<u>地域ケア体制</u>が促進された。 ○

 908 ケアマネジメントでは，クライエントのニーズを充
足するために，<u>フォーマル</u>な社会資源だけでなく，
<u>インフォーマル</u>な社会資源も活用する。当該資源を
探し出して調整することが求められている。 ○

909 アセスメントは，クライエントやその家族と<u>面接</u>を
することによって行われる。その際，クライエント
の心身状態だけでなく，住環境や<u>家族</u>関係など，総
合的に把握することが求められている。 ○

  910 アセスメントは，援助を受けることが決まった利用
者の状況を整理し，課題を分析する。スクリーニン
グは，<u>ケースの発見</u>の直後に行うものである。 ✕

  911 サービス選択において優先されるのは，<u>利用者本人</u>
の希望である。ケアマネジャーは利用者の望む生活
を実現できるよう自己決定支援を行う。 ✕

  912 ケアマネジャーはサービスやサポートの提供主体と
利用者との間を取り持つ調整役として，<u>サービス担
当者会議</u>などを通じて関係者間の調整を行う。 ○

ソーシャルワークの理論と方法

6 集団を活用した支援

Q913 シュワルツは，援助過程において，グループワーカーは，主導的な活動によりメンバーに望ましい変化をもたらすとした。

Q914 グループワークにおいて，メンバーがグループ体験を振り返り，感情を分かち合えるように援助する段階は，終結期である。

Q915 グループワークにおいて，メンバー自身やグループ内の葛藤は，回避する必要がある。

Q916 集団援助技術の展開過程における作業期の特徴として，メンバーには，グループに対する希望や期待とともに不安と恐れ，疑問，緊張などの気持ちが混ざり合っている。⭐

Q917 メンバー間の結束力が強くなり相互関係が発達すると，グループの凝集性が生まれ，グループの規範が確立していく。⭐

Q918 プログラム活動の途中であっても，計画の目標が達成されたと判断されれば，集団援助は終結してもかまわない。

Q919 経験の原則とは，グループワーカーの援助によって，グループの相互作用の中で生じる葛藤やメンバー個人の内面的葛藤の解決を促すことである。

Q920 制限の原則とは，受け入れの無条件的許容ではなく，メンバーやグループのニードと団体・機関の機能に照らした建設的な制限を加えることである。

A 913 シュワルツが提唱した相互作用モデルにおけるグ　✕
ループワーカーの役割は，メンバーとグループとの
媒介者であり，主導的な立場はとらない。

A 914 グループワークの終結期とは，メンバーとこれまで　○
の体験を振り返り，感情を分かち合えるように援助
するほか，新たに生じた課題の確認などを行う段階
である。

A 915 グループワーカーは，メンバー自身が葛藤を回避す　✕
ることなく直視し，主体的に解決できるように側面
的に支援しなければならない（葛藤解決の原則）。

A 916 作業期には，メンバー間の相互関係が発達し，グ　✕
ループの凝集性が生まれる一方，対立や孤立といっ
た危機的状況も生じるのが特徴である。設問の記述
は，開始期の特徴である。

A 917 グループの凝集性とは，グループとしてのまとまり　○
のことをいい，メンバーをグループにとどめようと
作用するすべての力の合成と定義される。

A 918 集団援助技術の目的は，目標の達成であるため，当　○
初計画していた予定回数や期間を満たさなくとも，
目標を達成した時点で援助を終結することもある。

A 919 経験の原則とは，グループのメンバーがグループ活　✕
動を通して経験を積み，社会的成長を図るという原
則である。設問の記述は，葛藤解決の原則である。

A 920 制限の原則とは，グループの行動に一定の制約を設　○
け，個々のメンバーが安心してグループ活動に参加
できるようにするという原則である。

ソーシャルワークの理論と方法

7 スーパービジョンとコンサルテーション

Q 921 スーパービジョンの教育的機能とは，スーパービジョン関係を用いて情緒的・心理的な面をサポートすることである。⭐

Q 922 グループスーパービジョンとは，援助者とサービス利用者がそれぞれの立場から意見を出し合って，援助の質的向上を目指すものである。

Q 923 ピアスーパービジョンは，スーパーバイザーとスーパーバイジーが同席して行う。⭐

Q 924 コンサルテーションとは，対人援助の専門職が課題解決のために，特定の領域の専門職から情報・知識・技術を習得する過程を指す。

Q 925 スーパービジョンの目的は，より多くのサービスを提供し，事業所の利益を高めることにある。⭐

Q 926 スーパービジョンにおける教育的機能では，スーパーバイジーの業務遂行の適切さを確認する。⭐

921 スーパービジョン関係を用いて情緒的・心理的な面 　✕
をサポートすることは支持的機能である。教育的機
能は，知識，技能，価値を伝えることなどを指す。

---

 922 グループスーパービジョンとは，スーパーバイザー 　✕
が，ケース会議や事例研究会などのグループを活用
し，スーパーバイジーであるメンバー同士の相互作
用によって，援助の質的向上を目指すもので，サー
ビス利用者は参加しない。

---

 923 ピアスーパービジョンとは，仲間（ピア）同士が， 　✕
互いに共通課題の検討などを行うことで，スーパー
バイザーを置かずに，スーパーバイジーが集団で行
う。設問の記述は，ライブスーパービジョンの説明
である。

---

 924 コンサルテーションとは，援助者が援助を進めてい 　○
く過程において，特定の関連領域の専門職から援助
の実施に関する専門的な助言などを受けることであ
る。

---

 925 スーパービジョンの目的は，スーパーバイザーが 　✕
スーパーバイジーと肯定的に関わりながら，管理
的・教育的・支持的機能を果たすことによって，組
織の方針に沿って質・量ともに最良のサービスをク
ライエントに提供することである。

---

 926 スーパーバイジーの業務遂行の適切さを確認するの 　✕
は，スーパービジョンにおける教育的機能ではな
く，管理的能力である。

ソーシャルワークの理論と方法

Point 29　個別援助技術の理論とモデル

個別援助技術のアプローチ（モデル）

アプローチ	研究者	内　容
治療モデル（医学モデル）	リッチモンド	医学の診断・治療のモデルに基づく。生活問題には病理的原因が必ず存在するという前提に立つが，社会環境や人格的・心理的側面の調査を重視する
診断主義アプローチ	ハミルトン	クライエントの問題やその原因は，社会環境よりも個々の精神内面にあるととらえ，援助者の主導による調査→診断→治療の過程を重視して問題解決を目指す
機能主義アプローチ	ランク ロビンソン タフト	援助者はクライエントの自我の展開を助けるものであるととらえ，援助者の属する機関の機能をクライエントに自由に活用させることにより問題解決に導く
問題解決アプローチ	パールマン	診断主義と機能主義を統合したもの（折衷主義）。クライエントが主体となり援助者との役割関係を通じて展開される問題解決の過程を個別援助技術としてとらえる
心理社会的アプローチ	ホリス	診断主義に立脚しつつ，「状況の中にある人間」をケースワークの中心概念として位置付け，クライエントの社会的側面の援助を含めた働きかけを行う
システム理論	ピンカス ミナハン	ソーシャルワーク実践における4つの基本システムとして，クライエント・システム，チェンジ・エージェント・システム，ターゲット・システム，アクション・システムを提示し，その交互作用を重視した
生活モデル	ジャーメイン ギッターマン	生態学理論を基礎としたもので，クライエントを環境から独立した個人としてではなく，家族・近隣・地域社会の一員としてとらえ，人と環境システム間の相互作用の改善・強化と統合を目指していく
行動変容アプローチ	トーマス	学習理論をケースワーク理論に導入したもので，条件反射の消去あるいは強化によって，特定の問題行動の変容を目標に働きかける

危機介入 アプローチ	ラポポート カプラン	精神保健分野などで発達してきた**危機理論**をケースワーク理論に導入したもので，危機状況に直面したクライエントや家族への迅速な効果的対応を行う
課題中心 アプローチ	リード エプスタイン	問題解決アプローチの影響を受けて発展した。クライエントが実行可能なものを短期課題として設定し，その達成のため，計画的に援助することに重点を置く
エンパワメ ント アプローチ	ソロモン	クライエントの生活問題に対する対処能力の増強や無力さの克服に支援の焦点を当て，クライエントの持つパワーの強化や問題解決に対するクライエント自身の対処能力を高めていく
ストレングスモデル	ラップ サリービー	クライエントの問題点や弱点のみを指摘した考え方から脱却し，**残存能力の強み**を評価するもの。クライエント固有の強さや長所，クライエントの有する資源や潜在能力を引き出す援助を行う
ナラティブ アプローチ	ホワイト エプストン	クライエントが語る物語（ナラティブ）を通して援助を行う。クライエントと援助者が協同で新たな物語を生成し，クライエントが新たな世界をつくり出すことにより，問題状況から決別させる

Point 30　バイステックの7原則

　個別援助技術において，よりよい援助関係を創造し，問題の解決を図っていくために留意すべき原則として，バイステックの7原則があります。

①個別化の原則	クライエントを個人としてとらえる
②意図的な感情表現の原則	クライエントの感情表現を大切にする
③統制された情緒的関与の原則	援助者自身の感情を自覚し統制する
④受容の原則	クライエントのありのままを受け入れる
⑤非審判的態度の原則	クライエントを一方的に非難しない
⑥自己決定の原則	クライエントの自己決定を促し尊重する
⑦秘密保持の原則	クライエントのプライバシーや秘密を守る

社会福祉調査の基礎

1　社会福祉調査の意義・目的と倫理

Q927 社会福祉調査は，クライエントの潜在的ニーズを把握し，問題の解決を目指すために活用される。

Q928 国民生活基礎調査は，統計法における基幹統計調査である。

Q929 統計調査とは，社会事象を質的に捉えることを目的とした社会福祉調査である。

Q930 センサスとは，民間企業が経済状況を把握するために行う調査である。⭐

Q931 報道機関が行っている世論調査は，統計調査に含まれる。

Q932 世論調査とは，自治体の首長の意見を集約するための社会福祉調査である。

社会福祉調査は，クライエントのニーズや問題の把握，福祉サービスの効果測定の重要な手段です。社会福祉調査の倫理，調査の特徴や方法などを学びましょう。

A 927 <u>社会福祉調査</u>は，クライエントの潜在的ニーズを把握できるため，介護サービスのニーズの測定や生活保護の調査，福祉サービスの効果測定など，幅広く活用される。　○

A 928 国民生活基礎調査，国勢調査，家計調査は，統計法における<u>基幹統計調査</u>である。　○

A 929 統計調査とは，社会事象を<u>数量的性質</u>で観察・分析することを目的としたものであり，調査対象から，全数調査，標本調査，実態調査などに分類することができる。　×

A 930 センサスとは国勢を把握することを目的に，国が実施する統計的調査で，<u>全数調査</u>で行われる（日本常住の<u>外国人</u>も含む）。国勢調査，事業所・企業統計調査，工業統計調査，商業統計調査，農林業センサスなどがある。　×

A 931 報道機関が行っている世論調査は，<u>社会福祉調査</u>に含まれるものである。<u>統計調査</u>には含まれない。　×

A 932 世論調査とは，特定の事項について，<u>一般大衆</u>がどのような意見，判断，態度を示しているかを<u>数量的</u>性質で示した調査をいう。　×

Q933 2009（平成21）年4月1日から全面施行された統計法において，国の行政機関が行う統計調査については，匿名化されたデータといえども一般からの求めに応じて提供することは禁じられている。

Q934 統計法において，統計委員会は，厚生労働省が設置するものである。

Q935 わが国の国勢調査は，統計法の定めるところにより，全数調査を基本とする。

Q936 基幹統計である国民生活基礎調査は，5年ごとに大規模な調査を行い，3年ごとに小規模な簡易調査が行われる。 ⭐

Q937 一般統計調査とは，行政機関が行う統計調査のうち基幹統計調査以外のものをいう。

Q938 国民経済計算（GDP 統計）は，基幹統計に位置付けられている。

Q939 社会福祉調査は，調査テーマに応じた関連学説や関連調査結果などを踏まえて専門家の作成した質問および回答項目に基づき，適切なサンプリングで行われる場合，調査倫理上の問題は生じない。

933　改正統計法では，国の行政機関が行う統計調査でも，行政機関との共同研究など高度な<u>公益性</u>を有する研究などに限り，一般からの求めに応じて，統計データを提供することが可能になった。　✕

 934　統計法では，専門的かつ中立公正な調査審議を行う<u>統計委員会</u>を<u>総務省</u>に設置するとしている。　✕

 935　わが国の国勢調査は，調査時に<u>日本に居住するすべての人</u>（外国人を含む）を対象とする全数調査であり，統計法により，直接その実施が定められている。　○

 936　<u>基幹統計</u>である国民生活基礎調査は，<u>3年ごと</u>に大規模な調査を行い，中間の各年に小規模な簡易調査が行われる。　✕

 937　統計法において，<u>一般統計調査</u>を「行政機関が行う統計調査のうち基幹統計調査以外のもの」，<u>基幹統計調査</u>を「基幹統計の作成を目的とする統計調査」と定義している。　○

 938　国民経済計算は，統計法6条1項において，「<u>内閣総理大臣</u>は，国際連合の定める国民経済計算の体系に関する基準に準拠し，国民経済計算の<u>作成基準</u>を定め，これに基づき，毎年少なくとも一回，国民経済計算を作成しなければならない」と規定されている。　○

 939　しかるべき手続きを経て社会福祉調査が行われる場合であっても，回答内容の秘密は守り，また，一定の例外を除き，データは<u>調査目的</u>以外に使用してはならない。　✕

社会福祉調査の基礎

Q 940 仮説と異なるデータが得られた場合でも，そのデータも含めて報告書をまとめなければならない。

Q 941 社会福祉調査を行う場合，調査対象者にインフォームドコンセントが必要かどうかは，調査者の判断にゆだねられる。⭐

Q 942 社会調査協会倫理規程では，調査対象者が満20歳以下の場合には，まず保護者か学校長などの責任ある成人の承諾を得る必要がある，としている。

Q 943 社会調査協会倫理規程では，調査対象者からデータの破棄について要請があった場合，調査者は当該部分のデータを破棄または削除しなければならない。

Q 944 調査票の回答内容および対象者に関する情報は，共同研究者間であっても，個別に特定できないように加工し，利用することが望ましい。

Q 945 社会福祉調査の結果が現実社会に影響を与えることを，アナウンスメント効果という。⭐

940 <u>仮説</u>とは，事象，法則，理論などを説明するために 〇
仮に設けられる説で，必ずしも正しいとはいえず，
棄却される場合もある。仮説と異なる結果であって
も，研究結果の<u>検証</u>を行うために，そのデータを含
めて報告書などをまとめなければならない。

 941 社会福祉調査を行う場合，調査者は，調査データの ✕
提供先と<u>使用目的</u>を知らせなければならない。ま
た，一定の例外を除き，調査データが当該調査以外
の目的には使用されないことを保証しなければなら
ない。つまり，<u>インフォームドコンセント</u>は，必ず
行わなければならない。

 942 社会調査協会倫理規程の7条では，調査対象者が満 ✕
<u>15歳以下</u>の場合には，まず保護者か学校長などの責
任ある<u>成人</u>の承諾を得なければならない，としてい
る。

 943 社会調査協会倫理規程の8条では，調査対象者から 〇
要請があった場合には，当該部分の記録を<u>破棄</u>また
は<u>削除</u>しなければならない，としている。

 944 共同研究者間であっても，個人を特定する必要がな 〇
い場合には，個別に特定できないように<u>加工</u>しなけ
ればならない。また，個人を特定する必要がある場
合でも，調査の対象者に<u>不利益</u>を被る可能性があれ
ば，個別に特定できないようにしなければならな
い。

 945 <u>アナウンスメント効果</u>の具体例としては，経済予測 〇
が実体経済に変化を及ぼしたり，選挙予測が当落を
左右したりすることなどがあげられる。

2 量的調査の方法

Q 946 標本調査を通じて，母集団の諸特性を推測することはできない。

Q 947 標本調査は，調査者自身が調査対象集団に身を置き，内部から集団を観察することが特徴である。

Q 948 縦断調査は，ある一時点において性別・年齢・職業・年収などの属性で調査対象を分類し，比較分析するのに適している。

Q 949 パネル調査では，調査を重ねるごとに調査対象者が増加する傾向にある。📝

Q 950 調査票への記入方法として，他記式の方が，自記式よりも，誤記入が起こりやすい。📝

Q 951 留置調査は，調査票を配布したその場で回答がなされないため，他の方法に比べて回収率が低いというデメリットがある。

Q 952 オペレーターによる電話調査は，自計式の社会福祉調査に分類される。

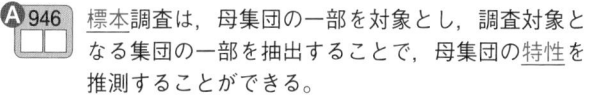

A 946 標本調査は，母集団の一部を対象とし，調査対象となる集団の一部を抽出することで，母集団の特性を推測することができる。 ✕

A 947 標本調査は，調査対象となる集団の一部を抽出し，母集団の特性を推測する方法である。記述は，参与観察法の特徴である。 ✕

A 948 縦断調査は，同じ調査対象を長い時間幅から調べる調査であり，因果関係を分析するのに適している。設問の記述は，横断調査に関するものである。 ✕

A 949 パネル調査では，調査を重ねるごとに調査対象者が減少するというパネルの摩耗が生じやすい。 ✕

A 950 調査対象者が自ら調査票に記入する方法を自記式（自計式）調査，調査員が聞取りを行い，回答を調査票に記入する方法を他記式（他計式）調査という。質問に正確に回答しているかを調査員が確認できないので，自記式の方が誤記入が起こりやすい。 ✕

A 951 留置調査（配票調査）は，調査員が調査対象者に調査票の配布・回収を行う自計式調査（自記式調査）の一種である。回収率は高くなることが多い。 ✕

A 952 オペレーターによる電話調査は，自計式ではなく他計式の社会福祉調査に分類される。 ✕

社会福祉調査の基礎

Q 953 変数間の因果関係を検討する場合，原因となる変数を独立変数といい，結果となる変数を従属変数という。

Q 954 出生時期を同じくする集団を調査対象にして，複数の時期に調査を行うことは，横断調査である。

Q 955 有意抽出法には，縁故法と割当法の2種類がある。

Q 956 無作為抽出法の1つである単純抽出法は，標本の抽出に手間はかからないが，精度が低い抽出方法である。

Q 957 質問紙調査において，複雑で難しい質問には，他記式で質問紙に記入する方法が適している。🌟

Q 958 調査票を作成する際には，「喫煙や飲酒を毎日しますか？」のように，なるべく2つの事柄を1つの質問で尋ねるのが効率的である。🌟

Q 959 回答者が質問に対して肯定的な回答を行う傾向があることを，威光暗示効果という。

Q 960 インターネット調査は，自計式であるため，調査コストがかかりやすいというデメリットがある。

953 変数のうち，結果となったり，影響を受けたりする変数を<u>従属変数</u>といい，従属変数に対して影響を及ぼす原因や要因となる変数を<u>独立変数</u>という。 ○

 954 出生時期を同じくする集団を調査対象にして，複数の時期に調査を行うことは，<u>縦断調査</u>である。 ×

 955 有意抽出法には，偶然出会った人を対象とする<u>縁故法</u>，調査への参加者を応募で集める<u>応募法</u>，母集団の特性や属性に着目し，その割合に応じて標本を選ぶ<u>割当法</u>の3種類がある。 ×

 956 無作為抽出法の1つである単純抽出法は，<u>精度の高い</u>抽出方法であるが，<u>標本</u>の抽出に手間がかかる特徴がある。 ×

 957 質問紙調査において，複雑で難しい質問には，調査員が説明などを加えながら行う<u>他記式</u>で質問紙に記入する方法が適している。 ○

 958 変数を質問文にする<u>ワーディング</u>では，曖昧さを避けるため，設問の記述のような1つの質問で複数のことを同時に聞く<u>ダブルバーレル</u>は使用するべきではないとされている。 ×

 959 <u>威光暗示効果</u>とは，名誉や権威のある人から言われたことを，そのまま信頼してしまうことである。設問の記述は，<u>イエス・テンデンシー</u>（<u>黙従傾向</u>）である。 ×

 960 インターネット調査は，自計式であるため，調査コストを<u>抑える</u>ことができるメリットがある。デメリットとしては回答者の属性の偏りや属性自体の<u>信頼性</u>に欠けることがある。 ×

Q 961 名義尺度変数では，中央値を求めることができないが，最頻値は求めることができる。⭐

Q 962 名義尺度，順序尺度，間隔尺度，比例尺度という4つの尺度水準のうち，大小関係を測定することができるのは，名義尺度である。⭐

Q 963 比例尺度は，数値の間隔が等しいだけでなく数値の比も意味を持つ。

Q 964 調査票を回収した後，自由記述の回答を一定の基準により分類し，分類したカテゴリーごとに特定の記号を付与することをアフター・コーディングという。⭐

Q 965 分散と標準偏差は，どちらも平均値からの散布度を示すが，これら2つの指標に関係はない。

Q 966 t検定は，通常3つ以上のグループの平均値の差を統計学的に検証する手法である。

Q 967 ピアソンの積率相関係数は，2つの変数の因果関係を表すものである。

961 名義尺度で測定されるデータは量的意味が含まれないカテゴリカルデータなので，中央値（メディアン）や平均値を求めることはできない。代表値は最頻値（モード）のみである。 ○

 962 名義尺度，順序尺度，間隔尺度，比例尺度という4つの尺度水準のうち，大小関係を測定することができるのは，間隔尺度と比例尺度である。 ×

 963 比例尺度は，大小関係，差，比に意味がある尺度であり，数値の間隔が等しくなっている。 ○

 964 コーディングには，調査票を作成する際に質問紙の中にコード化しておくプリ・コーディングと，調査票を回収した後に自由記述欄などの回答を一定の基準によって分類し，分類したカテゴリーごとに記号を付与していくアフター・コーディングがある。 ○

 965 分散と標準偏差は，分散の正の平方根を計算すると標準偏差となることから，これら2つの指標に関係性があるといえる。 ×

 966 t 検定は2つのグループ間のある要素の平均値の差を統計学的に検証する手法である。3つ以上のグループの平均値の差を統計学的に検証するには，通常，分散分析が用いられる。 ×

 967 ピアソンの積率相関係数とは，数値データに使用し，2つの変数間の相関関係を示すものである。因果関係を示すものではない。 ×

Q968 観察法において，マジックミラーを使った観察を
行ってはならない。

Q969 観察法では，調査者が調査対象とする集団や地域社
会に入り込み，人々と活動や生活を共にしながら，
データを収集することもある。

Q970 アクションリサーチは，研究対象について，非参与
的に観察し，研究を行うものである。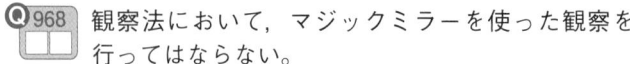

Q971 KJ法は，あらかじめ構築した仮説を立証するため
に活用する。

Q972 KJ法は，質的データの分析において，主として仮
説の検証を試みる際に活用される。

Q973 アクションリサーチは観察に基づく理論的研究を重
視するのに対し，参与観察法は実践的な問題解決を
重視する。

Q974 インタビューや聞き取りなどから得られる調査デー
タのうち，質的データ分析においては，被調査者の
言葉をそのまま分析概念に用いる場合もある。

A 968 観察法では, <u>マジックミラー</u>を使った観察を行うこともある。 ✕

A 969 観察法における<u>調査者</u>の立場には, 完全な参加者, 観察者としての参加者, 参加者としての観察者, 完全な観察者の4類型がある。<u>観察者としての参加者</u>などの場合には, 調査対象とする集団や地域社会に入り込み, 人々と活動や生活を共にしながら, データ収集をすることもある。 ○

A 970 アクションリサーチでは, 研究者は対象者と積極的に<u>協働</u>するため, <u>参与</u>度合はかなり高く, 完全なる<u>参加者</u>に準じる立場になる。 ✕

A 971 KJ 法は, 主に<u>仮説</u>を<u>構築</u>する際に活用されるものである。 ✕

A 972 KJ 法は, 仮説を立てたり, その発想を得たりするために活用される, <u>川喜田二郎</u>が発案したデータ整理法である。仮説の検証には用いない。 ✕

A 973 アクションリサーチは実践的な<u>問題解決</u>を重視するのに対し, 参与観察法は観察に基づく<u>理論的研究</u>を重視する。 ✕

A 974 質的調査においては, 調査対象者の言葉をそのまま分析概念に用いる場合もある。したがって<u>ファイリング</u>, <u>コーディング</u>, <u>マッピング</u>などの方法を用いて, 入手できた膨大なデータを整理・分析することが重要である。 ○

Q 975 グラウンデッド・セオリー・アプローチでは，分析を進めた結果としてこれ以上新しい概念やカテゴリーが出てこなくなった状態を，理論的飽和と呼ぶ。⭐

Q 976 グラウンデッド・セオリー・アプローチにおいてデータの分析を行う際には，事前に設定した仮説や既存の理論に沿って進めることが重要である。

Q 977 グラウンデッド・セオリー・アプローチにおける軸足コーディングは，単一の事象に対して，複数のコードを貼り付けていくことである。⭐

Q 978 KJ法は，時間軸に沿った作業の一覧表を作成して進捗状況を管理する方法である。

Q 979 質的調査の記録やデータの収集方法として，音声データや映像データを用いることができる。

Q 980 会話分析の関心は，会話内容ではなく，会話の形式や構造に向けられる。⭐

975 グラウンデッド・セオリー・アプローチは，データ化，コーディング，<u>理論的飽和</u>という過程を経て仮説等を構築していくものである。分析を進めた結果としてこれ以上新しい概念やカテゴリーが出てこなくなった状態を<u>理論的飽和</u>と呼んでいる。　○

 976 <u>グレイザー</u>と<u>ストラウス</u>によって提唱されたグラウンデッド・セオリー・アプローチは，<u>データ対話型理論</u>ともいい，事前に設定された仮説や既存の理論を持たずにデータを収集し，そこから理論を創出する方法である。　✕

 977 グラウンデッド・セオリー・アプローチにおける軸足コーディングとは，<u>複数</u>の事象に対して<u>単一</u>のコードを貼り付けていくことをいう。　✕

 978 <u>KJ法</u>は，収集した情報をカードに記入して，類似の内容のものをグループ化し，カード群の論理的関連性をつかみ，図解したり，文章化したりする技法である。設問の記述は，<u>ガントチャート</u>の説明で，作業計画およびスケジュールを横型棒グラフで示した工程管理図のことである。　✕

 979 質的調査の記録やデータの収集では，ビデオ，DVD，映像記録，映画，音楽など，<u>音声データ</u>や<u>映像データ</u>を用いることができる。　○

980 会話分析の関心は，調査対象者がどのように日常的な相互行為を秩序立てて生み出すのかを解明するために，会話の<u>形式</u>や<u>構造</u>に向けられるほか，会話の内容やイントネーションなどにも向けられる。　✕

Q 981 非構造化面接法は，調査手法としての面接法に含まれない。

Q 982 非構造化面接法では，質問項目を事前に用意し，いつ，どの順番で質問を行うかを面接中に調査者が判断する。

Q 983 ライフストーリー・インタビューの実施においては，構造化面接法によって聞き取りを進めるのがよい。

Q 984 福祉ニーズの多様性を把握するためには，対象者の自由な意見を聴取することが求められるため，半構造化面接法よりも構造化面接法の方が適している。⭐

Q 985 構造化面接法は，量的調査には適さない面接法である。

Q 986 フォーカスグループインタビューは，構造化面接法で行わなければならない。

Q 987 非構造化面接法は，詳細な質問項目や質問紙を事前に用意しなくてもよい。

Q 988 面接法において，調査者と調査対象者の信頼関係が親密になりすぎたために，調査者の客観性が失われることをラポールという。

981 調査手法としての面接法には，主に<u>構造化面接法</u>，<u>半構造化面接法</u>，<u>非構造化面接法</u>がある。 ✕

 982 質問項目を事前に用意し，いつ，どの順番で質問を行うかを面接中に調査者が判断するのは，<u>半構造化面接法</u>の特徴である。 ✕

社会福祉調査の基礎

 983 ライフストーリー・インタビューは，<u>非構造化面接法</u>によって実施することが有効である。 ✕

 984 福祉ニーズの多様性を把握するためには，対象者の自由な意見を聴取することが求められるため，<u>構造化面接法</u>よりも<u>半構造化面接法</u>の方が適している。 ✕

 985 構造化面接法は，調査者が質問項目の順序に沿って，調査対象者から回答を得ていく方法であり，<u>量的調査</u>に適した面接法である。 ✕

 986 フォーカスグループインタビューは，<u>非構造化面接法</u>や<u>半構造化面接法</u>で行われることが多い。 ✕

 987 構造化面接法は，詳細な質問項目や質問紙をあらかじめ用意するのに対し，<u>非構造化面接法</u>は，詳細な質問項目や質問紙をあらかじめ用意しない。ゆえに調査者のコミュニケーションスキルが高いことが重要である。 ◯

 988 面接法において，調査者と調査対象者の信頼関係が親密になりすぎたために，調査者の客観性が失われる状態を<u>オーバーラポール</u>という。 ✕

4 ソーシャルワークにおける評価

Q989 国は，社会福祉事業の経営者が行う福祉サービスの質の向上のための措置を援助するために，福祉サービスの質の公正かつ適切な評価の実施に資するための措置を講じなければならない。

Q990 サービス内容の評価は，サービス提供者だけでなく，利用者の意見も採り入れる必要がある。

Q991 ソーシャルワークでは，サービスを提供する群と提供しない群に分けて比較する評価は行われない。

Q992 単一事例実験計画法の適用対象として，個人よりも家族など小集団に対する支援が適切である。

Q993 アウトカム評価では，サービスの提供方法や実施の過程について評価する。 ☆

989 社会福祉法78条2項に「国は，社会福祉事業の経営者が行う福祉サービスの質の向上のための措置を援助するために，福祉サービスの質の公正かつ適切な評価の実施に資するための措置を講ずるよう<u>努めなければならない</u>」と規定されている。義務ではなく，<u>努力義務</u>である。　✕

 990 評価においては利用者の意見も重要な指標と考えられている。「社会福祉基礎構造改革について（中間まとめ）」（1998年厚生省）では，サービス内容の評価について「利用者の意見も採り入れた形で客観的に行われることが重要であり，このため，専門的な<u>第三者機関</u>において行われることを推進する必要がある」とされている。　○

991 ソーシャルワークでは，援助を行う場合と行わない場合とを比べ，結果にどの程度の違いが表れるかを測定する方法が用いられることがある。このような評価方法を<u>集団比較実験計画法</u>（統制群実験計画法）という。　✕

 992 単一事例実験計画法（<u>シングル・システム・デザイン</u>）は個々のケースに対する援助の効果を測定する方法で，調査対象が<u>個人</u>であっても適用できる。小集団に対する支援に用いるほうが適切とはいえない。　✕

993 設問の記述は，<u>プロセス評価</u>についての説明である。アウトカム評価は，サービス提供によってもたらされた結果や成果を評価するもので，事業の目的・目標の<u>達成度</u>を測るために用いられる。　✕

社会福祉調査の基礎

317

Point 31 社会福祉調査における倫理

■社会調査協会倫理規程の概要

調査データの使用目的・提供先の告知（4条）	調査対象者から求められた場合，調査データの提供先と使用目的を知らせなければならない。一定の例外を除き，調査データが当該調査以外の目的に使用されないことを保証しなければならない
録音の承諾とデータの破棄（8条）	記録機材を用いる場合は，調査の前または後に調査対象者に知らせなければならない。調査対象者から要請があった場合には，当該部分の記録を破棄または削除しなければならない
データの管理（9条）	調査記録を安全に管理しなければならない。特に調査票原票・標本リスト・記録媒体は厳重に管理しなければならない
差別・ハラスメントに関する配慮（6条）	調査対象者の性別・年齢・出自・人種・エスニシティ（民族性）・障害の有無などにより差別的に取り扱ってはならない。調査の過程において，調査対象者および調査員を不快にするような性的な言動や行動がなされないよう十分配慮しなければならない
プライバシー・秘密の保護（5条）	調査対象者のプライバシーの保護を最大限尊重し，調査対象者との信頼関係の構築・維持に努めなければならない
人権への配慮（7条）	調査対象者が年少者である場合には，特にその人権に配慮しなければならない。調査対象者が満15歳以下の場合には，まず保護者もしくは学校長などの責任ある成人の承諾を得なければならない

※一般社団法人社会調査協会より

Point 32　ワーディングの留意点

・ダブルバーレルを避ける
（1つの質問で複数のことを同時に聞くこと）

・ステレオタイプ語は使用しない
（特定の価値観やニュアンスを持つ概念，また一般に広く浸透している固定的イメージ）

・キャリーオーバー効果に注意する
（前の質問への回答が，後の質問の回答に偏った影響を及ぼすこと）

・パーソナルな質問（※1）とインパーソナルな質問（※2）を区別する
（※1：個人的な意見や態度を問う質問　※2：社会的な意識を問う質問）

・威光暗示効果を避ける
（名誉や権威のある人の発言をそのまま信頼してしまうこと）

・イエス・テンデンシー（黙従傾向）に注意する
（回答者は質問に対して肯定的な回答を行う傾向があること）

Point 33　質的調査の種類

■観察法

統制的観察法	予め決めた観察方法や調査内容に沿って観察する方法
単純観察法（非統制的観察法）	観察方法や調査内容を統制せず自然な状況で観察する方法 ○参 与 観 察 法…社会や組織などの集団に入り込んで内部から観察 ○非参与観察法…社会や組織などの外部から観察

■面接法（聞き取り調査，インタビュー調査）

構造化面接法（指示的面接法）	予め用意した質問事項に厳密に沿って，質問事項の順番や言い方を変えることなく行う
半構造化面接法（半指示的面接法・焦点面接法）	予め質問事項を用意しておくが，対象者との会話の中で，質問事項の順番や言い方を柔軟に変更する
自由面接法（非構造化面接法）	調査者が調査対象者との会話の中で質問しながら自由に進める

高齢者福祉

1 高齢者の生活実態

Q994 わが国の合計特殊出生率は，1975（昭和50）年ごろから低下傾向が続き，現在では，人口維持に必要な水準（人口置換水準）をかろうじて維持している状況である。

Q995 令和3年版高齢社会白書において，日本の60歳以上の人に，新型コロナウイルス感染症の拡大により，生活にどのような影響があったか尋ねたところ，「友人・知人や近所付き合いが減った」と回答した割合は，およそ1割であった。

Q996 「令和4年国民生活基礎調査」によれば，高齢者世帯1世帯当たりの平均所得金額の構成割合をみると，約6割が公的年金・恩給となっている。⭐

Q997 「令和4年国民生活基礎調査」によれば，高齢者世帯の1世帯当たり平均所得金額は，全世帯の1世帯当たり平均所得金額の3割となっている。

Q998 「令和4年国民生活基礎調査」によれば，公的年金・恩給を受給している高齢者世帯の中で，公的年金・恩給の総所得に占める割合が100%の世帯は約2割を占める。

Q999 「令和4年度高齢者虐待の防止，高齢者の養護者に対する支援等に関する法律に基づく対応状況等に関する調査結果」によれば，養護者による虐待の種別で最も多かったのは，心理的虐待である。

この科目の内容は，介護保険制度を中心に，関連各法まで多岐にわたります。高齢者福祉の理念を踏まえ，体系的に学習しましょう。

 994 わが国の合計特殊出生率は，第二次ベビーブーム以降1975年ごろから低下傾向が顕著になり，近年はやや回復していたが，2022年では1.26と，人口置換水準（2.07程度）を大きく割り込んでいる。 ✕

 995 令和３年版高齢社会白書において，日本の60歳以上の人に，新型コロナウイルス感染症の拡大により，生活にどのような影響があったか尋ねたところ，「友人・知人や近所付き合いが減った」と回答した割合は，55.3%と５割を上回っている。 ✕

 996 高齢者世帯１世帯当たりの平均所得金額の構成割合は，公的年金・恩給が62.8%，次いで稼働所得が25.2%を占めている。 ◯

 997 １世帯当たりの平均所得金額は，高齢者世帯が318万3,000円で，全世帯545万7,000円の約６割となっている。 ✕

 998 公的年金・恩給を受給している高齢者世帯の中で，公的年金・恩給の総所得に占める割合が100%の世帯は44.0%であった。 ✕

 999 2022（令和４）年度において高齢者虐待と認められた件数は，養護者（高齢者の世話をする家族等）によるものが１万6,669件，養介護施設従事者等によるものが856件である。虐待の種別をみると，いずれも身体的虐待が最も多く，次いで心理的虐待となっている。 ✕

2 高齢者福祉の歴史

Q 1000
老人福祉に関する施策を総合的・体系的に推進するための基本法として，1962（昭和37）年に内閣総理大臣の諮問機関である中央社会福祉審議会が取りまとめた老人福祉施策の推進に関する意見（中間報告）を受けて，1963年に老人福祉法が成立，施行された。

Q 1001
1990（平成2）年の老人福祉法改正により，都道府県と市町村は老人保健福祉計画を策定するよう努めることが規定された。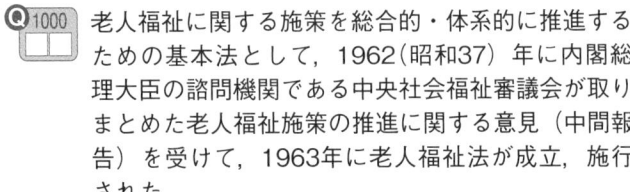

Q 1002
1973（昭和48）年の老人福祉法の一部改正により実施された老人医療費支給制度では，65歳以上の高齢者の医療費負担が無料化された。

Q 1003
1963（昭和38）年の老人福祉法では，養護老人ホームと特別養護老人ホームを含む老人福祉施設が規定されており，軽費老人ホームが除外されていた。

Q 1004
2018（平成30）年策定の高齢社会対策大綱では，全世代型の社会保障も兼ね備えたエイジレス社会を目指すという目標が掲げられた。

Q 1005
ゴールドプランを改定して作成された新ゴールドプラン（1994年）では，利用者本位・自立支援が基本理念のひとつとして提示された。

Q 1006
認知症施策推進大綱（2019年）で示されている予防とは，認知症にならないという意味で用いられている。

1000 中央社会福祉審議会は，内閣総理大臣ではなく，<u>厚生労働大臣</u>の諮問機関である。 ✕

 1001 1990年の老人福祉法改正により，都道府県と市町村には，<u>老人保健福祉計画</u>の策定が義務付けられた。 ✕

 1002 <u>1973</u>年から実施された老人医療費支給制度では，<u>70</u>歳以上の高齢者の医療費負担が無料化された。なお，1983年の老人保健法の施行で無料化は終了した。 ✕

 1003 1963年の老人福祉法では，養護老人ホーム，特別養護老人ホーム，軽費老人ホームを含む老人福祉施設が規定されており，<u>軽費老人ホーム</u>も含まれていた。 ✕

 1004 高齢社会対策大綱では，<u>エイジレス社会</u>を目指す目標のほか，人工知能や情報通信技術といった技術革新の成果も充分に活用できるとしている。 〇

 1005 新ゴールドプランでは，<u>利用者本位・自立支援</u>，普遍主義，総合的サービスの提供，市町村を基本とする<u>地域主義</u>を基本理念として掲げた。 〇

1006 認知症施策推進大綱で示されている予防とは，認知症にならないという意味ではなく，「<u>認知症</u>になるのを遅らせる」や「認知症になっても<u>進行</u>を緩やかにする」という意味で用いられている。 ✕

3 介護保険制度

Q1007 介護保険給付費のための支出会計区分は，一般会計である。

Q1008 介護保険の被保険者は，都道府県に対して，当該被保険者に係る被保険者証の交付を求めることができる。

Q1009 介護保険法には，利用者の選択に基づくサービスの提供について明記されている。

Q1010 介護保険法では，施設における自立した日常生活の重視が基本的理念として掲げられている。

Q1011 市町村は，第1号被保険者の保険料の徴収を特別徴収の方法によって行うことができる。

Q1012 介護保険施設に入所し，住所を施設の所在地に変更した場合，その入所者については住所変更前の市町村を保険者とする特例が設けられている。

Q1013 介護保険の第2号被保険者は，40歳以上65歳未満の者すべてである。🌟

Q1014 要介護認定は，その申請のあった日にさかのぼってその効力を生ずる。🌟

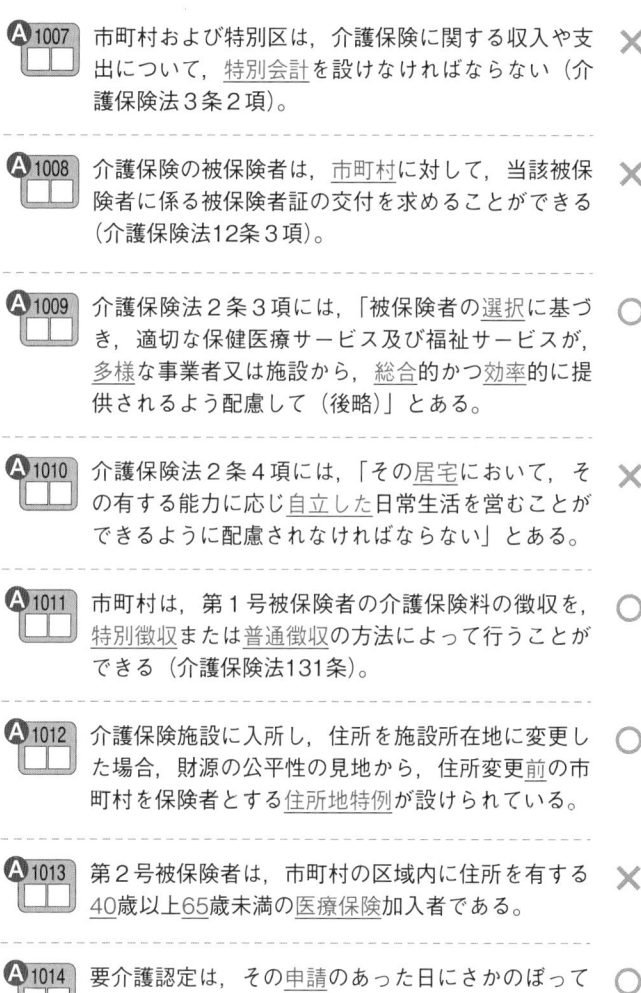

A 1007　市町村および特別区は，介護保険に関する収入や支出について，<u>特別会計</u>を設けなければならない（介護保険法3条2項）。　✕

A 1008　介護保険の被保険者は，<u>市町村</u>に対して，当該被保険者に係る被保険者証の交付を求めることができる（介護保険法12条3項）。　✕

A 1009　介護保険法2条3項には，「被保険者の<u>選択</u>に基づき，適切な保健医療サービス及び福祉サービスが，<u>多様</u>な事業者又は施設から，<u>総合</u>的かつ<u>効率</u>的に提供されるよう配慮して（後略）」とある。　◯

A 1010　介護保険法2条4項には，「その<u>居宅</u>において，その有する能力に応じ<u>自立した</u>日常生活を営むことができるように配慮されなければならない」とある。　✕

A 1011　市町村は，第1号被保険者の介護保険料の徴収を，<u>特別徴収</u>または<u>普通徴収</u>の方法によって行うことができる（介護保険法131条）。　◯

A 1012　介護保険施設に入所し，住所を施設所在地に変更した場合，財源の公平性の見地から，住所変更<u>前</u>の市町村を保険者とする<u>住所地特例</u>が設けられている。　◯

A 1013　第2号被保険者は，市町村の区域内に住所を有する<u>40</u>歳以上<u>65</u>歳未満の<u>医療保険</u>加入者である。　✕

A 1014　要介護認定は，その<u>申請</u>のあった日にさかのぼってその効力を生ずる。一方，要介護更新認定は，当該申請に係る要介護認定の<u>有効期間の満了日</u>の翌日にさかのぼってその効力を生ずる。　◯

高齢者福祉

Q 1015 簡易浴槽は，介護保険法に定める福祉用具貸与の種目に含まれる。

Q 1016 指定居宅介護支援事業者の指定は，都道府県知事が行う。⭐

Q 1017 介護保険サービスのうち，共生型サービスが認められているのは，訪問介護と通所介護に限られている。⭐

Q 1018 認知症対応型共同生活介護（グループホーム）の入居定員は，10人以下とされている。⭐

Q 1019 地域密着型介護老人福祉施設とは，入所定員が29人以下の特別養護老人ホームをいう。⭐

Q 1020 財政安定化基金を設置するのは，厚生労働大臣である。

Q 1021 介護予防ケアマネジメント（第一号介護予防支援事業）は，地域包括支援センターへ委託をしてはならない。

Q 1022 認知症総合支援事業では，民生委員や地域内のボランティアによる認知症初期集中支援チームが設置される。

Q 1023 包括的・継続的ケアマネジメント支援業務では，地域内の要介護者などやその家族に対し，日常的な介護予防に関する個別指導や相談などが実施される。

A 1015　簡易浴槽は，介護保険法に定める福祉用具貸与ではなく<u>特定福祉用具販売</u>の種目に含まれる。　✕

A 1016　指定居宅介護支援事業者の指定は，指定介護予防支援事業者，指定地域密着型サービスと同様，<u>市町村長</u>が行う。　✕

A 1017　介護保険サービスのうち，共生型サービスが認められているのは，<u>訪問介護，通所介護，地域密着型通所介護，短期入所生活介護，介護予防短期入所生活介護</u>の5種類である。　✕

A 1018　認知症対応型共同生活介護（グループホーム）の入居定員は，1ユニットにつき<u>5人以上9人以下</u>とされ，居室については原則<u>1人部屋</u>とされている。　✕

A 1019　地域密着型介護老人福祉施設および地域密着型特定施設の入所定員は，<u>29人以下</u>である。　◯

A 1020　財政安定化基金を設置するのは，厚生労働大臣ではなく<u>都道府県</u>である。　✕

A 1021　介護予防ケアマネジメント（第一号介護予防支援事業）は，市町村から，<u>地域包括支援センター</u>に委託することができる。　✕

A 1022　認知症初期集中支援チームでは，専門家による認知症の<u>早期対応</u>のための支援や，認知症が疑われる人や認知症の人およびその家族に対する初期支援を包括的・集中的に行う。　✕

A 1023　包括的・継続的ケアマネジメント支援業務では，ケア体制の構築，個々の<u>介護支援専門員</u>のサポート，居宅サービス計画の検証などを実施する。　✕

4 高齢者福祉関連法

Q 1024 老人福祉法において，基本的理念として高齢者の社会参加が位置付けられている。

Q 1025 老人福祉法では，都道府県に対し，老人福祉施設を設置する義務を課している。

Q 1026 有料老人ホームは，老人福祉法5条の3に規定された老人福祉施設である。⭐

Q 1027 市町村福祉事務所に置かれる老人福祉指導主事は，社会福祉士でなければならない。

Q 1028 2011（平成23）年の高齢者住まい法の改正により，高齢者円滑入居賃貸住宅の登録制度や高齢者向け優良賃貸住宅の供給の促進のための制度が創設された。

Q 1029 サービス付き高齢者向け住宅の登録基準のひとつとして，サービスの提供が定められている。

1024 老人福祉法3条は，基本的理念として，老人は常に心身の健康を保持し，または，知識と経験を活用して，社会的活動に参加するよう努めることや，老人の希望と能力とに応じ，適当な仕事に従事する機会など社会的活動に参加する機会を与えられるものとすることを定めている。　　　　　　　　　　○

 1025 都道府県は，老人福祉施設を設置することができるが，設置義務までは課していない。　　　　　　　×

 1026 老人福祉法5条の3に定める老人福祉施設とは，老人デイサービスセンター，老人短期入所施設，養護老人ホーム，特別養護老人ホーム，軽費老人ホーム，老人福祉センター，老人介護支援センターであり，有料老人ホームは含まれない。　　　　　　　×

 1027 市町村福祉事務所において，老人福祉に関する所員への技術的指導や，専門的技術を要する業務を行う社会福祉主事を，一般に老人福祉指導主事という。社会福祉士でなければならないという規定はない。　×

 1028 2011年の高齢者住まい法の改正では，サービス付き高齢者向け住宅の登録制度が創設されたことにより，高齢者円滑入居賃貸住宅の登録制度や高齢者向け優良賃貸住宅の供給計画の認定制度，高齢者居住支援センターの指定制度が廃止された。　　　　×

 1029 サービス付き高齢者向け住宅の登録基準は，住宅に関して床面積（原則25㎡以上），便所・洗面設備等の設置，バリアフリーが規定されているほか，サービスの提供として，少なくとも安否確認・生活相談サービスを提供することとされている。　　　　　○

329

Q 1030 高年齢者雇用安定法における高年齢者とは，55歳以上の者である。

Q 1031 高齢者虐待防止法は，養護者に対する支援についても規定している。

Q 1032 高齢者虐待防止法では，市町村長は，毎年度，養介護施設従事者等による高齢者虐待の状況や養介護施設従事者等による高齢者虐待があった場合にとった措置などについて公表しなければならないと規定されている。⭐

Q 1033 いわゆる心理的虐待について，児童虐待防止法では規定しているが，高齢者虐待防止法では規定がない。

Q 1034 高齢者虐待防止法により，養護者による虐待を受けたと思われる高齢者を発見した者は，高齢者の生命または身体に重大な危険が生じている場合，速やかに市町村に通報しなければならない。

Q 1035 高齢者虐待防止法は，成年後見制度の利用促進についても規定している。⭐

Q 1036 老人保健制度と，老人福祉法による70歳以上の者に対する老人医療費支給制度では，老人保健制度の方が施策の開始時期が早い。

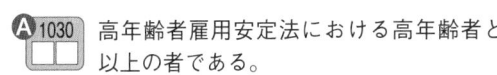 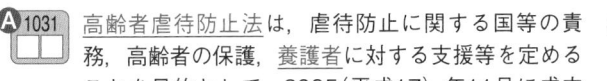

| A 1030 | 高年齢者雇用安定法における高年齢者とは，55歳以上の者である。 | ○ |

| A 1031 | 高齢者虐待防止法は，虐待防止に関する国等の責務，高齢者の保護，養護者に対する支援等を定めることを目的として，2005（平成17）年11月に成立した。 | ○ |

| A 1032 | 高齢者虐待防止法25条において，都道府県知事は，毎年度，養介護施設従事者等による高齢者虐待の状況などについて公表しなければならないとしている。 | × |

| A 1033 | 児童虐待防止法，高齢者虐待防止法ともに心理的虐待についての規定がある。 | × |

| A 1034 | 生命や身体に重大な危険が生じていない場合でも，養護者による虐待を受けたと思われる高齢者を発見した者は，速やかに市町村に通報するよう努めなければならないとされている。 | ○ |

| A 1035 | 高齢者虐待防止法28条は，国と地方公共団体に対し，高齢者虐待の防止等を図るため，成年後見制度の周知のための措置，成年後見制度の利用に係る経済的負担の軽減のための措置等を講ずることにより，成年後見制度が広く利用されるようにしなければならないとしている。 | ○ |

| A 1036 | 老人保健制度は1983（昭和58）年から開始されており，老人福祉法による70歳以上の者に対する老人医療費支給制度は1973年に開始されている。 | × |

高齢者福祉

Q1037 指定居宅介護支援事業所の管理者は，原則として主任介護支援専門員でなければならない。⭐

Q1038 国民健康保険団体連合会は，利用者からの苦情を受けて，サービス事業者に対する必要な指導および助言を行う。

Q1039 介護支援専門員（ケアマネジャー）は，少なくとも1か月に1回，サービス担当者会議を開催しなければならない。

Q1040 介護相談員派遣等事業は，介護保険制度における地域支援事業として実施が義務付けられている。

Q1041 社会福祉士は，福祉用具専門相談員指定講習会の講習を受けることなく，福祉用具専門相談員になることができる。

Q1042 介護福祉士である訪問介護員は，社会福祉士及び介護福祉士法の改正（2011年）により，医師の指示の下に，口腔内のたんの吸引や胃ろうによる経管栄養および褥瘡の処置ができるようになった。

Q1043 市町村は，定期的に地域包括支援センターにおける事業の実施状況について評価を行う。⭐

1037 指定居宅介護支援事業所の管理者は，これまで<u>介護支援専門員</u>となっていたが，2018(平成30）年度より，<u>主任介護支援専門員</u>でなければならないことになった（令和９年３月31日までは経過措置期間)。 ○

 1038 国民健康保険団体連合会は，市町村から委託を受けて行う介護サービス費の請求に関する<u>審査・支払い</u>，指定居宅サービス等の質の向上に関する<u>調査</u>，介護保険施設等への<u>助言・指導</u>などを行う。 ○

 1039 サービス担当者会議は，<u>居宅サービス計画原案</u>を作成した場合や<u>居宅サービス計画</u>を変更した場合などに，介護支援専門員が開催するものである。 ×

 1040 介護相談員派遣等事業は，義務ではなく<u>任意</u>で実施される事業である。<u>介護サービス相談員</u>が介護保険施設などを訪問して利用者から話を聞き，疑問や不満，不安の解消を図るものである。 ×

 1041 介護福祉士，義肢装具士，保健師，（准）看護師，理学療法士，社会福祉士などの資格取得者は，<u>講習</u>を受けずに，<u>福祉用具専門相談員</u>になれる。 ○

 1042 2017(平成29）年１月の国家試験に合格した介護福祉士より，医師の指示，看護師等との連携の下，<u>たんの吸引</u>等を行うことが可能になっている。それ以前の者は，<u>研修</u>を受け登録することで行える。ただし，褥瘡の処置はできない。 ×

 1043 市町村は，定期的に<u>地域包括支援センター</u>における事業の実施状況について評価を行うとともに，必要に応じ，<u>包括的支援事業</u>の方針の変更など，必要な措置を講じなければならない（介護保険法115条の46)。 ○

6 高齢者と家族等に対する支援の実際

Q1044 地域包括支援センターにおける介護予防ケアマネジメントにおいて，要支援者に対しては，介護予防ケアプランを作成する。

Q1045 介護とは，利用者がその人らしく生きていくための自己表現，自己決定を保障する行為である。

Q1046 ADLとは日常生活の中で繰り返し行われる基本的動作をいう。⭐

Q1047 介護の基本は，利用者の日常の生活状態を知り，利用者ができることにも視点を置くことである。

Q1048 生活不活発病は，療養時の長期臥床などにより，筋力低下や拘縮など，身体的に特定の症状がみられるものである。

Q1049 個別性を重視した介護とは，その人を主体者として人権を尊重し，尊厳を保持することである。

Q1050 介護者は，利用者の状態変化の第一発見者となる場合が多いので，医療関係者との連携を密にしておく。

Q1051 介護予防では，高齢者の運動器機能の向上や栄養状態の改善を重点項目に，個々の機能の改善のみを目的に行われる。⭐

A 1044　症状の軽減・悪化の防止を図るため，利用者・家族との面接等で把握した利用者のニーズや，<u>サービス担当者会議</u>での意見をもとに，利用者・家族の同意を得て<u>介護予防ケアプラン</u>を作成する。　〇

A 1045　介護とは <u>ADL</u>（日常生活動作）の自立と <u>QOL</u>（生活の質）の向上を目指すことで，その人らしく快適な社会生活が営めるよう援助する行為である。　〇

A 1046　ADL には，食事や排泄，更衣，入浴などの<u>身辺</u>動作や<u>移動</u>動作がある。　〇

A 1047　利用者の日常の生活状態を知るためには，ADL や<u>IADL</u>（手段的日常生活動作）をアセスメントしておくと効果的である。また，<u>残存機能</u>を生かした介護は利用者の心身の活性化につながるため，できることに視点を置く姿勢が求められる。　〇

A 1048　生活不活発病は<u>廃用症候群</u>ともいい，心身の機能を十分に使わないことで，<u>身体</u>的・<u>精神</u>的機能が低下して生活機能全般が低下することをいう。　✕

A 1049　利用者の<u>個別性</u>の重視と尊厳の保持は，介護の基本原則のひとつである<u>自立支援</u>につながる。　〇

A 1050　介護者は，利用者の最も身近にいて長時間接することが多く，状態変化の第一発見者になることが多いので，<u>医療関係者</u>との連携を密にしておく。　〇

A 1051　個々の機能の改善のみを目的とするのではなく，高齢者の<u>自己実現</u>への取組みを支援し，<u>QOL</u>の向上を目的とする。　✕

Q 1052 介護従事者は，視覚・聴覚・嗅覚・触覚などの感覚を働かせて，利用者の状態を観察する。

Q 1053 介護における利用者理解は，介護者自身の感情や人生観を反映させて観察するとよい。

Q 1054 バイタルサインとは，身長，体重，脈拍，呼吸を指し，人が生きている徴候のことをいう。⭐

Q 1055 石けんと流水で手を十分に洗うなど，介護従事者自らが感染の媒介者にならないことが，感染症予防の基本のひとつである。

Q 1056 インフルエンザの感染予防として，手洗いやうがい，マスクの着用が有効である。

Q 1057 右片麻痺で嚥下機能が低下した状態にある人に対する食事介護では，食前に嚥下体操を行うことが望ましい。

Q 1058 右片麻痺で嚥下機能が低下した状態にある人に対する食事介護では，食事の時は，左側にクッションを入れ座位姿勢が保てるようにする。⭐

1052 利用者の安全・安楽を守るために，介護従事者は絶えず利用者の心身の状態を観察し，変化を速やかに発見する能力を身に付けなくてはならない。 ○

 1053 介護者自身の感情や人生観を反映させてしまっては，利用者を受容できない。自己覚知により客観的な態度・思考で介護に臨む姿勢が求められる。 ×

 1054 バイタルサインとは，生命徴候のことである。一般には体温，呼吸，脈拍，血圧を指し，救急医学ではこれに意識レベルが加わる。身長，体重はバイタルサインではない。 ×

 1055 感染症予防の原則は，病原体を除去すること，感染経路を絶つこと，体力・免疫力を維持・強化することである。 ○

 1056 インフルエンザは，保菌者が咳やくしゃみ，会話をした際などに発生する飛沫に含まれるウイルスを鼻や口から吸い込むことにより感染する。手洗いやうがい，マスクの着用が感染予防に有効である。 ○

 1057 食前に，深呼吸をしてもらったり，口唇や頬の運動をしてもらうことは，咀嚼や嚥下筋群の機能を活性化させることができ，誤嚥予防につながる。 ○

 1058 右片麻痺で嚥下機能が低下した状態にある人に対する食事介護では，食事の時は，患側（麻痺側）である右側にクッションを入れ，座位姿勢が保てるようにする。 ×

Q 1059 家族介護者の指導に当たっては，ボディメカニクスの原理を実践してもらう等，介護方法を習得させることが必要である。

Q 1060 ボディメカニクスには，支持基底面積を狭くすると，重心が上がり，身体が安定するという基本原則がある。

Q 1061 片麻痺のある人のベッド上での体位変換では，介護者は基本的には要介護者の麻痺側に立つ。

Q 1062 長期臥床の人を急に起こすと起立性低血圧を誘発することがあるので，最初は少しずつ起きる角度を上げ，ゆっくり起こしていく。

Q 1063 車いすで段差を下るときは，後ろ向きで降ろす。

Q 1064 片麻痺の人が階段を降りる場合，杖，健側，患側の順に足を下ろす。

Q 1065 全盲の人への移動介助で階段を下るときは，介助者が先に一段下がる。

Q 1066 失禁しやすいために外出を拒む高齢者の外出を支援するためのひとつの方法として，おむつの利用は有効である。

A 1059 <u>ボディメカニクス</u>とは,人間の姿勢・動作時の身体の骨格・関節・筋肉・内臓などの各系統間の力学的相互関係のことをいう。これを理解し活用することで,利用者の負担減と介護者の<u>腰痛</u>予防にもつながる。 ○

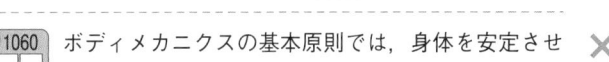 **A 1060** ボディメカニクスの基本原則では,身体を安定させるためには,<u>支持基底面積(身体を支える面積)</u>を<u>広く</u>とる。また,重心を低くし,骨盤を安定させることが重要である。 ×

 A 1061 片麻痺のある人のベッド上での体位変換の際は,介護者は要介護者の状態や意思を確認しやすい<u>健側</u>に立つ。 ×

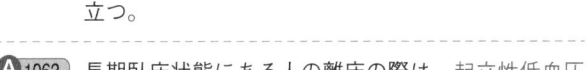 **A 1062** 長期臥床状態にある人の離床の際は,<u>起立性低血圧</u>に留意し,ギャッチベッド使用の場合,残存機能を活用して最初は30度,5分程度から始め,異常がなければ徐々に角度を上げゆっくり起こして,<u>座位訓練</u>を行う。 ○

 A 1063 車いすで段差を下るときは,<u>後ろ向き</u>で降ろすのが正しい。 ○

 A 1064 片麻痺の人が階段を降りる場合は,杖を一段下につき,<u>患側</u>,<u>健側</u>の順に足を下ろす。階段を昇る場合は,杖を一段上につき,<u>健側</u>,<u>患側</u>の順に足を上げる。 ×

 A 1065 階段を下るときは,介助者が本人に<u>説明</u>後,一段<u>先行</u>し,次に本人が下るのを待つなどの配慮が必要とされる。 ○

 A 1066 おむつの利用で外出できるようになれば,生活空間や活動の幅が広がり,高齢者本人の <u>QOL</u> の向上にもつながる。ただし,利用に当たっては,<u>本人の意思</u>を尊重する。 ○

 高齢者福祉

Q 1067 長期臥床状態で少量ずつ便失禁が続く人には，おむつ交換のときに温湯を使って清拭や洗浄を行う。

Q 1068 入浴を行うと血行が促進されるため，疲労回復や褥瘡の予防につながる。

Q 1069 入浴介護を行う場合，入浴後に身体が冷えないように湯温は42℃以上にする。

Q 1070 高齢者は脱水を起こしやすいが，口渇を訴えるので病状を把握しやすい。

Q 1071 胃ろうで栄養補給をしている場合は，口腔ケアの必要はない。

Q 1072 右上肢に麻痺がある利用者の衣服の着脱介助は，左上肢から脱がせ，右上肢から着せる。

Q 1073 側臥位では，仙骨部，踵骨部に褥瘡が発生しやすい。⭐

Q 1074 発赤を発見したときは30分程度除圧をし，発赤が消えない場合は発赤部を軽くマッサージして緊急に対応する。⭐

1067 清潔を保ち，便失禁によるかぶれなどを防ぐために も，こまめに清拭や洗浄を行い，よく<u>乾燥</u>させるこ とが重要である。 ○

 1068 入浴を行うと，温熱作用によって皮下の<u>血管</u>が拡張 して<u>血行</u>が促進される。 ○

 1069 42℃を超える湯は，心臓などへの影響から好まし くない。身体への負担が少ない<u>37～39</u>℃の微温浴 がよい。時間は<u>15</u>分程度を目安とする。 ×

 1070 高齢者は，のどの渇きに対する感覚が鈍くなり，<u>脱 水</u>状態になっても気付かないことがある。そのた め，本人から訴えがなくても，<u>水分</u>の補給に留意す る。 ×

 1071 胃ろうで栄養補給をしている場合，食べ物を咀しゃ くしないため，<u>唾液</u>による自浄作用が低下してい る。そのため，<u>口腔</u>を清潔に保つためのケアは必ず 行う。 ×

 1072 利用者に片麻痺がある場合，麻痺側を保護するた め，<u>健側</u>から脱がせ，<u>患側</u>から着せる<u>脱健着患</u>が基 本となる。 ○

 1073 仙骨部，踵骨部に褥瘡が発生しやすいのは，<u>仰臥位</u> の場合である。側臥位の場合に褥瘡が発生しやすい のは，<u>肩関節部</u>や<u>腸骨部</u>，肘頭部，<u>大転子部</u>，<u>外果 部</u>などである。 ×

1074 発赤を発見して30分程度除圧をしても消えないと きは，<u>褥瘡</u>の初期段階を疑う。<u>褥瘡の症状である発 赤部へのマッサージ</u>は，症状を悪化させる恐れがあ るため避ける。 ×

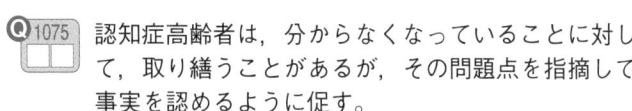

Q 1075 認知症高齢者は，分からなくなっていることに対して，取り繕うことがあるが，その問題点を指摘して事実を認めるように促す。

Q 1076 認知症高齢者で，周囲の人が誰か分からなくなったり，時間や場所などが分からなくなるのは，見当識障害によるものである。

Q 1077 アドバンス・ケア・プランニング（ACP）では，本人が医療・ケアチームと十分な話し合いを行い，本人による意思決定を尊重する。

Q 1078 パーソンセンタードケアとは，認知症の症状を対象にしたアプローチではなく，生活する個人を対象とするケアである。 ⭐

Q 1079 認知症の症状は，中核症状とBPSD（認知症の行動・心理症状＝周辺症状）に大別されるが，妄想はBPSDに含まれる。 ⭐

Q 1080 終末期の介護において，全身倦怠感などの苦痛緩和のためには，体位変換を避け安静臥床を続ける。

Q 1081 認知症初期集中支援チームの支援期間は，最長で6か月である。

Q 1082 本人のそばに座り話をよく聴くことは，終末期にある高齢者への精神面での介護として大切である。

分からなくなっていることに対して取り繕うのは<u>ア</u><u>ルツハイマー型認知症</u>で現れることの多い特徴である。問題点を指摘して事実を認めるように促すことや，否定的態度は避け，<u>肯定的・支持的</u>な態度で接することが重要である。 ✕

 見当識障害を解消するための訓練として，<u>リアリティ・オリエンテーション</u>がある。これは，日付や場所などについて繰り返し質問することなどにより，<u>現実認識を深める</u>ことを目的とする。 ◯

アドバンス・ケア・プランニング（ACP）では，本人が医療・ケアチームと十分な話し合いを行い，主治医ではなく，<u>本人</u>による意思決定を尊重する。 ◯

 <u>パーソンセンタードケア</u>の理念は，認知症になってもその人らしく，いきいきと生活できるように個別のケアをすることである。 ◯

 妄想，抑うつ，睡眠障害などは<u>BPSD</u>に含まれる。一方，記憶障害，見当識障害，実行機能障害などは<u>中核症状</u>に含まれる。 ◯

 終末期の介護では，安楽に過ごせる<u>体位</u>をくふうし，痛みや倦怠感の緩和に努めることが必要である。 ✕

 認知症初期集中支援チームの支援期間は，概ね最長で<u>6か月</u>となっており，介護サービスが安定して利用できるまでが目安となる。 ◯

 終末期にある人のそばにいてよく話を聴く，スキンシップを図るなど，コミュニケーションを十分にとることも<u>精神面</u>の介護として必要である。 ◯

高齢者福祉

Q 1083 バリアフリーとは，障害者や高齢者が生活するのに不便な障壁を取り除くことで，物理的障壁の除去を指す。

Q 1084 高齢者が利用するトイレは，できるだけ寝室の近くにする。

Q 1085 介護保険における住宅改修費の支給額は，要介護状態区分による違いはない。

Q 1086 高齢者に適した住環境整備として，玄関と玄関先の段差が20cmの場合，車いすで移動するためのスロープの勾配は12分の1までを目安とする。

Q 1087 要介護高齢者の住環境として，ドアの取っ手の形状は，棒状より球状が操作しやすい。

Q 1088 片麻痺がある人への介護の視点から見た浴室の環境整備において，浴槽の出入りのためには横手すりをつけた方がよい。

Q 1089 浴室の戸は，開き戸の場合，浴室側からみて外側に開くものが望ましい。 ☆

Q 1090 高齢者は加齢により色覚が変化するため，日常生活空間では，赤・黄より視覚的に見やすい青・緑といった系統の色を使用するとよい。

<u>バリアフリー</u>は，物理的障壁だけでなく，心理的あるいは制度面における障壁の除去という意味も含む。 ✕

 高齢者が利用するトイレは，夜間の利用を考慮し，できるだけ<u>寝室</u>の近くに配置するのがよい。 ○

 介護保険における住宅改修費の支給限度基準額は一律<u>20万</u>円で，要介護状態区分による違いはない。 ○

 車いす利用者にとって<u>スロープ</u>の勾配は，できるだけ緩やかなほうがよいが，一般的には<u>12分の1</u>までを目安とする。これは1mの高さを上がるのに，水平距離が<u>12</u>m必要となることを表す。 ○

 ドアの取っ手は，握りやすさと開閉操作のしやすさから，球状のものよりもレバー式など<u>棒状</u>のもののほうがよい。 ✕

 一般的には，身体を上下方向に移動させる場所には<u>縦手すり</u>を，水平に移動する場所には，<u>水平手すり（横手すり）</u>を設置する。浴槽の出入りのための手すりは，<u>縦手すり</u>が安全である。 ✕

 浴室の戸が浴室側からみて<u>内開き</u>だと，万一，浴室内で高齢者が倒れた場合に戸が開かない恐れがあるため，<u>外開き</u>もしくは引き戸にするのがよい。トイレの戸も同様。 ○

 加齢に伴い<u>水晶体</u>が濁ってくると，青や緑系統の色の区別がつきにくくなる。そのため，日常生活空間では，視覚的に見やすい<u>赤・黄</u>といった系統の色を使用するとよい。 ✕

Point 34 老人福祉法の老人福祉施設

■ 施設名とサービス内容

養護老人ホーム		入所させ，自立生活を営み，社会活動に参加するための指導・訓練・援助を行う
特別養護老人ホーム		入所させ，食事，排泄，入浴等の介護や，日常生活・療養上の世話，機能訓練，健康管理等のサービスを提供する
軽費老人ホーム	軽費老人ホームA型	無料または低額な料金で給食，その他日常生活上必要なサービスを提供する
	軽費老人ホームB型	無料または低額な料金で日常生活上必要なサービスを提供する。食事は自炊
	ケアハウス	無料または低額な料金で日常生活上必要なサービスを提供する。介護が必要になった場合は，外部のサービスを利用する
老人福祉センター		無料または低額な料金で各種相談に応じ，健康の増進やレクリエーションなどのサービスを提供する。特A，A，Bの3種
老人介護支援センター（在宅介護支援センター）		高齢者の福祉に関する問題について相談に応じ，助言を行う
老人短期入所施設		短期間入所させ，入浴，食事，排泄等の介護，日常生活上の世話，機能訓練を行う
老人デイサービスセンター		通所させ，入浴，食事，排泄等の介護，日常生活上の世話，機能訓練を行う

得点UPのカギ　老人福祉法による在宅サービスは，「老人居宅生活支援事業」として位置付けられています。介護保険法にも同様の事業が規定されており，どちらの対象者でもある場合には，介護保険法のサービスが優先されます。

Point 35 高齢者関連法対象者の定義

法律名	用語	定義
老人福祉法	老人	なし
高齢者医療確保法	高齢者	なし
高齢社会対策基本法	高齢者	なし
バリアフリー法	高齢者	なし
介護保険法	要介護者	あり
	要支援者	あり
高齢者虐待防止法	高齢者	あり（65歳以上）
高年齢者雇用安定法	高年齢者	あり（55歳以上※）

※高年齢者雇用安定法施行規則による

Point 36 介護が必要となった原因

介護が必要となった主な原因として，認知症，脳血管疾患（脳卒中），骨折があります。

介護する際には，残存機能を活用し，自立を促すという視点から，残存している心身機能の維持・向上を目的とした介護を行う必要があります。

■ 主な原因と症状

原因	症状など
認知症	認知症の中核症状として，記憶障害，見当識障害，理解力・判断力の低下，実行機能障害，失語，失行，失認などがみられるほか，認知症のBPSD（行動・心理症状＝周辺行動）として，妄想，抑うつ，不穏，不眠などもみられる
脳血管疾患（脳卒中）	**脳の血管に異常**が起こり，突然，麻痺（運動機能障害・知覚麻痺），失語症などの症状が現れる病気の総称
骨折	骨粗鬆症が**基礎疾患**となり，筋力低下やバランスを崩しやすいといった身体的要因が重なって起こることが多い

児童・家庭福祉

1 児童・家庭の定義と権利

Q 1091 児童福祉法では,「全て国民は, 児童の年齢及び発達の程度に応じて, その意見が尊重されるよう努めなければならない」という規定が設けられている。

Q 1092 児童福祉法において, 本人と同居していない者が保護者に該当することがある。

Q 1093 工場法では, 18歳未満の者の労働時間を制限することを規定した。

Q 1094 民法の改正により, 2022(令和4) 年4月から成年年齢を18歳とすることになった。

Q 1095 母子及び父子並びに寡婦福祉法では, 児童を18歳未満の者と定めている。

Q 1096 母子保健法では, 乳児および幼児は, 児童福祉法と同じ年齢区分に規定されている。

Q 1097 発達障害者支援法では, 発達障害者のうち18歳に満たないものについて, 発達障害児と定義している。

援助対象となる児童や家族の現状と各施策の内容，児童福祉の担い手などを，児童福祉法を中心に押さえておきましょう。

 1091 児童福祉法2条の総則規定として，「全て国民は，児童が良好な環境において生まれ，かつ，社会のあらゆる分野において，児童の年齢及び発達の程度に応じて，その意見が尊重され，その最善の利益が優先して考慮され，心身ともに健やかに育成されるよう努めなければならない」という規定がある。　○

 1092 児童福祉法6条で，保護者とは，親権を行う者，未成年後見人その他の者で，児童を現に監護する者をいうと規定されている。

 1093 1911（明治44）年に成立した工場法（1916年に施行）は12歳未満の者の使用禁止，15歳未満の者の12時間労働および深夜業（午後10時から午前4時）の禁止等を規定した法律である。　×

1094 民法の改正により，2022年4月から成年年齢を18歳とすることになり，選挙権年齢や民法の成年年齢が20歳から18歳に引き下げられた。　○

1095 母子及び父子並びに寡婦福祉法でいう児童とは，「20歳に満たない者」とされている。　×

1096 母子保健法では，児童福祉法と同様に，乳児を満1歳に満たない者，幼児を満1歳から小学校就学の始期に達するまでの者と規定している。　○

1097 発達障害者支援法では，発達障害者を，発達障害を有するために日常生活または社会生活に制限を受ける者，としており，そのうち18歳未満の者を発達障害児と定義している。　○

児童・家庭福祉

349

Q 1098 触法少年とは，14歳に満たないで刑罰法令に触れる行為をした少年のことをいう。

Q 1099 児童の権利に関する条約では，「児童とは，18歳未満のすべての者をいう」と規定している。

Q 1100 児童権利宣言では，児童が「自由に自己の意見を表明する権利を確保する」と明記している。⭐

Q 1101 児童権利宣言では，児童の基本的人権について言及するとともに，政府や親の児童に対する責任を明確にした。⭐

Q 1102 アメリカにおける第1回ホワイトハウス会議（児童福祉白亜館会議）では，「児童は緊急やむを得ない理由がある場合であっても，家庭生活から引き離されてはならない」という声明が出された。

Q 1103 わが国の児童憲章は，児童の権利に関するジュネーブ宣言を受けて制定された。

Q 1104 国際連合が児童の権利に関する条約を採択した翌年に，わが国はそれを批准した。

14歳に満たないで刑罰法令に触れる行為をした少年を<u>触法少年</u>，14歳以上18歳未満で罪を犯した少年を<u>犯罪少年</u>，18歳未満で将来罪を犯す，あるいは刑罰法令に触れる行為をする虞（おそれ）のある少年を<u>虞犯少年</u>，罪を犯した18・19歳の者を<u>特定少年</u>という。

○

 児童の権利に関する条約1条において，「児童とは，18歳未満のすべての者をいう。ただし，当該児童で，その者に適用される法律によりより早く成年に達したものを除く」と規定している。

 ○

 児童が「自由に自己の意見を表明する権利を確保する」と明記しているのは，<u>児童の権利に関する条約</u>（1989年に採択）である。

×

児童権利宣言は，1959年にジュネーブ宣言の修正として<u>国際連合</u>で採択された。これにより，<u>児童の最善の利益</u>という理念が初めて明文化された。

 ○

1909年にアメリカで開催された<u>第1回ホワイトハウス会議</u>（児童福祉白亜館会議）において，セオドア・ルーズベルト大統領は，児童にとって「<u>家庭生活</u>は，文明の所産のうち最も高い，最も美しいものである。児童は緊急やむを得ない理由がない限り，<u>家庭生活</u>から引き離されてはならない」と宣言した。

 ×

児童憲章は<u>1951</u>（昭和26）年に児童福祉法で示された理念を普及するために制定された，日本独自の宣言である。児童の権利に関するジュネーブ宣言は<u>1924年</u>に<u>国際連盟</u>で採択され，児童に固有の権利を保障する初めての国際宣言となっている。

 ×

 <u>1989</u>（平成元）年に国際連合が採択した児童の権利に関する条約を，わが国は<u>1994</u>（平成6）年に批准した。

 ×

Q1105 2022（令和4）年3月末時点での里親に委託された委託児童数は，1万人を超えている。

Q1106 要保護児童数の推移をみると，2021（令和3）年度末の里親・ファミリーホームへの委託児童数は，過去10年で5倍以上も増えている。

Q1107 要保護児童数の推移をみると，2021（令和3）年度末の児童養護施設への入所児童数は過去10年増加傾向を示している。

Q1108 母子及び寡婦福祉法（現：母子及び父子並びに寡婦福祉法）は，1980年代に父子家庭も対象となった。

Q1109 2022（令和4）年度の児童相談所における児童虐待相談の対応件数は，前年度に比べて減少している。
⭐

Q1110 2022（令和4）年度の児童相談所における児童虐待相談内容の内訳をみると，ネグレクトが最も多い。
⭐

Q1111 2021（令和3）年度の児童相談所における児童虐待相談の対応件数を，主な虐待者別にみると，実母が最も多い。

A 1105 2022年3月末時点での里親に委託された委託児童数は、<u>6,080人</u>であり、1万人を下回っている。 ×

A 1106 要保護児童数の推移をみると、2021年度末の里親・ファミリーホームへの委託児童数は、過去10年で<u>1.6倍増え</u>ている。 ×

A 1107 要保護児童数の推移をみると、2021年度末の児童養護施設への入所児童数は、過去10年<u>減少傾向</u>を示している。 ×

A 1108 1964(昭和39)年制定の母子福祉法は、母子家庭のみを対象としていたが、1981(昭和56)年の<u>母子及び寡婦福祉法</u>への改正により、<u>寡婦</u>が対象に加わり、2002(平成14)年の改正では、<u>父子家庭</u>も対象となっている。 ×

A 1109 2022年度の児童相談所における児童虐待相談の対応件数(速報)は前年度に比べて<u>増加</u>しており、<u>21</u>万9,170件である。 ×

A 1110 2022年度の児童相談所における児童虐待相談内容の内訳をみると、<u>心理的</u>虐待が最も多く、<u>身体的</u>虐待、ネグレクトと続く。 ×

A 1111 2021年度の児童相談所における児童虐待相談の対応件数を、主な虐待者別にみると、<u>実母</u>が最も多く、以下、<u>実父</u>、実父以外の父親と続く。 ○

3 児童・家庭に対する法制度

Q 1112 2019（令和元）年に改正された児童福祉法及び児童虐待の防止等に関する法律で規定された内容として，一時保護の解除後の児童の安全の確保が市町村に義務づけられた。

Q 1113 児童福祉法では，児童の保護者は，児童を心身ともに健やかに育成することについて第一義的責任を負う，と規定されている。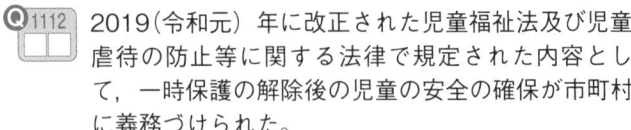

Q 1114 児童福祉法では，すべて国民は，児童の保護者を支援しなければならないと規定されている。

Q 1115 こども基本法では，文部科学省に，特別の機関として，こども政策推進会議を置くことが規定されている。

Q 1116 2002（平成14）年度から学校週5日制が完全実施されたが，それに伴い児童福祉法が改正され，放課後児童健全育成事業が法定化された。

Q 1117 2004（平成16）年の児童福祉法の改正により，退所した者に対する相談その他の自立のための援助を行うことが，児童養護施設の目的として加えられた。

Q 1118 2007（平成19）年の児童福祉法の改正により，2008年度以降は，地方公共団体に，要保護児童対策地域協議会の設置が義務付けられた。

Q 1119 2014（平成26）年の児童福祉法の改正により，幼保連携型認定こども園が新たに児童福祉施設に加わった。

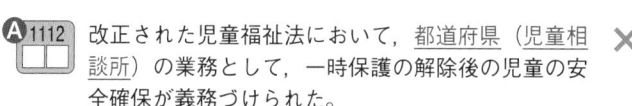

A 1112 改正された児童福祉法において，<u>都道府県（児童相談所）</u>の業務として，一時保護の解除後の児童の安全確保が義務づけられた。 ✕

A 1113 児童福祉法2条2項で，<u>児童の保護者</u>は，児童を心身ともに健やかに育成することについて<u>第一義的責任</u>を負うと規定されている。 ◯

A 1114 児童福祉法3条の2において，<u>国および地方公共団体</u>は，児童の保護者を支援しなければならないと規定されている。 ✕

A 1115 17条1項において，「<u>こども家庭庁</u>に，特別の機関として，こども政策推進会議を置く」とされている。 ✕

A 1116 放課後児童健全育成事業は，<u>1997年</u>の児童福祉法改正により法定化された。 ✕

A 1117 2004年の児童福祉法の改正により，児童養護施設の目的（41条）に，<u>退所</u>した者について相談その他の<u>自立</u>のための援助を行うことが規定された。 ◯

A 1118 2007年の児童福祉法の改正により，地方公共団体による要保護児童対策地域協議会の設置は，任意設置から，2008年度以降は<u>努力義務</u>となった。 ✕

A 1119 2014年の改正により，児童福祉施設に<u>幼保連携型認定こども園</u>が加わり，<u>12種別</u>となった。 ◯

Q1120 児童福祉法では，児童自立支援施設の長は入所中の児童を就学させなければならないと規定している。

Q1121 福祉型障害児入所施設は，障害児を入所させ，保護，日常生活の指導，独立自活に必要な知識技能の付与および治療を行うことを目的とする施設である。

Q1122 児童発達支援センターは，虐待を受けた児童などを入所させる施設である。

Q1123 医療型障害児入所施設は，環境上の理由により社会生活への適応が困難になった児童が入所対象である。

Q1124 里親の認定は，児童相談所長が行う。⭐

Q1125 専門里親は，虐待等により心身に有害な影響を受けた児童の養育に当たる者である。⭐

Q1126 民法上の扶養義務を有する親族は，里親になることができる。

1120 児童自立支援施設の長は，入所児童を就学させる義務がある。これは，児童養護施設の長や障害児入所施設の長，里親なども同様である。 ○

 1121 福祉型障害児入所施設は，障害児を入所させ，保護，日常生活の指導および独立自活に必要な知識技能の付与を行うことを目的とする施設である。設問の記述は，医療型障害児入所施設である。 ×

 1122 児童発達支援センターは，障害児を日々保護者の下から通わせて支援を提供する施設で，福祉型と医療型に区分される。福祉型は，日常生活における基本的動作の指導，独立自活に必要な知識技能の付与や集団生活への適応のための訓練を行うことを目的とする施設で，医療型は，上記に加え，治療を行うことを目的とする施設である。 ×

 1123 医療型障害児入所施設の入所対象は自閉症児，肢体不自由児，重症心身障害児となっている。設問の記述を対象とするのは，児童心理治療施設である。 ×

 1124 里親とは，保護者のない児童または保護者に監護させることが不適当であると認められる児童（要保護児童）を養育することを希望する者であって，都道府県知事が適当と認める者をいう。 ×

 1125 専門里親は，原則として2年以内の期間を定めて，要保護児童のうち児童虐待等の行為により心身に有害な影響を受けた児童を養育する里親として認定を受けた者である。 ○

 1126 民法上の扶養義務を有する親族は，親族里親になることができる。 ○

Q1127 児童相談所長は，一時保護が行われた児童等に対し，体罰を加えることはできない。⭐

Q1128 児童相談所の長の要件に，精神保健福祉士や公認心理師が加わった。⭐

Q1129 児童相談所の一時保護について，外出，通学，通信，面会は，可能な限り制限することによって，子どもの安全の確保が図られなければならない。

Q1130 障害児通所支援は，児童発達支援，医療型児童発達支援，放課後等デイサービスの3種類がある。

Q1131 2024（令和6）年4月施行の児童福祉法の改正により，市町村に対してこども家庭センターの設置が義務付けられた。

Q1132 居宅訪問型児童発達支援は，児童発達支援などを利用するために外出することが著しく困難な重度の障害がある障害児を対象としている。

Q1133 保育所等訪問支援は，保育所等に入所している健診未受診の乳幼児を対象に，保健師が保育所等を訪問する取り組みである。

A 1127 児童相談所長は，一時保護が行われた児童等に対し，監護，教育，懲戒に関し，その児童の福祉のため<u>必要な措置</u>を採ることができるが，<u>体罰</u>を加えることはできない。　○

A 1128 法改正によって，2020（令和2）年4月から児童相談所の長や児童福祉司の要件に，<u>精神保健福祉士</u>や<u>公認心理師</u>が加わった。　○

A 1129 児童相談所の一時保護について，外出，通学，通信，面会に関する制限は，子どもの安全の確保が図られ，かつ，一時保護の目的が達成できる範囲で<u>必要最小限</u>とする。　×

A 1130 障害児通所支援は，児童発達支援，放課後等デイサービス，居宅訪問型児童発達支援，<u>保育所等訪問支援</u>の4種類がある。　×

A 1131 こども家庭センターは，相談や情報提供，サポートプランの作成などの業務により，児童および妊産婦の福祉に関する<u>包括的な支援</u>を行うことを目的とする施設である。市町村はその設置に<u>努める</u>こととされている。　×

A 1132 居宅訪問型児童発達支援は，児童発達支援，<u>放課後等デイサービス</u>を受けるために外出することが著しく困難な障害児が対象である。　○

A 1133 保育所等訪問支援とは，保育所等の施設に通う<u>障害児</u>や，乳児院等の施設に入所する<u>障害児</u>を対象に，当該施設を訪問し，施設内における障害児以外の児童との集団生活への適応のために，必要な専門的な支援などを提供する<u>障害児通所支援</u>サービスである。　×

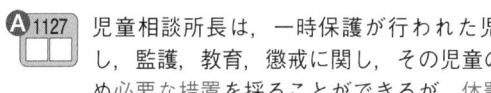

児童・家庭福祉

Q 1134 子育て短期支援事業は，出産直後の子育て家庭を対象に，居宅を訪問して，家事支援等を行う取り組みである。

Q 1135 児童虐待の通告を受けた機関は，秘密保持のため，当該機関の職員自らが直接児童の安全確認を行わなければならない。

Q 1136 学校の教職員，児童福祉施設の職員，医師，保健師，弁護士その他児童の福祉に職務上関係のある者には，児童虐待の早期発見の努力義務が課せられている。⭐

Q 1137 親権者に対しては，児童虐待防止法に基づき，体罰の禁止規定が設けられている。⭐

Q 1138 2013（平成25）年の DV 防止法の改正では，生活の本拠を共にする交際相手からの暴力およびその被害者について，同法を準用することとなった。

Q 1139 DV 防止法において，配偶者からの暴力を受けている者を発見した者は，その旨を当該市町村の長に通報しなければならないと定められている。

Q 1140 こども家庭センターは，配偶者からの暴力がある家庭で乳幼児を養育している母につき，子と共に一時保護する。

1134 子育て短期支援事業は，保護者の<u>疾病</u>等の理由により，<u>家庭において養育を受けることが一時的に困難になった児童</u>を対象に，児童養護施設等の施設に入所するか，<u>里親</u>等に委託することによって，その児童に必要な保護を行うものである。 ✕

 1135 虐待の通告を受けた機関は，必要に応じ<u>近隣住民</u>，<u>学校の教職員</u>，児童福祉施設の職員その他の者の協力を得つつ，当該児童との面会その他の当該児童の安全の確認を行うための措置を講ずるとされている。 ✕

1136 <u>児童虐待防止法</u>において，学校，児童福祉施設，病院，学校の教職員，児童福祉施設の職員，医師，保健師，弁護士，<u>警察官</u>，女性相談支援員などは，児童虐待を発見しやすい立場にあることを自覚し，児童虐待の<u>早期発見</u>に努めなければならないと規定されている。 ○

1137 児童虐待防止法では，親権者は，児童のしつけに際して，<u>体罰</u>をしてはならないという<u>体罰の禁止規定</u>が設けられている。 ○

1138 2013年のDV防止法改正により，<u>生活の本拠</u>を共にする交際相手からの暴力およびその被害者についても，配偶者（事実婚を含む）からの暴力とその被害者に準じて，同法の適用対象となった。 ○

 1139 DV防止法において，配偶者からの暴力を受けている者を発見した者は，その旨を<u>配偶者暴力相談支援センター</u>または警察官に通報するよう努めなければならないと規定されている。 ✕

 1140 配偶者からの暴力がある家庭で乳幼児を養育している母につき，子と共に一時保護するのは，<u>配偶者暴力相談支援センター</u>の業務である。 ✕

Q1141 特別養子縁組の養子に係る要件は，原則，15歳に達していない者となっている。

Q1142 養子となる者が特別養子縁組に係る審判時に15歳に達している場合には，その者の同意を得なければならない。

Q1143 市町村は，母子保健法により満1歳6か月を超え満2歳に達しない幼児および満3歳を超え満4歳に達しない幼児の健康診査を実施しなければならない。⭐

Q1144 母子保健法は，妊婦が母子健康手帳を受け取る義務について定めている。

Q1145 養育医療とは，障害児等につきその心身の障害の状態の軽減を図り，自立した日常生活または社会生活を営むために必要な医療のことである。

Q1146 母子保健法では，低体重児の届出についての規定はない。

Q1147 都道府県等は，経済的理由により，入院助産が受けられない妊産婦から申込みがあった場合は，助産の実施に応じなければならない。

Q1148 健やか親子21（第2次）では，現在の母子保健を取り巻く状況を踏まえて3つの基盤課題を設定している。

A 1141 特別養子縁組の養子に係る要件のひとつとして，原則，15歳に達していない者であることが含まれている。　○

A 1142 養子となる者が特別養子縁組に係る審判時に15歳に達している場合には，その者の同意が必要となる。　○

A 1143 市町村は，満１歳６か月を超え満２歳に達しない幼児に１歳６か月児健康診査を，満３歳を超え満４歳に達しない幼児に３歳児健康診査を実施する。　○

A 1144 母子保健法は，妊娠した者に妊娠の届出を義務付けるとともに，市町村には，妊娠の届出をした者に対する母子健康手帳の交付を義務付けている。　×

A 1145 養育医療とは，市町村が，養育のため病院・診療所に入院することを必要とする未熟児に対して給付する医療である。　×

A 1146 体重が2,500g未満の乳児が出生したときは，その保護者は，速やかに，その旨をその乳児の現在地の市町村に届け出なければならないと規定している。　×

A 1147 都道府県，市および福祉事務所を設置する町村は，妊産婦が経済的理由により，入院助産を受けることができない場合，その妊産婦から申込みがあったときは，助産を行わなければならない。　○

A 1148 健やか親子21（第２次）では，①切れ目ない妊産婦・乳幼児への保健対策，②学童期・思春期から成人期に向けた保健対策，③子どもの健やかな成長を見守り育む地域づくり，の３つの基盤課題を設定している。　○

Q 1149 女性自立支援施設は，母子及び父子並びに寡婦福祉法に基づく施設である。⭐

Q 1150 児童養護施設に入所する児童の児童手当は，当該児童本人に支給される。⭐

Q 1151 児童扶養手当は，父子家庭も対象にしている。

Q 1152 特別児童扶養手当の支給額は，障害等級が1級に該当する場合には高く設定されている。⭐

Q 1153 2016（平成26）年の子ども・子育て支援法の改正により創設された仕事・子育て両立支援事業は，政府が事業所内保育事業を目的とする施設等の設置者に対する助成および援助を行う事業である。

Q 1154 母子及び父子並びに寡婦福祉法には，都道府県は，母子家庭の母親が事業を開始・継続するのに必要な資金を貸し付けることができると規定されている。

1149 女性自立支援施設は，困難女性支援法に基づく，要保護女性を保護するとともにその心身の回復を図るための援助を行い，自立を促進するための施設である。 ✕

 1150 児童手当の受給資格者は，原則，支給対象の児童を養育している保護者であるが，児童が施設に入所している場合は，支給対象は施設の設置者等となる。 ✕

 1151 児童扶養手当法は1961（昭和36）年に制定され，翌年施行された。現在この法律の目的は，父または母と生計を同じくしていない児童が育成される家庭の，生活の安定と自立の促進に寄与するため，その児童について児童扶養手当を支給することにより，児童の福祉の増進を図ることである。父子家庭も対象である。 ○

1152 特別児童扶養手当法では，障害児を「20歳未満であって，障害等級1級および2級に該当する程度の障害の状態にある者」と定義している。特別児童扶養手当の支給額は，障害等級が1級に該当する場合には高く設定されている。なお，1家庭に2人以上の障害児がいる場合にも減額はされない。 ○

 1153 2016年に創設された仕事・子育て両立支援事業には，従業員のための保育施設の設置や運営の費用を助成する企業主導型保育事業と残業や夜勤などでベビーシッターを利用した際に，費用の補助を受ける企業主導型ベビーシッター利用者支援事業などがある。 ○

 1154 母子及び父子並びに寡婦福祉法13条において，都道府県は，母子家庭の母親に対し，経済的自立の助成と生活意欲の助長を図り，あわせてその扶養している児童の福祉を増進するため，事業開始資金，修学資金，生活資金等を貸し付けることができると規定されている。 ○

4 国，都道府県，市町村の役割

Q 1155 子ども関連施策を一元的に進めるため，厚生労働省の外局としてこども家庭庁が設置されている。

Q 1156 文部科学省に，特別の機関として，子どもの貧困対策会議を置く。

Q 1157 政府は2年ごとに，子どもの貧困の状況と子どもの貧困対策の実施状況を公表しなければならない。

Q 1158 罪を犯した満14歳以上の児童を発見した者は，これを児童相談所に通告しなければならない。⭐

Q 1159 都道府県知事は，一時保護所の福祉サービス第三者評価を行わなければならない。

Q 1160 市町村は，児童および妊産婦の福祉に関する情報の提供を行わなければならない。

Q 1161 児童福祉法には，市町村の業務として里親に関する普及啓発が明記されている。

1155 こども家庭庁は，<u>内閣府</u>の外局として2023（令和 5）年に設置された。 ✕

 1156 子どもの貧困対策会議が設置されるのは，<u>内閣府</u>で ある。 ✕

 1157 政府は<u>毎年1回</u>，子どもの貧困の状況と子どもの貧 困対策の実施状況を公表しなければならない。 ✕

 1158 児童福祉法の規定により，罪を犯した満14歳以上 の児童を発見した者は，これを<u>家庭裁判所</u>に通告し なければならない。 ✕

児童・家庭福祉

 1159 児童福祉法12条7項に，都道府県知事は児童相談所 について「業務の質の評価を行うことその他必要な 措置を講ずることにより，当該業務の質の向上に<u>努 めなければならない</u>」と規定されているが，第三者 評価の実施は義務付けられていない。 ✕

 1160 児童福祉法10条1項二号に，市町村の業務として 「児童及び妊産婦の福祉に関し，<u>必要な情報の提供 を行うこと</u>」が規定されている。 ○

 1161 里親に関する普及啓発は，<u>都道府県</u>の業務である。 児童福祉法11条1項二号には，里親に関する相談， 情報提供，助言，研修その他の援助，<u>里親と児童と の間の調整</u>などを都道府県の業務として規定してい る。 ✕

5 児童相談所の役割

Q1162 児童相談所は，都道府県および指定都市への設置が義務付けられている。

Q1163 児童相談所は，児童福祉法に基づき，保育所への入所決定を行う。

Q1164 児童福祉司は，児童の保護や児童の福祉に関する相談に応じ，専門的技術に基づいて必要な指導などを行う。

Q1165 児童福祉司は，調査に当たって，担当区域内の市町村長に協力を求めることはできない。

Q1166 指導教育担当児童福祉司は，児童福祉司のスーパーバイザー的役割として配置されている。⭐

Q1167 児童福祉法の規定により，児童相談所長が施設入所措置等をとるに当たっては，都道府県知事に保護者のみならず子ども自身の意向を記載した報告を行わなければならない。

1162 児童相談所の設置は<u>都道府県</u>と<u>指定都市</u>に義務付けられている。児童相談所を設置する市として政令で定める市（2017年4月より特別区も含む）も希望して認められれば設置することができる。 ○

 1163 保育所への入所決定は，児童福祉法の規定により，<u>市町村</u>が行う。 ✕

 1164 児童福祉司は，<u>児童相談所長</u>が定める担当区域内に配置される。また，担当区域内における児童に関し必要な事項につき，担当区域を管轄する<u>児童相談所長</u>または<u>市町村長</u>にその状況を通知し，あわせて意見を述べなければならない。 ○

 1165 児童福祉司は，職務を行う際，担当区域内の<u>市町村長</u>に協力を求めることができる。 ✕

1166 指導教育担当児童福祉司は，<u>おおむね5年以上勤務した者</u>であって，厚生労働大臣が定める基準に適合する<u>研修の課程を修した者</u>という要件を満たした場合になることができ，児童福祉司の<u>スーパーバイザー的役割</u>を担っている。 ○

1167 児童相談所長が施設入所措置等をとるに当たっての報告書には，児童の住所，氏名，年齢，履歴，性行，健康状態および家庭環境，<u>措置</u>についての児童およびその保護者の<u>意向</u>その他児童の福祉増進に関し，参考となる事項を記載しなければならない。 ○

Q1168 児童相談所長は，親権喪失の審判の請求を行うことができる。

Q1169 児童相談所長は，親権を行う者および未成年後見人のない児童等について未成年後見人の指名をすることができる。

Q1170 児童相談所長または都道府県知事が行う一時保護期間は，原則として1か月を超えてはならない。⭐

Q1171 1998（平成10）年に児童相談所運営指針が改正され，児童相談所は，施設入所の措置の際，児童の権利について説明しなければならないとされた。

Q1172 児童福祉法は，市町村の行うべき業務として，児童および妊産婦の福祉に関し，家庭その他からの相談に応じ，必要な調査および指導を行うこと等をあげ，市町村長は，これら業務のうち専門的な知識および技術を要するものについては，児童相談所の技術的援助および助言を求めなければならないとしている。

Q1173 児童相談所長は，社会福祉士または精神保健福祉士の資格を有した者でなければならない。

1168 民法の規定による親権喪失の審判の請求は，子，子 ◯
の親族，未成年後見人，未成年後見監督人，検察官
が行うことができると定められているが，児童福祉
法において，児童相談所長も行うことができると規
定されている。

 1169 児童福祉法には，「児童相談所長は，親権を行う者 ✕
のない児童等について，その福祉のため必要がある
ときは，家庭裁判所に対し未成年後見人の選任を請
求しなければならない」とされており，未成年後見
人の指名をすることができるとはされていない。

 児童・家庭福祉

1170 児童相談所長または都道府県知事が行う一時保護期 ✕
間は，原則として2か月を超えてはならない。ただ
し，必要があると認めるときは，延長することがで
きるが，その際および2か月を経過するごとに，都
道府県知事は，都道府県児童福祉審議会の意見を聴
かなければならない。

 1171 児童相談所長は，児童の児童福祉施設入所措置をと ◯
る場合，児童，保護者に措置の理由等について十分
な説明を行う。児童が有する権利や施設生活の規則
等についても，児童の年齢に応じ懇切に説明する。

 1172 また，市町村長は，設問の業務を行うに当たって， ◯
医学的，心理学的，教育学的，社会学的および精神
保健上の判定を必要とする場合には，児童相談所の
判定を求めなければならないとされている。

 1173 児童相談所長は，精神保健に関して学識経験を有す ✕
る医師，社会福祉士，精神保健福祉士，公認心理師
等のいずれかの資格を有している必要がある。社会福
祉士または精神保健福祉士の資格に限られていない。

Q1174 児童委員は，都道府県民生委員・児童委員推薦会の推薦に基づき，都道府県知事が委嘱する。⭐

Q1175 主任児童委員は，児童委員ではあるが民生委員ではない。

Q1176 保育士は，児童の保育のほか，児童の保護者に対する保育に関する指導を行う。

Q1177 母子生活支援施設の入所中の個々の母子に対する自立支援計画は，母子支援員が作成しなければならない。

Q1178 家庭支援専門相談員は，各市の保健センターに配置され，主として子育てに関する相談に応じる専門職である。⭐

Q1179 里親支援専門相談員は，里親支援を行う児童養護施設および乳児院に配置される。⭐

Q1180 家庭裁判所の承認を得て児童福祉施設へ入所措置をした場合，その入所期間は当該措置を決定してから1年を超えてはならない。⭐

1174 児童委員は，都道府県知事の推薦を受けて厚生労働大臣が委嘱する。その職務に関して都道府県知事の指揮監督を受ける無給の民間ボランティアである。 ×

 1175 主任児童委員は，児童委員のうち厚生労働大臣によって指名された者で，民生委員も兼任する。区域を担当せず，児童相談所や学校と連携して児童福祉に関する事項を専門的に担当する。 ×

 1176 保育士とは，保育士登録簿に登録を受け，保育士の名称を用いて，専門的知識および技術をもって，児童の保育および児童の保護者に対する保育に関する指導を行うことを業とする者である。 〇

児童・家庭福祉

 1177 母子生活支援施設の入所中の個々の母子に対する自立支援計画は，母子生活支援施設の施設長が作成しなければならない。 ×

 1178 家庭支援専門相談員（ファミリーソーシャルワーカー）は，全国の乳児院のほか，児童養護施設，児童心理治療施設，児童自立支援施設に配置され，児童の早期家庭復帰や家庭復帰後の相談・養育指導，里親委託の促進等の業務を専門に担当する職員である。 ×

1179 里親支援専門相談員は，里親の新規開拓，里親への研修，里親家庭への訪問，電話相談といった里親支援を行うため，里親支援を実施している児童養護施設および乳児院に配置される。 〇

 1180 家庭裁判所の承認を得て児童福祉施設へ入所措置をした場合，入所の期間は2年を超えてはならない（措置を継続しなければ児童の福祉を害する恐れがある場合は，家庭裁判所の承認を得て，更新が可能）。 ×

373

重要ポイント まとめて CHECK!!

Point 37 児童虐待の定義

「児童虐待の防止等に関する法律」（児童虐待防止法）では，児童虐待を以下のように定義しています。

身体的虐待	児童の身体に対する暴行
性的虐待	児童に対するわいせつ行為，または児童へのわいせつ行為の強要
ネグレクト（保護の怠慢・拒否）	児童の心身の正常な発達を妨げるような著しい減食または長時間の放置など，保護者としての監護の怠慢
心理的虐待	児童に著しい心理的外傷を与える言動

Point 38 DV防止法における定義

「配偶者からの暴力の防止及び被害者の保護等に関する法律」（DV防止法）では，「配偶者からの暴力」「被害者」「配偶者」「離婚」は，次のように定義されています。

配偶者からの暴力	配偶者からの身体に対する暴力（身体に対する不法な攻撃であって生命または身体に危害を及ぼすもの）またはこれに準ずる心身に有害な影響を及ぼす言動をいう。配偶者からの身体に対する暴力等を受けた後，離婚または婚姻を取り消した場合に，配偶者であった者から引き続き受ける身体に対する暴力等も含む
被害者	配偶者からの暴力を受けた者
配偶者	婚姻の届出をしていないが事実上婚姻関係と同様の事情にある者も含む
離婚	婚姻の届出をしていないが事実上婚姻関係と同様の事情にあった者が，事実上離婚したと同様の事情に入ることを含む

法律・条約名	名称	定　義
児童福祉法	児童	満18歳に満たない者
	乳児	満1歳に満たない者
	幼児	満1歳から，小学校就学の始期に達するまでの者
	少年	小学校就学の始期から，満18歳に達するまでの者
	障害児	身体に障害のある児童，知的障害のある児童，精神に障害のある児童（発達障害児を含む）または治療方法が確立していない疾病その他の特殊の疾病であって障害者総合支援法4条1項の政令で定めるもの（難病）による障害の程度が同項の厚生労働大臣が定める程度である児童
児童虐待防止法	児童	18歳に満たない者
母子及び父子並びに寡婦福祉法	児童	20歳に満たない者
母子保健法	未熟児	身体の発育が未熟のまま出生した乳児であって，正常児が出生時に有する諸機能を得るに至るまでのもの
	新生児	出生後28日を経過しない乳児
	乳児	1歳に満たない者
	幼児	満1歳から小学校就学の始期に達するまでの者
児童手当法	児童	18歳に達する日以後の最初の3月31日までの間にある者
児童扶養手当法	児童	18歳に達する日以後の最初の3月31日までの間にある者または20歳未満で政令で定める程度の障害の状態にある者
特別児童扶養手当法	障害児	20歳未満であって，障害等級1級および2級に該当する程度の障害の状態にある者
	重度障害児	障害児のうち，政令で定める程度の重度の障害の状態にあるため，日常生活において常時の介護を必要とする者
子ども・子育て支援法	子ども	18歳に達する日以後の最初の3月31日までの間にある者
児童の権利に関する条約	児童	18歳未満のすべての者（ただし，その者に適用される法律により，より早く成年に達したものを除く）

貧困に対する支援

1 貧困の概念

Q 1181 生活保護制度において，保護の要否を判定するための資力調査は，原則として実施しない。

Q 1182 生活保護法では，労働能力の有無や困窮の原因にかかわらず保護の対象とする制限扶助主義を採用している。

Q 1183 エリザベス救貧法により，全国を単一の教区とした救貧行政が実施された。

Q 1184 新救貧法では，救済の水準を独立自活している労働者の生活水準に引き上げることを原則とした。

Q 1185 新救貧法では，労役場を労働能力のない貧民の救済の場とし，労働能力のある貧民の救済は新救貧法外の雇用または院外救済で行った。

Q 1186 救貧法および失業救済に関する王立（勅命）委員会報告書（1909年）は，多数派報告と少数派報告からなり，多数派報告は，救貧法を解体してより普遍的な方策が必要であると主張した。

生活保護法における原理・原則や扶助の種類，保護の実施機関の体制などについて理解を深め，公的扶助の歴史的展開や近年の動向を，しっかり押さえましょう。

A 1181 生活保護制度では，要保護状態にあることを確認するため，行政機関によって<u>資力調査（ミーンズ・テスト，資産調査）</u>が行われる。 ✕

A 1182 生活保護法2条に規定する<u>無差別平等</u>の原理により，全国民を対象とした<u>一般扶助</u>主義を採用。なお，<u>制限扶助</u>主義は，労働不能の困窮者のみ救済対象とするもので，救護法などで採用された。 ✕

A 1183 救済基準を全国一律にすることによって，教区ごとのばらつきをなくし，救貧行政の中央集権化を図るという<u>均一処遇</u>が行われたのは，1834年に制定された<u>新救貧法</u>である。 ✕

A 1184 1834年に制定された新救貧法では，貧民に与えられる救済の質・量は労働者の最低生活水準を上回ってはならないことを原則とした（<u>劣等処遇の原則</u>）。 ✕

A 1185 1834年に制定された新救貧法では，労役場を労働能力のある貧民の救済の場として，<u>院外救済</u>を禁止した。設問の記述は，<u>ギルバート法</u>による制度である。 ✕

A 1186 救貧法および失業救済に関する王立（勅命）委員会報告書において，救貧法を解体すべきと主張したのは，<u>ウェッブ</u>による<u>少数派</u>報告である。<u>多数派</u>報告では，救貧法制度の存続と強化を目指した。 ✕

Q1187 「令和4年度被保護者調査」(厚生労働省)によると,2018年度から2022年度にかけて,世帯類型別被保護世帯数のうち母子世帯の割合は上昇している。

Q1188 「令和4年度被保護者調査」(厚生労働省)によると,保護の申請件数は前年度に比べて減少している。

Q1189 「令和4年度被保護者調査」(厚生労働省)によると,被保護実人員数(保護停止中を含む)は,約80万人である。

Q1190 「令和4年度被保護者調査」(厚生労働省)によると,保護率(人口百人当)は16.8%となっている。

Q1191 「令和4年度被保護者調査」(厚生労働省)によると,保護の種類別に扶助人員をみた場合,生活扶助が最も多い。

Q1192 「令和4年度被保護者調査」(厚生労働省)によると,保護開始の主な理由のうち,傷病によるが最も多い。

Q1193 2021(令和3)年の「ホームレスの実態に関する全国調査(生活実態調査)」によると,路上生活期間「10年以上」は,2016年に比べて減少している。

A 1187 「令和4年度被保護者調査」（厚生労働省）によると，2018年度から2022年度にかけて，被保護世帯数のうち母子世帯の割合は，5.3％ から4.1％にまで<u>低下</u>している。　✕

A 1188 「令和4年度被保護者調査」（厚生労働省）によると，保護の申請件数は前年度に比べて<u>増加</u>している。　✕

A 1189 「令和4年度被保護者調査」（厚生労働省）によると，被保護実人員数（保護停止中を含む）は，約<u>202</u>万人である。　✕

A 1190 「令和4年度被保護者調査」（厚生労働省）によると，保護率（人口百人当）は<u>1.62</u>％ となっている。　✕

A 1191 「令和4年度被保護者調査」（厚生労働省）によると，保護の種類別に扶助人員をみた場合，<u>生活扶助</u>が最も多く，次いで<u>住宅扶助</u>が多い。　○

A 1192 「令和4年度被保護者調査」（厚生労働省）によると，保護開始の主な理由で最も多いのは<u>貯金等の減少・喪失</u>であり，次いで<u>傷病</u>によるが多い。　✕

A 1193 2021年の「ホームレスの実態に関する全国調査（生活実態調査）」によると，路上生活期間「10年以上」は，2016年に比べて5％程度<u>増加</u>している。　✕

3 貧困に対する制度の発展過程

Q1194 恤救（じゅっきゅう）規則は，国家責任の理念に基づいた救貧対策として，1874（明治7）年に制定された。

Q1195 恤救規則では，生活に必要な食料を現物で生活困窮者に給付していた。

Q1196 救護法における救護の種類には，生活扶助，医療扶助，助産，生業扶助があった。🌟

Q1197 旧生活保護法（1946年）では，素行不良な者が保護の対象外となっていた。🌟

Q1198 1946（昭和21）年，GHQは，救済並びに福祉計画に関する件（SCAPIN404）を発し，それを受けて旧生活保護法の7種類の扶助が制度化された。🌟

Q1199 現行の生活保護法では，保護について要保護者本人から申請があった場合に限って開始するものとしている。

A 1194 恤救規則は，1874（明治7）年に制定された公的な　✕
救済制度であるが，<u>血縁的な助け合い</u>を基礎に，
人々のお互いの同情心によって助け合うこととして
いた。

A 1195 恤救規則では，<u>米代</u>が支給される。極貧かつ独身の　✕
廃疾（障害）者および70歳以上の重病・老衰者は
年間1石8斗を，疾病者には1日男性3合，女性2合
を，13歳以下の児童は年間7斗を上限としていた。

A 1196 1929（昭和4）年に制定された救護法の救護の種類　○
は，<u>生活扶助，医療扶助，助産，</u>生業扶助の4種類
であり，加えて埋葬費の支給が行われた。

A 1197 旧生活保護法2条に，次の各号の一に該当する者　○
は，この法律による保護はこれをなさないと規定さ
れており，その第二号に「<u>素行不良な者</u>」をあげて
いる。

A 1198 1946年に GHQ は，<u>社会救済に関する覚書（SCAPIN　✕
775）</u>を発し，それを受けて旧生活保護法が制定，
<u>生活扶助，医療扶助，助産扶助，生業扶助，葬祭扶
助</u>の5種類の扶助が制度化された。

A 1199 1950（昭和25）年に制定された現行の生活保護法　✕
では，申請保護の原則として，保護は，<u>要保護者，
その扶養義務者またはその他の同居の親族</u>の申請に
基づいて開始するものとし，要保護者が急迫した状
況にあるときは，保護の申請がなくても，必要な保
護を行うことができる旨を定めている。

Q 1200 生活保護法では，自立を助長することを目的としている。

Q 1201 永住や配偶者の資格などで在留している外国人に対する扶助は，その者の国や地域に準じた保護を行う。

Q 1202 生活保護法に基づく無差別平等の原理では，すべての国民が，この法律の定める要件を満たす限り，無差別平等に保護を受けることができるとしている。

Q 1203 生活保護法において，最低限度の生活とは，日本国憲法25条に規定された健康で文化的な生活を維持できるものをいう。

Q 1204 民法に定める扶養義務者の扶養および他の法律に定める扶助は，生活保護法による保護に優先して行われる。 ⭐

Q 1205 生活保護法4条における扶養義務者とは，絶対的扶養義務者を指し，相対的扶養義務者は含まれない。 ⭐

Q 1206 生活保護法では，現に保護を受けている者を要保護者という。

A 1200

生活保護法1条では、法の目的として「日本国憲法第25条に規定する理念に基き、国が生活に困窮するすべての国民に対し、その困窮の程度に応じ、必要な保護を行い、その最低限度の生活を保障するとともに、その<u>自立</u>を助長することを目的とする」と規定している。

○

A 1201

生活に困窮している外国人に対する扶助は、永住や配偶者の資格などで在留する場合、日本国民に準じた保護を行う。ただし、外国人には<u>保護請求権</u>や<u>不服申立て</u>を行う権利は認められていない。

×

A 1202

生活保護法2条でいう無差別平等とは、<u>人種</u>、信条、性別、社会的身分、<u>門地</u>等によって差別されることはない、ということである。

○

A 1203

生活保護法3条の<u>最低生活</u>では、保障される最低限度の生活は、<u>健康で文化的な生活水準</u>を維持することができるものでなければならないと規定されている。

○

A 1204

生活保護法の保護は、利用できる資産や能力、他の法律や制度を活用（他法他施策の優先）しても、なお生活に不足が生じた場合に、その不足分を補うものである。これを<u>保護の補足性</u>という。

○

A 1205

生活保護法4条における<u>扶養義務者</u>には、民法752、877条に基づき、配偶者や直系血族、兄弟姉妹といった<u>絶対的扶養義務者</u>と、3親等内の親族という<u>相対的扶養義務者</u>が含まれる。

×

A 1206

<u>生活保護</u>法では、現に保護を受けている者を<u>被保護者</u>という。

×

Q 1207 生活保護法では，行政庁が保護の必要な者に対して職権で保護を行うという職権保護が原則である。⭐

Q 1208 要保護者が急迫した状況にある場合であっても，福祉事務所長は，資産等の調査を待って保護を開始しなければならない。

Q 1209 保護は，厚生労働大臣の定める基準により測定した要保護者の需要を基とし，そのうち，金銭または物品で満たすことのできない不足分を補う程度において行う。

Q 1210 国は，被保護者に対して扶養義務者が扶養の義務を履行しない場合，その費用の全部または一部を，その扶養義務者から徴収することができる。

Q 1211 保護は，要保護者の年齢別，性別，健康状態等に関して，世帯の実際の相違を考慮することなく一定の必要の基準に当てはめて行う。

Q 1212 保護は，親族を単位としてその要否及び程度を定める。⭐

Q 1213 就労能力があり，一定基準以上の収入がある者は保護を受けることはできないが，そのほかの世帯員は状況に応じて保護を受けることができる。

Q 1214 生活保護法に基づく保護の4原則とは，申請保護の原則，所得及び資産の原則，必要即応の原則，世帯単位の原則をいう。

1207 生活保護法では，要保護者，その扶養義務者または同居の親族の申請に基づいて開始される<u>申請保護</u>が原則である。 ✕

 1208 要保護者が急迫した状況にあるときは，保護の申請がなくとも，資力調査を待たずに，<u>福祉事務所長</u>の判断で必要な保護（職権保護）を行うことができる。これは<u>申請保護</u>の原則の但し書として規定されている。 ✕

 1209 生活保護法上に，<u>基準及び程度</u>の原則として「保護は，<u>厚生労働大臣</u>の定める基準により測定した要保護者の需要を基とし，そのうち，その者の金銭又は物品で満たすことのできない不足分を補う程度において行うものとする」と規定されている。 ◯

 1210 生活保護法の規定では，費用の徴収をできるのは，費用を支弁した<u>都道府県</u>または<u>市町村の長</u>であり，国ではない。 ✕

 1211 生活保護法に基づく<u>必要即応の原則</u>では，「保護は，要保護者の年齢別，性別，健康状態等その個人又は世帯の実際の<u>必要の相違</u>を考慮して，有効且つ適切に行うものとする」と規定している。 ✕

 1212 保護は，<u>世帯単位</u>の原則に基づき，<u>世帯</u>を単位としてその要否及び程度を定める。 ✕

 1213 生活保護は，原則として世帯単位の原則に基づくが，<u>世帯分離</u>が認められる場合は，個人単位で保護を受けることが可能である。 ◯

 1214 <u>生活保護法に基づく保護の4原則</u>とは，申請保護の原則，<u>基準及び程度</u>の原則，必要即応の原則，世帯単位の原則をいう。 ✕

Q 1215 生活保護基準は，財務大臣と厚生労働大臣の連名で改定される。

Q 1216 正当な理由がなければ保護を不利益に変更されないという権利があるが，地方公共団体における予算の不足はこの正当な理由に当たる。

Q 1217 被保護者は，給付される保護金品に対して租税その他の公課を課せられる。⭐

Q 1218 被保護者は，既に給与を受けた保護金品またはこれを受ける権利を差し押さえられることはない。⭐

Q 1219 生活扶助は，原則として，被保護者の居宅において行うものとしている。

Q 1220 被保護者は，収入，支出その他生計の状況について変動があったときは，速やかに被保護者の住所地を担当する民生委員に届け出なければならない。

Q 1221 被保護者が文書による指導・指示に従わない場合は，保護の実施機関はただちに保護の停止・廃止の処分を行わなくてはならない。

Q 1222 被保護者が急迫の場合等で資力があるにもかかわらず保護を受けたときであっても，その受けた保護金品に相当する金額の範囲内の金額を返還する義務はない。

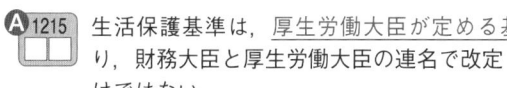 **1215** 生活保護基準は，<u>厚生労働大臣が定める基準</u>であり，財務大臣と厚生労働大臣の連名で改定されるわけではない。 ✕

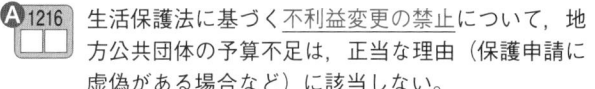 **1216** 生活保護法に基づく<u>不利益変更の禁止</u>について，地方公共団体の予算不足は，正当な理由（保護申請に虚偽がある場合など）に該当しない。 ✕

1217 被保護者は，保護金品を標準として租税その他の公課を課せられることがない。これを<u>公課禁止</u>という。 ✕

1218 被保護者は，既に給与を受けた保護金品またはこれを受ける権利を差し押さえられることはない。これを<u>差押禁止</u>という。 ○

1219 生活扶助は，原則，被保護者の居宅において行うものであるが，<u>救護施設</u>，<u>更生施設</u>，<u>日常生活支援住居施設</u>などに入所・入居しているなどの場合にも行うことができる。 ○

1220 生活保護法の<u>届出の義務</u>についての記述であるが，収入，支出その他生計の状況に変動があったときは，<u>保護の実施機関</u>または<u>福祉事務所長</u>に届け出なければならない。 ✕

1221 生活保護法の<u>指示等に従う義務</u>の記述であるが，指導・指示に従わない場合，保護の実施機関は保護の<u>変更</u>または<u>停止・廃止</u>をすることができると規定され，義務ではない。 ✕

1222 生活保護法に，被保護者が，急迫の場合等において資力があるにもかかわらず，保護を受けたときは，保護に要する費用を支弁した<u>都道府県</u>または<u>市町村</u>に対して，保護の実施機関の定める額を<u>返還</u>しなければならないと規定されている。 ✕

貧困に対する支援

Q1223 光熱費・家具什器等の世帯単位の経費は，生活扶助の第2類費に含まれる。

Q1224 生活扶助基準は，マーケット・バスケット方式によって設定される。

Q1225 生活扶助基準第2類は，世帯人員別に設定されている。

Q1226 被保護者が，入退院，通院をした場合に要した交通費は，医療扶助に含まれる。

Q1227 生活扶助は，衣料品費，食料品費，葬祭費などを給付する。

Q1228 教育扶助は，高等学校の就学に係る学用品費について給付する。

Q1229 住宅扶助は，現物給付によって行うことを原則とする。🌟

Q1230 医療扶助は，原則，現物給付によって行われる。🌟

Q1231 介護保険の第1号被保険者資格を有する生活保護受給者が介護扶助を受ける場合に行われる要介護認定は，介護保険の被保険者と同様，介護保険法に基づいて審査・判定が行われる。

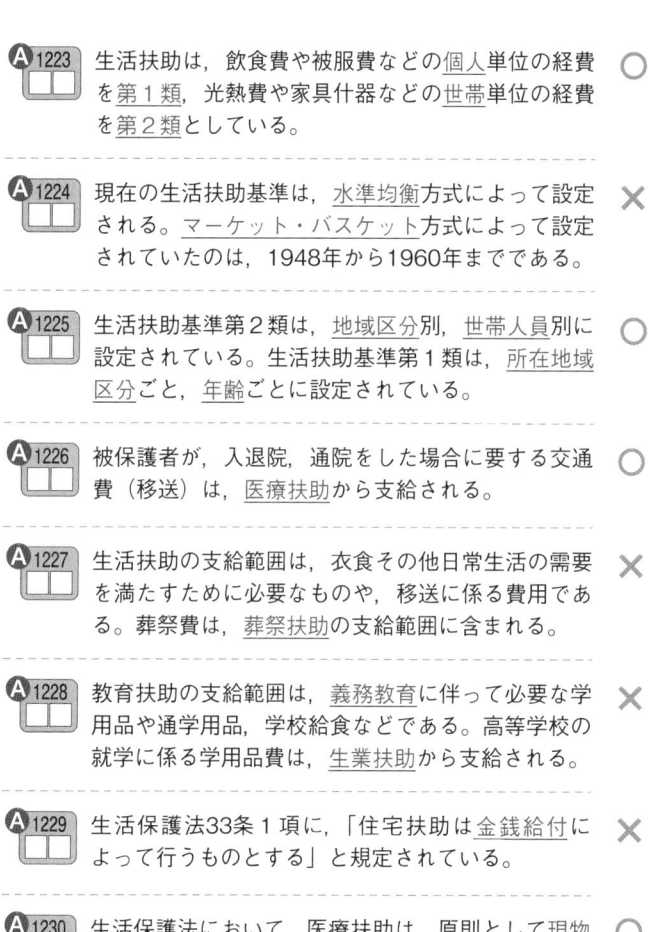

A 1223 生活扶助は，飲食費や被服費などの<u>個人</u>単位の経費を<u>第1類</u>，光熱費や家具什器などの<u>世帯</u>単位の経費を<u>第2類</u>としている。 ○

A 1224 現在の生活扶助基準は，<u>水準均衡方式</u>によって設定される。<u>マーケット・バスケット</u>方式によって設定されていたのは，1948年から1960年までである。 ✕

A 1225 生活扶助基準第2類は，<u>地域区分</u>別，<u>世帯人員</u>別に設定されている。生活扶助基準第1類は，<u>所在地域区分</u>ごと，<u>年齢</u>ごとに設定されている。 ○

A 1226 被保護者が，入退院，通院をした場合に要する交通費（移送）は，<u>医療扶助</u>から支給される。 ○

A 1227 生活扶助の支給範囲は，衣食その他日常生活の需要を満たすために必要なものや，移送に係る費用である。葬祭費は，<u>葬祭扶助</u>の支給範囲に含まれる。 ✕

A 1228 教育扶助の支給範囲は，<u>義務教育</u>に伴って必要な学用品や通学用品，学校給食などである。高等学校の就学に係る学用品費は，<u>生業扶助</u>から支給される。 ✕

A 1229 生活保護法33条1項に，「住宅扶助は<u>金銭給付</u>によって行うものとする」と規定されている。 ✕

A 1230 生活保護法において，医療扶助は，原則として<u>現物給付</u>によって支給されることが規定されている。 ○

A 1231 介護保険の被保険者でない生活保護受給者が介護扶助を受ける場合には，介護扶助の要否判定の一環として<u>生活保護法</u>に基づいて要介護認定が行われる。 ○

貧困に対する支援

Q 1232 要介護者に対する介護扶助は，居宅介護支援計画に基づく居宅介護，福祉用具，住宅改修，施設介護，移送について行うものであり，介護保険料は含まれない。 ⭐

Q 1233 出産扶助は，分娩の介助，分娩前の処置，脱脂綿，ガーゼその他の衛生材料について行うものであり，分娩後の処置も含まれている。

Q 1234 生業扶助は，現に就いている生業の維持を目的とするため，生業に就くために必要な技能の修得はその範囲に含まれない。

Q 1235 葬祭扶助の範囲に，遺体の検案のための費用は含まれている。 ⭐

Q 1236 エンゲル方式とは，標準栄養所要量を満たし得る食品を理論的に積み上げて計算し，別に低所得世帯の実態調査から，この飲食物費を支出している世帯のエンゲル係数の理論値を求め，これから逆算して総生活費を算出する方式である。

Q 1237 1965（昭和40）年から1983年にかけて，一般世帯と生活保護世帯の生活水準の格差縮小を図る格差縮小方式が採用された。

Q 1238 最低限度の生活を維持するのに必要な飲食物費，被服材料費，光熱水費などの具体的な費目を積み上げ，最低生活費を算出する方式を水準均衡方式という。

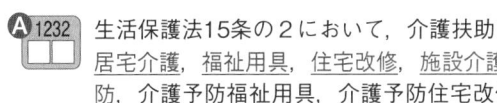 **1232** 生活保護法15条の2において，介護扶助の範囲は，<u>居宅介護</u>，<u>福祉用具</u>，<u>住宅改修</u>，<u>施設介護</u>，<u>介護予防</u>，介護予防福祉用具，介護予防住宅改修，<u>移送</u>，介護予防・日常生活支援と規定されている。 ○

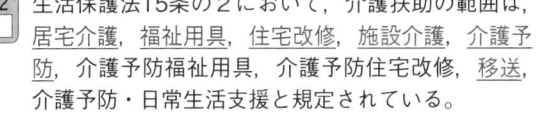 **1233** 生活保護法16条において，出産扶助の範囲は，分娩の介助，分娩前および<u>分娩後の処置</u>，脱脂綿，ガーゼその他の衛生材料と規定されている。 ○

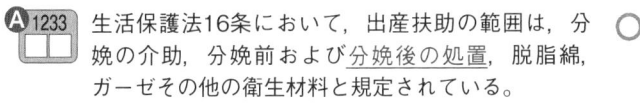 **1234** <u>生業扶助</u>は，<u>最低限度の生活</u>を維持できない者だけでなく，その<u>恐れ</u>のある者も対象である。よって，生業に就くために必要な技能の修得は，対象範囲に含まれる。 ✕

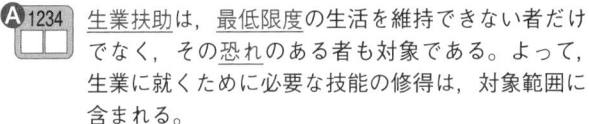 **1235** 生活保護法18条において，葬祭扶助の範囲は，遺体の<u>検案</u>，死体の運搬，<u>火葬</u>または<u>埋葬</u>，納骨その他葬祭のために必要なものと規定されている。 ○

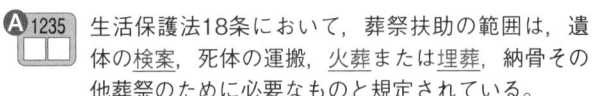 **1236** <u>エンゲル</u>方式は，ベルギーの労働者世帯の家計構造の調査を行った<u>エンゲル</u>が提唱した総生活費を算出する方式で，わが国では1961年から1964年まで採用されていた。 ○

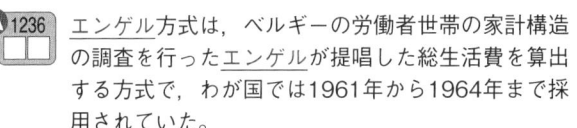 **1237** <u>格差縮小</u>方式とは，予算編成時に政府が発表する国民消費支出の伸び率をもとに，<u>一般世帯</u>と<u>生活保護世帯</u>の生活水準の格差縮小分を加え，生活扶助基準の改定率を決める方式である。 ○

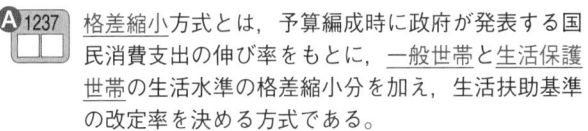 **1238** <u>水準均衡</u>方式とは，当該年度に想定される一般国民の消費動向を踏まえ，前年までの消費水準との調整を図り，生活扶助基準を算定する方式である。設問の記述は，<u>マーケット・バスケット</u>方式である。 ✕

貧困に対する支援

Q 1239 生活保護法上の保護施設には，救護施設や更生施設などの5種類がある。

Q 1240 救護施設は，医療を必要とする要保護者に対して，医療の給付を行うことを目的とする施設である。⭐

Q 1241 更生施設は，就業能力の限られている要保護者の就労または技能の修得のために必要な機会および便宜を与えて，その自立を助長することを目的とする施設である。

Q 1242 医療保護施設は，ホームレス，行旅病人など，一般の医療機関を利用することが困難な者が対象となる。

Q 1243 保護施設である授産施設への入所は，障害者総合支援法の施行を受け，行政との利用契約になった。

Q 1244 宿所提供施設は，住居のない要保護者の世帯に対し生活扶助を行うことを目的とする施設である。

Q 1245 都道府県および市町村以外であっても，保護施設を設置することができる。

Q 1246 2021（令和3）年1月に被保護者健康管理支援事業が創設された。

Q 1247 生活保護制度では，被保護者の自立支援を図る一環として，被保護者就労支援事業を設けている。

A 1239 生活保護法上の保護施設は，救護施設，更生施設，医療保護施設，授産施設，宿所提供施設の5種類に分類される。　◯

A 1240 設問の記述は，医療保護施設の説明である。救護施設は，身体上または精神上著しい障害があるために日常生活を営むことが困難な要保護者を入所させて，生活扶助を行うことを目的とする施設である。　✕

A 1241 更生施設は，身体上または精神上の理由により，養護および生活指導を必要とする要保護者を入所させて，生活扶助や自立と社会参加に必要な生活指導を行うことを目的とした施設である。なお，設問の記述は，授産施設である。　✕

A 1242 医療保護施設は，医療を必要とする要保護者に対して，医療扶助を行うことを目的とする施設である。　◯

A 1243 保護施設である授産施設への入所は，従来どおり措置権者への申請とそれによる行政処分である。　✕

A 1244 宿所提供施設は，住居のない要保護者の世帯に対し，住宅扶助を行うことを目的とする施設である。　✕

A 1245 保護施設を設置することができるのは，都道府県，市町村および地方独立行政法人，社会福祉法人，日本赤十字社である。　◯

A 1246 被保護者健康管理支援事業は，被保護者への必要な情報の提供，保健指導，医療機関への受診勧奨などを行うもので，2021年1月に創設された。　◯

A 1247 被保護者就労支援事業は，就労の支援に関する問題について，被保護者からの相談に応じ，必要な情報の提供や助言を行う。　◯

貧困に対する支援

393

5 その他の貧困に対する制度

Q 1248 生活福祉資金貸付制度において，貸付の決定は，民生委員の推薦を必要とし，市町村社会福祉協議会が行う。

Q 1249 生活福祉資金貸付制度の借入れの申込先は，福祉事務所である。

Q 1250 生活福祉資金は重複貸付が禁止されているため，総合支援資金の貸付を受けた場合，教育支援資金の貸付を受けることはできない。

Q 1251 生活福祉資金の貸付金を償還期限までに返却しなかった場合，延滞利子を付して返済しなければならない。

Q 1252 総合支援資金には，住居入居費（敷金，礼金等住宅の賃貸契約を結ぶために必要な費用）は含まれない。⭐

Q 1253 生活福祉資金貸付制度のひとつである不動産担保型生活資金は，障害者世帯および65歳以上の高齢者世帯を対象としている。

Q 1254 臨時特例つなぎ資金貸付制度の実施主体は，市町村社会福祉協議会である。

1248 生活福祉資金貸付制度の実施主体は，都道府県社会 ✕
福祉協議会であり，貸付の決定は，市町村社会福祉
協議会が策定した計画を都道府県社会福祉協議会内
に設置されている生活福祉資金運営委員会において
審査し，要否を決定する。

 1249 生活福祉資金貸付制度の借入れの申込先は，市町村 ✕
社会福祉協議会である。

1250 生活福祉資金については，同一世帯に対して，必要 ✕
と判断されれば，複数の資金を同時に貸し付けるこ
とができる。

1251 生活福祉資金は，借り入れる資金ごとに償還期限が 〇
定められているため，その期限までに返済しなかっ
た場合は残元金に対して延滞利子が加算される。

1252 総合支援資金には，生活再建までの間に必要な生活 ✕
支援費，住宅入居費，生活再建のため一時的に必要
かつ日常生活費では賄うことが困難である費用や就
職・転職を前提とした技能習得に要する経費などの
一時生活再建費の3つがある。

 1253 不動産担保型生活資金は，低所得の高齢者世帯 ✕
（65歳以上）に対して，一定の居住用不動産を担保
として生活資金を貸し付ける資金である。

 1254 臨時特例つなぎ資金貸付制度の実施主体は都道府県 ✕
社会福祉協議会である。なお，この制度は連帯保証
人が不要で，貸付利子は無利子となっている。

貧困に対する支援

395

Q 1255 無料低額診療制度は，社会福祉法に規定される第二種社会福祉事業に位置付けられている。

Q 1256 ホームレス自立支援基本方針では，支援のためのプロセスとして，自立支援施設への入所後，生活が安定した段階で生活保護の適用を行うとされている。

Q 1257 生活困窮者自立支援法は，生活困窮者対策と生活保護制度の見直しの一体的な検討を経て成立した。

Q 1258 生活困窮者自立支援法の対象者は，稼働年齢層に限定している。

Q 1259 生活困窮者自立支援法では，住居の確保を目的とした給付金を支給する制度が設けられている。⭐

Q 1260 自立相談支援事業は，相談支援を通して生活困窮者に就職のあっせんを行う事業である。⭐

Q 1261 一時生活支援事業とは，住居を有する生活困窮者に対して食事の提供を行う事業である。

1255 無料低額診療制度は，社会福祉法上の「生計困難者のために，無料又は低額な料金で診療を行う事業」であり，第二種社会福祉事業に位置付けられている。 ○

 1256 ホームレスの自立の支援等に関する基本方針（ホームレス自立支援基本方針）において，ホームレスに対する生活保護の適用については，一般の者と同様であり，自立に向けて必要な保護を実施することが記されている。 ×

1257 生活困窮者自立支援法は，生活困窮者対策と生活保護制度の見直しの一体的な検討を経て，2013（平成25）年に成立し，2015年から施行された。 ○

 1258 生活困窮者自立支援法の対象者は，生活困窮者である。 ×

貧困に対する支援

 1259 生活困窮者自立支援法では，住居の確保を目的とした給付金を支給する制度として，生活困窮者住居確保給付金が設けられている。 ○

 1260 自立相談支援事業では，生活困窮者などからの相談に応じ，必要な情報提供や助言を行うほか，認定生活困窮者就労訓練事業の利用についてのあっせんを行っている。 ×

 1261 一時生活支援事業では，一定の住居を持たない生活困窮者に対し，一定期間にわたって宿泊場所を供与し，食事の提供などの支援を行う。 ×

6 貧困に対する支援における関係機関と専門職の役割

Q 1262
保護の実施機関は，厚生労働省の地方厚生局である。

Q 1263
福祉事務所の長は，福祉事務所の指導監督を行う所員の経験を5年以上有した者でなければならない。

Q 1264
福祉事務所の指導監督を行う所員および現業を行う所員は，社会福祉主事でなければならない。

Q 1265
民生委員は，生活保護法の施行について，福祉事務所長または社会福祉主事の事務の執行に協力することとされている。⭐

Q 1266
要保護者から保護の申請があったとき，保護の決定通知は，保護の申請があった日から14日以内に行うことが原則である。⭐

Q 1267
福祉事務所長が行う処分に不服がある者は，市町村長に対して審査請求を行うことができる。

Q 1268
福祉事務所に置かれている社会福祉主事は，25歳以上の者でなければならない。

Q 1269
都道府県は，居住地がないか，または明らかでない被保護者の保護につき市町村が支弁した保護費，保護施設事務費および委託事務費の4分の1を負担する。

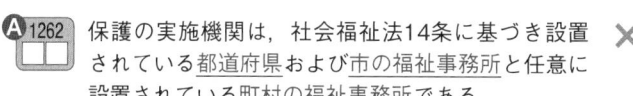 **A 1262** 保護の実施機関は，社会福祉法14条に基づき設置されている都道府県および市の福祉事務所と任意に設置されている町村の福祉事務所である。 ✕

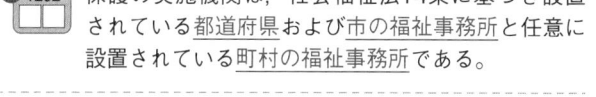 **A 1263** 福祉事務所の長は，都道府県知事または市町村長（特別区の区長を含む）の指揮監督を受けて，所務を掌理するものであるが，資格要件は，社会福祉法上に設けられていない。 ✕

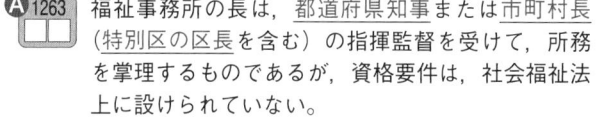 **A 1264** 社会福祉法15条6項において，福祉事務所の指導監督を行う所員および現業を行う所員は，社会福祉主事でなければならないと規定されている。 ○

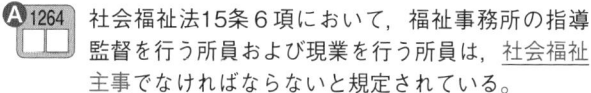 **A 1265** 民生委員は，協力機関として，要保護者の発見や生活状態の調査などを通じて，福祉事務所長または社会福祉主事の事務の執行に協力するとされている。 ○

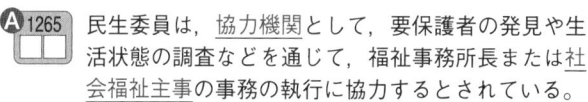 **A 1266** 保護の申請があった日から14日以内に行うことが原則である。ただし，特別な理由がある場合，最長30日まで延長できる。 ○

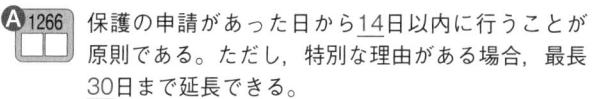 **A 1267** 生活保護法において，審査請求は，都道府県知事に対して行うことが規定されている。 ✕

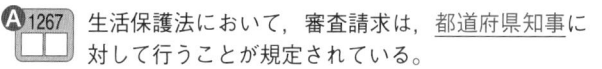 **A 1268** 社会福祉主事は，都道府県知事または市町村長の補助機関である職員として，18歳以上であって，人格が高潔で思慮が円熟し，社会福祉の増進に熱意があるなどの必要な要件を満たす者のなかから任用しなければならない。 ✕

A 1269 生活保護法73条において，都道府県は，居住地がない場合などの被保護者の保護費等の4分の1を負担しなければならないと規定されている。 ○

貧困に対する支援

399

7 貧困に対する支援の実際

Q 1270 生活保護の自立支援プログラムでは, 民間事業者等への外部委託は想定されていない。

Q 1271 自立支援プログラムは, 就労による経済的自立のみならず, 日常生活自立, 社会生活自立など多様な課題に対応するものである。

Q 1272 自立支援プログラムのうち, 効果の高い事業については, 被保護者就労準備支援事業や生活困窮者就労準備支援事業などの法定化された事業に転換された。 ⭐

Q 1273 被保護者就労準備支援事業 (一般事業分) は, 生活保護法に基づき, 介護保険法に基づく地域支援事業に相当する事業として実施することになった。

Q 1274 被保護者就労準備支援事業 (一般事業分) を利用するには, 直ちに就職することが困難な被保護者であって, 就労が見込まれる者である必要がある。

Q 1275 被保護者就労準備支援事業 (一般事業分) に, 社会生活自立に関する支援が含まれている。 ⭐

A 1270 生活保護の自立支援プログラムでは，民間事業者等への外部委託も含めて，実施体制の充実を積極的に図るとしている。 ✕

A 1271 自立支援プログラムは，経済的自立のためのプログラムのみならず，日常生活自立および社会生活自立を目指すプログラムを幅広く用意し，被保護者の抱える多様な課題に対応できるようにする必要があるとしている。 ◯

A 1272 自立支援プログラムのうち，効果の高い事業については，生活保護法上の被保護者就労支援事業や被保護者就労準備支援事業，生活困窮者自立支援法上の生活困窮者就労準備支援事業のように法定化された事業に転換された。 ◯

A 1273 被保護者就労準備支援事業（一般事業分）は，生活保護法に基づき，生活困窮者自立支援法に基づく就労準備支援事業に相当する事業として実施することになった。 ✕

A 1274 被保護者就労準備支援事業（一般事業分）の利用対象は，直ちに就職することが困難な被保護者であって，生活習慣の形成・改善を行い，社会参加に必要な基礎技能等を習得することにより就労が見込まれる者のうち，本事業への参加を希望する者となっている。 ◯

A 1275 被保護者就労準備支援事業（一般事業分）には，日常生活自立に関する支援，社会生活自立に関する支援，就労自立に関する支援が含まれている。 ◯

貧困に対する支援

重要ポイント まとめて CHECK!!

Point 40　公的扶助の歴史的展開

わが国の公的扶助の発展

	内　容
恤救規則	1874年制定。無告ノ窮民を対象に米代を支給
救護法	1929年制定（1932年施行） 生活，医療，助産，生業の4つの扶助と**埋葬費**を支給 救護機関は市町村長，**補助機関は方面委員**
旧生活保護法	1946年制定。生活，医療，助産，生業，葬祭の5つの扶助を支給　実施機関は市町村長，**補助機関は民生委員**
現行生活保護法	1950年制定。生活，医療，出産，生業，葬祭，住宅，教育，介護（2000年に追加）の8つの扶助を支給 実施機関は都道府県知事，市長，福祉事務所を管理する町村長 **協力機関は民生委員，補助機関は社会福祉主事**

Point 41　生活保護の原理・原則

生活保護法における4つの基本原理

国家責任の原理…最低限度の生活を保障，自立助長
無差別平等の原理…無差別平等に保護を支給
最低生活の原理…最低限度の生活を保障
保護の補足性の原理…他法他施策を活用して不足分を保護

生活保護法における4つの原則

申請保護の原則…要保護者や扶養義務者等の申請が原則
基準及び程度の原則…厚生労働大臣の定める基準により保護の程度を決定
必要即応の原則…要保護者の年齢別，性別，健康状態等に即して行う
世帯単位の原則…保護は世帯単位が原則

402

■ 生活保護法に規定される保護の種類とその内容

種類	給付方法	保護の内容
生活扶助	金銭給付（原則）	基準生活費（第1類・第2類），各種加算，期末一時扶助，一時扶助など
教育扶助	金銭給付（原則）	義務教育に必要な教科書，その他学用品や通学用品，学校給食など
住宅扶助	金銭給付（原則）	家賃・間代・地代，住宅維持費（住居のある被保護者が対象）
医療扶助	現物給付（原則）	診察，薬剤，治療材料，医学的処置，手術その他の治療や施術（鍼・灸など）
介護扶助	現物給付（原則）	居宅介護，福祉用具，住宅改修，施設介護，介護予防，介護予防・日常生活支援など（介護保険と同一内容）
出産扶助	金銭給付（原則）	分娩介助，分娩前および分娩後の処置，その他衛生材料費
生業扶助	金銭給付（原則）	生業に必要な資金，器具または資料，技能の習得や就労のために必要なもの
葬祭扶助	金銭給付（原則）	検案，死体の運搬，火葬または埋葬，納骨その他葬祭に最低限必要な経費

Point **43**　　　　不服申立て制度

■ 不服申立ての手続き

　生活保護の申請却下，変更，停止，廃止などの処分に不服のある者は，審査請求と再審査請求を行うことができます。

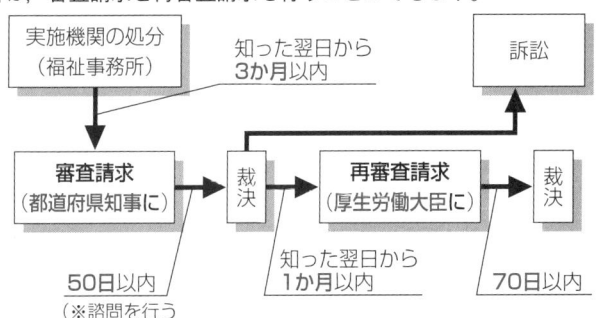

保健医療と福祉

1 医療保険制度

Q1276 75歳以上の加入者の一部負担金は，加入者が現役並み所得者である場合，療養の給付に要した費用の2割の額である。

Q1277 保険外併用療養費の差額分は，高額療養費の支給対象にはならないが，入院時食事療養費や入院時生活療養費の自己負担額は，支給対象となる。

Q1278 2018（平成30）年8月以降の高額療養費（70歳以上）をみると，「一般」の区分は，月当りの外来（個人）の上限額が8,000円に設定されている。

Q1279 高額療養費における自己負担額の世帯合算では，家族が別々の医療保険に加入していても合算できる。⭐

Q1280 70歳未満の被保険者および被扶養者については，入院等に係る高額療養費の支払いの特例（現物給付化）が実施されている。

Q1281 70～75歳未満の高額療養費の自己負担限度額は，個人区分と世帯区分に分けられる。

ソーシャルワークを円滑に進めるためにも，医療保険制度や診療報酬の仕組み，保健医療サービスの概要や専門職の役割と実際を理解しておきましょう。

A 1276 75歳以上の加入者の一部負担金は，療養の給付に要した費用の1割が基本であるが，現役並み所得者の場合には3割負担となる。 ✕

A 1277 保険外併用療養費の差額分や入院時食事療養費，入院時生活療養費の自己負担額は，高額療養費の支給対象とはならない。 ✕

A 1278 2018年8月以降の高額療養費（70歳以上）をみると，月当りの外来（個人）の上限額が8,000円に設定されているのは，「住民税非課税世帯」の区分である。「一般」は18,000円である。 ✕

A 1279 高額療養費における自己負担額の世帯合算では，家族が別々の医療保険に加入している場合は合算できない。世帯合算できるのは，同じ医療保険制度に加入している者のみである。 ✕

A 1280 医療保険制度の改正により，2007（平成19）年4月から医療機関での窓口負担を軽減するため，70歳未満の被保険者および被扶養者については，入院等に係る高額療養費の支払いの特例（現物給付化）が実施されている。 ○

A 1281 70歳未満が個人・世帯区分を設けていないのに対し，70～75歳未満は，個人ごとを対象とした外来区分と，世帯ごとを対象とした外来，入院という設定がされている。 ○

Q 1282 高額療養費の支給申請を忘れていても，消滅時効はなく，いつでも支給を申請できる。

Q 1283 長期高額疾病とは，厚生労働大臣の指定する特定疾病で，長期にわたり高額な医療費が必要な疾病を指す。

Q 1284 2018（平成30）年8月以降の高額介護合算療養費（70歳以上）は，現役並みの所得がある区分が細分化され，上限額も引き上げられた。

Q 1285 高額介護合算療養費とは，医療保険と介護保険の両サービスを利用し，それらの自己負担の合算額（年間）が自己負担限度額を超えた世帯に，超えた額が支給されることである。⭐

Q 1286 出産育児一時金は，被保険者の出産費用の7割が給付される。⭐

Q 1287 傷病手当金は，被保険者が業務上のケガで労務不能となった場合に給付される。

Q 1288 健康保険や国民健康保険などでは，オンライン資格確認の仕組みが導入されている。

1282 高額療養費の申請の受け付けは，受診月の翌月から **✕**
2年以内である。期間内に申請しなければ，時効に
より申請の権利を失う。

 1283 長期高額疾病は，血友病，人工透析が必要な慢性腎 **◯**
不全，抗ウイルス剤を投与している後天性免疫不全
症候群を指す。

 1284 2018年8月以降の高額介護合算療養費（70歳以 **◯**
上）は，現役並みの所得がある区分が3つに細分化
され，上限額も67万円から212万円まで引き上げ
られた。

 1285 高額介護合算療養費は，同一世帯内に介護保険の受 **◯**
給者がいる場合，1年間（8月1日～翌年7月31
日）にかかった医療保険（高額療養費を除く）と介
護保険の自己負担額（高額介護サービス費，高額介
護予防サービス費を除く）の合算額が自己負担限度
額を超えた世帯に，医療保険，介護保険の自己負担
額の比率に応じて，現金で医療保険者と介護保険者
から支給される。

保健医療と福祉

 1286 出産育児一時金は，定額の一時金として給付され **✕**
る。全国健康保険協会管掌健康保険の場合は，1児
につき50万円（産科医療補償制度の対象とならな
い出産の場合は48万8,000円）となっている。

 1287 傷病手当金は，業務外のケガや病気で労務不能と **✕**
なった場合に給付される。業務上のケガで労務不能
となった場合には，労災保険から休業補償給付が支
給される。

 1288 健康保険，国民健康保険，後期高齢者医療保険制度 **◯**
などでは，法改正により，オンライン資格確認の実
施に向けた体制の整備が進められている。

Q 1289 国民医療費には，診療費，調剤費のほか，正常な妊娠や分娩などに要する費用や健康の維持・増進を目的とした健康診断，市販の売薬の費用なども含まれる。

Q 1290 国民医療費は，患者が医療機関で直接支払う一部負担金を差し引いて推計したものである。

Q 1291 2021（令和3）年度の国民医療費の総額は40兆円を下回っている。

Q 1292 2021（令和3）年度の人口1人当たりの国民医療費は30万円を上回っている。

Q 1293 2021（令和3）年度の国民医療費を財源別にみると，保険料が最も大きい割合を占めている。

Q 1294 2021（令和3）年度の国民医療費を制度区分別にみると，公費負担医療給付分よりも後期高齢者医療給付分の方が少ない。

Q 1295 2021（令和3）年度の国民医療費の傷病分類別医科診療医療費の構成割合上位3つは，順に循環器系の疾患，新生物〈腫瘍〉，精神及び行動の障害である。

Q 1296 2008（平成20）年度から2021（令和3）年度における国民医療費の国内総生産に占める比率は，上昇傾向を示している。

1289 国民医療費の支給範囲は<u>傷病の治療費</u>に限っている
ため，正常な妊娠や分娩などに要する費用や<u>健康診断</u>，市販の売薬，<u>予防接種</u>などに要する費用，固定した身体障害のために必要とする<u>義眼</u>や<u>義肢</u>などの費用や<u>差額ベッド代</u>は含まれない。 ✕

 1290 国民医療費は，医療保険制度等による給付，後期高齢者医療制度や公費負担医療制度による給付，これに伴う<u>患者の一部負担</u>などによって支払われた医療費を合算したものである。 ✕

 1291 国民医療費の総額をみると，2021（令和3）年度では約<u>45兆</u>円で40兆円を超えている。 ✕

1292 2021年度の人口1人当たりの国民医療費は<u>35</u>万8,800円となっている。 ◯

1293 2021年度の国民医療費を財源別にみると，<u>保険料</u>が50.0％と，最も大きい割合を占めている。なお，<u>公費</u>は38.0％，その他は12.1％を占めている。 ◯

1294 2021年度の国民医療費を制度区分別にみると，公費負担医療給付分は3兆3,136億円，後期高齢者医療給付分は15兆7,246億円となっており，<u>後期高齢者医療給付</u>分の方が多い。 ✕

1295 2021年度の国民医療費の傷病分類別医科診療医療費の構成割合上位3つは，順に<u>循環器系の疾患</u>，<u>新生物〈腫瘍〉</u>，<u>筋骨格系及び結合組織の疾患</u>である。 ✕

1296 国民医療費の国内総生産に占める比率をみると，2008年度は6.74％であったのに対し，2021年度は<u>8.18</u>％となっており，<u>上昇</u>傾向を示している。 ◯

2 診療報酬制度の概要

Q 1297 保険医療機関が受け取る診療報酬は，審査支払機関の立替金によって賄われる。

Q 1298 診療報酬の改定は，中央社会保険医療協議会の答申を経て行われる。⭐

Q 1299 診療報酬は1点30円であるが，都市部とそれ以外の地域では多少の相違がある。

Q 1300 診療報酬の請求は，2か月分を一括にして行わなければならない。

Q 1301 外来診療報酬については，1日当たり包括払い制度がとられている。⭐

Q 1302 2006（平成18）年度の診療報酬改定で，在宅療養支援診療所が新設された。

Q 1303 2018（平成30）年度の診療報酬改定において，従来の退院支援加算の名称が「入退院支援加算」に見直された。

Q 1304 2024（令和6）年度の診療報酬改定では，全体で0.12％の引き下げとなった。

1297 保険医療機関が受け取る診療報酬は，保険者によっ ✕
て賄われる。審査支払機関は保険者が保険医療機関
から直接請求される診療報酬額について，代理で審
査・支払を行っている。

 1298 診療報酬とは，国によって定められる保険診療で行 ○
われる診察や検査の料金，薬の価格等のことであ
り，厚生労働大臣の諮問機関である中央社会保険医
療協議会の答申を経て改定が行われる。

 1299 診療報酬は全国一律で1点が10円の公定価格と ✕
なっている。それに対して，介護報酬は1単位10
円を基本に都市部ほど高い報酬となっている。

 1300 診療報酬の請求は，各月分について行わなければな ✕
らない。

 1301 外来診療報酬については，従来からの出来高払い制 ✕
度がとられている。

 1302 在宅療養支援診療所は2006年度の診療報酬改定で ○
新設された。保険医療機関たる診療所であること，
24時間連絡を受ける医師または看護職員を配置し，
その連絡先を文書で患者宅に示していることなどの
要件がある。

 1303 2018年度の診療報酬改定で，退院支援加算から入 ○
退院支援加算に名称変更をしたほか，退院困難な要
因に，虐待を受けていることなどを追加した。

 1304 2024年度の診療報酬改定では，本体部分を0.88％ ○
上げ，薬価や材料価格を下げたことから，全体では
0.12％の引き下げとなった。

Q1305 病院とは，医療法上，病床数10床以上を有する医業または歯科医業を行う施設のことである。

Q1306 調剤薬局は，医療法上の医療提供施設に含まれている。 ⭐

Q1307 地域医療支援病院の承認要件には，救急医療を提供する能力を有することが含まれる。 ⭐

Q1308 特定機能病院は，都道府県知事の承認を受けることとされている。 ⭐

Q1309 特定機能病院の設立には，400人以上の患者を入院させるための施設である必要がある。

Q1310 社会保険診療報酬支払基金は，保険診療の審査支払機能を担う保険者である。

Q1311 地域保健法によって，都道府県は保健所を，市町村は市町村保健センターを設置しなければならないと規定された。

Q1312 在宅療養支援病院では，在宅医療の担当医師を3名以上配置することとされている。

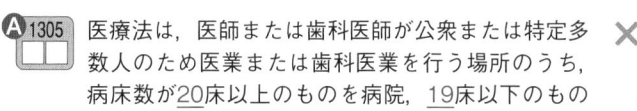

A 1305 医療法は，医師または歯科医師が公衆または特定多数人のため医業または歯科医業を行う場所のうち，病床数が20床以上のものを病院，19床以下のものを診療所としている。　×

A 1306 医療法では，病院，診療所，介護老人保健施設，介護医療院，調剤を実施する薬局その他の医療を提供する施設を医療提供施設というと規定されている。　○

A 1307 紹介患者に対する医療提供体制の整備や，原則200床以上の病床を有することなども地域医療支援病院の承認要件とされている。　○

A 1308 特定機能病院は，厚生労働大臣の承認を受けることとされている。なお，厚生労働大臣は承認をするに当たって，あらかじめ社会保障審議会の意見を聴かなければならない。　×

A 1309 特定機能病院の設立には，400床以上の病床を有することと，所定の診療科のうち16科以上を持つことが必要である。　○

A 1310 社会保険診療報酬支払基金は，保険診療の審査支払機能を担うが，保険者の代理で業務を行っているだけで保険者ではない。　×

A 1311 地域保健法5条により，都道府県には保健所の設置が義務付けられているが，市町村に市町村保健センターの設置は義務付けられてはいない。　×

A 1312 在宅療養支援病院の施設基準のひとつとして，在宅医療担当常勤の医師が3名以上配置されていることがあげられる。　○

Q 1313 「人生の最終段階における医療・ケアの決定プロセスに関するガイドライン（2018年改訂版）」によると，生命を短縮させる意図をもつ積極的安楽死も，本ガイドラインの対象とするとしている。

 Q 1314 健康増進法により，受動喫煙の防止に関することが定められている。

Q 1315 二次予防とは，健康の増進や疾病の発症予防のことである。

Q 1316 医療法に基づく医療計画は，医療提供体制の確保を図るためのものである。

Q 1317 特定健康診査および特定保健指導の対象年齢は，40歳以上60歳以下である。

Q 1318 地域連携クリティカルパスは，医療費適正化のツールである。⭐

A 1313 「人生の最終段階における医療・ケアの決定プロセスに関するガイドライン（2018年改訂版）」によると，生命を短縮させる意図をもつ積極的安楽死は，本ガイドラインの対象としないとしている。 ✕

A 1314 2003年に施行された健康増進法は，国民の健康増進を総合的に推進するための基本事項を定めており，多数の者が利用する施設での受動喫煙の防止の努力義務が規定された。2018（平成30）年の改正により2019年7月から学校，病院，児童福祉施設といった一部施設での原則敷地内禁煙が施行されている。 ○

A 1315 設問の記述は，一次予防の説明である。予防には，疾病の発症を防ぐ一次予防，早期発見・早期治療の二次予防，自立や社会参加などを目指すリハビリテーション等の三次予防がある。 ✕

A 1316 医療法30条の4において，都道府県は基本方針に即して，かつ地域の実情に応じて，当該都道府県における医療提供体制の確保を図るための計画（医療計画）を定めるものとすると規定している。 ○

A 1317 高齢者の医療の確保に関する法律に基づき，特定健康診査や特定保健指導の対象は，40歳から74歳までのすべての被保険者・被扶養者となっている。 ✕

A 1318 地域連携クリティカルパスとは，診療を担当する複数の医療機関が前もって診察内容を提示することにより患者が安心して治療を受けられ，かつ，早期に退院して自宅に帰れるように計画された診療計画表のことであり，担当するすべての医療機関で共有して使用する。 ✕

保健医療と福祉

Q 1319 医業は医師の名称独占および業務独占とされており, 医師法は医師以外のものが医業を行うことを禁じている。

Q 1320 医師は, 死体に異状を認めたときは, 厚生労働大臣に届け出なければならない。

Q 1321 医療法には, インフォームドコンセントに関する医師等の責務は明記されていない。

Q 1322 地域における保健師の保健活動に関する指針では, 都道府県保健所等に所属する保健師は, 地域診断を実施し, 取り組むべき健康課題を明らかにすることが示されている。

Q 1323 看護師は, 傷病者もしくはじょく婦に対する療養上の世話または診療の補助を行う。🔖

Q 1324 看護師は, 臨時応急の手当てを行う際に, 医師または歯科医師の指示の下に実施しなければならない。🔖

Q 1325 准看護師は, 医師, 歯科医師または看護師の指示を受けて, 傷病者もしくはじょく婦に対する療養上の世話または診療の補助を行う国家資格である。

A 1319　医師の資格は, 医師法に基づく。医師の資格を持たない者が医業を行うことを禁じる業務独占と, 医師を名乗ることや紛らわしい名称を用いることを禁じる名称独占の資格とされている。　○

A 1320　医師は, 死体に異状を認めたときは, 24時間以内に所轄警察署に届け出なければならない。　✕

A 1321　医療法1条の4第2項において「医師, 歯科医師, 薬剤師, 看護師その他の医療の担い手は, 医療を提供するに当たり, 適切な説明を行い, 医療を受ける者の理解を得るよう努めなければならない」として, 努力義務ではあるが明記されている。　✕

A 1322　地域における保健師の保健活動に関する指針では, 実態把握および健康課題の明確化として示されている。　○

A 1323　看護師は, 保健師助産師看護師法5条に「厚生労働大臣の免許を受けて, 傷病者若しくはじょく婦に対する療養上の世話又は診療の補助を行うことを業とする者をいう」と定められた国家資格である。じょく婦とは, 産後の女性のことをいう。　○

A 1324　保健師助産師看護師法37条において, 臨時応急の手当を行う場合などは, 医師または歯科医師の指示は必ずしも必要ではないと規定されている。　✕

A 1325　准看護師は, 保健師助産師看護師法6条に, 「都道府県知事の免許を受けて, 医師, 歯科医師又は看護師の指示を受けて, 前条に規定することを行うことを業とする者をいう」と定められた都道府県の認定資格である。　✕

保健医療と福祉

417

Q 1326 言語聴覚士は，摂食機能に障害のある者への療法については，歯科衛生士の了承の下で実施しなければならない。⭐

Q 1327 理学療法士（PT）は，リハビリテーション・プログラムの処方をすることができる。⭐

Q 1328 作業療法士の行う作業療法は，身体または精神に障害のある者を対象としている。⭐

Q 1329 理学療法士は，脳梗塞後遺症の患者に対して，歩行訓練を行う。

Q 1330 義肢装具士は，医師の指示なしに，義肢装具の製作適合などを行うことができる。

Q 1331 在宅患者の胃ろうチューブの交換は，言語聴覚士が行う言語聴覚療法の範囲に含まれる。

Q 1332 2002（平成14）年に改訂された医療ソーシャルワーカーの業務指針によれば，患者が医療上の指導を受け入れない場合には，その理由となっている心理的・社会的問題の解決に向けて援助を行う。

A 1326 言語聴覚士は，医師または歯科医師の指示の下，摂食機能療法，嚥下訓練，人工内耳の調整などを実施することができる。　×

A 1327 理学療法士（PT）は，医師の指示の下に業務を行う。リハビリテーション・プログラムの処方をするのは医師である。　×

A 1328 理学療法士及び作業療法士法2条2項において，作業療法とは，「身体又は精神に障害のある者に対し，主としてその応用的動作能力又は社会的適応能力の回復を図るため，手芸，工作その他の作業を行なわせること」と規定されている。　○

A 1329 理学療法士が行う片麻痺等がある脳梗塞後遺症の患者に対する歩行訓練は，理学療法として適切である。　○

A 1330 義肢装具士は，医師の指示の下に，義肢および装具の装着部位の採型ならびに義肢および装具の製作および身体への適合（義肢装具の製作適合等）を行う専門職である。　×

A 1331 在宅患者の胃ろうチューブの交換は，言語聴覚士が行う言語聴覚療法の範囲に含まれない。家族，看護師，研修を受けた介護士が行う。　×

A 1332 医療ソーシャルワーカーの業務指針では，診断，治療を拒否するなど医師等の医療上の指導を受け入れない場合に，その理由となっている心理的・社会的問題について情報を収集し，問題の解決を援助することがあげられている。　○

419

Point 44　　　　　　　　保険診療

保険診療の仕組み

保険診療は，以下の流れで行われています。

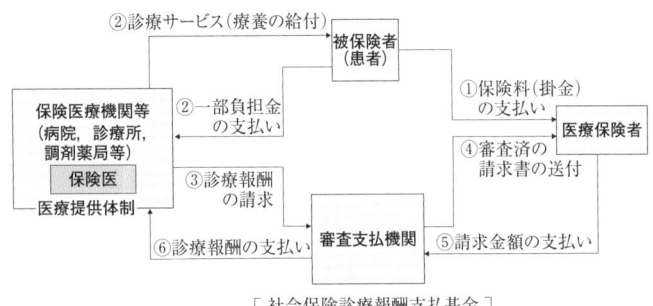

```
　　　　　②診療サービス（療養の給付）
　　　　　　　　　　　　　　　　　　　　　被保険者
　　　　　　　　　　　　　　　　　　　　　（患者）
保険医療機関等　　②一部負担金　　　　　　　　　　　①保険料（掛金）
（病院，診療所，　の支払い　　　　　　　　　　　　　の支払い　　　　医療保険者
調剤薬局等）　　　　　　　　　　　　　　　　　　　　④審査済の
　保険医　　　　　③診療報酬　　　　　　　　　　　　　請求書の送付
医療提供体制　　　　の請求
　　　　　　　　　　　　　　　　審査支払機関
　　　　　　　　⑥診療報酬の支払い　　　　　　　　⑤請求金額の支払い
```

[社会保険診療報酬支払基金]
[国民健康保険団体連合会]

診療報酬は，まず医科，歯科，調剤報酬に分類されます。

具体的な診療報酬は，原則として実施した医療行為ごとに，それぞれの項目に対応した点数が加えられ，1点の単価を10円として計算されます（いわゆる出来高払い制）。例えば，盲腸で入院した場合，初診料，入院日数に応じた入院料，盲腸の手術代，検査料，薬剤料と加算され，保険医療機関は，その合計額から患者の一部負担分を差し引いた額を審査支払機関から受け取ることになります。

資料：「厚生労働白書 資料編」（令和5年版）

得点UPのカギ　診療報酬の審査・支払いは，被用者保険については，社会保険診療報酬支払基金，国民健康保険については，国民健康保険団体連合会において行われます。

Point 45　高額療養費制度

高額療養費の上限額（70歳以上）

区分（年収）	外来（個人）	限度額（世帯*）
年収約1160万円〜 標報83万以上 課税所得690万円以上	252,600円＋1% <140,100円>	
年収約770万〜約1160万円 標報53〜79万円 課税所得380万円以上	167,400円＋1% <93,000円>	
年収約370万〜約770万円 標報28〜50万円 課税所得145万円以上	80,100円＋1% <44,400円>	
一般	18,000円 （年間上限 14.4万円）	57,600円 <44,400円>
住民税非課税	8,000円	24,600円
住民税非課税（所得が一定以下）		15,000円

*同じ世帯で同じ保険者に属する者。

< >内の金額は、過去12か月に3回以上高額療養費の支給を受けた場合の4回目以降の限度額（多数該当）。年収は東京都特別区在住の単身者の例。

資料：『高額療養費制度の見直しについて（概要）』厚生労働省保険局

高額介護合算療養費の上限額（70歳以上）

	70歳以上*2
年収約1160万円〜 標報83万円以上 課税所得690万円以上	212万円
年収約770万〜約1160万円 標報53〜79万円 課税所得380万円以上	141万円
年収約370万〜約770万円 標報28〜50万円 課税所得145万円以上	67万円
一般（年収156万〜370万円） 健保 　標報26万円以下 国保・後期 　課税所得145万円未満*1	56万円
市町村民税世帯非課税	31万円
市町村民税世帯非課税（所得が一定以下）	19万円*3

*1　収入の合計額が520万円未満（1人世帯の場合は383万円未満）の場合および旧ただし書所得の合計額が210万円以下の場合も含む。

*2　対象世帯に70〜74歳と70歳未満が混在する場合、まず70〜74歳の自己負担合算額に限度額を適用した後、残る負担額と70歳未満の自己負担合算額を合わせた額に限度額を適用する。

*3　介護サービス利用者が世帯内に複数いる場合は31万円。

資料：『高額療養費制度の見直しについて（概要）』厚生労働省保険局

1 ソーシャルワークに係る専門職の概念と範囲

Q1333 福祉事務所に配置される職員は，社会福祉法で規定されている。⭐

Q1334 市町村または都道府県から委託された知的障害者相談員は，知的障害者またはその保護者の相談に応じたり，更生に必要な援助を行う。

Q1335 母子・父子自立支援員は，配偶者のない者で現に児童を扶養しているものに対し，職業能力の向上および求職活動に関する支援を行う。

Q1336 スクールソーシャルワーカーになるには，社会福祉士の資格が必要である。

Q1337 女性相談支援員は，母子及び父子並びに寡婦福祉法に規定されており，寡婦の相談指導を行う。

Q1338 都道府県社会福祉協議会に配置されている福祉活動指導員は，市町村社会福祉協議会事業の監査に当たる。

ソーシャルワークの理念や法的位置づけを中心に学ぶ共通科目に対し，専門科目ではより実践的な内容を中心に学びます。社会福祉士の職域やソーシャルワークの対象について理解しましょう。

 1333 福祉事務所に配置される専門職は<u>社会福祉法</u>に規定されており，福祉事務所長のほか，指導監督を行う所員（<u>査察指導員</u>），現業を行う所員（現業員），事務を行う所員（事務員）が配置される。<u>査察指導員</u>はスーパーバイザーとして位置付けられている。　○

 1334 知的障害者福祉法において，<u>知的障害者相談員</u>は，知的障害者またはその保護者の相談に応じ，知的障害者の更生のために必要な援助を行うことが規定されている。　○

 1335 <u>母子・父子自立支援員</u>は，都道府県知事，市長および福祉事務所を管理する町村長からの委嘱を受け，設問の記述の業務を行う。　○

 1336 <u>スクールソーシャルワーカー</u>とは，教育分野において，いじめや不登校，家庭環境などの問題について相談に応じ，安定した学校生活を送るための支援を主な業務とするが，特定の資格制度を有する規定はない。　×

 1337 女性相談支援員は，<u>困難女性支援法</u>に基づき，困難な問題を抱える女性の発見，相談，指導等を行う。なお，女性相談支援員は，<u>都道府県知事</u>および市長から委嘱される。　×

 1338 <u>都道府県社会福祉協議会</u>および<u>指定都市社会福祉協議会</u>に配置されている福祉活動指導員は，<u>民間社会福祉活動</u>の推進方策について助言・指導，調査，企画および連絡調整を行い，広報，指導その他の実践活動の推進に従事する。市町村社会福祉協議会事業の監査は含まれていない。　×

ソーシャルワークの基盤と専門職（専門）

Q 1339 介護支援専門員は，老人福祉法に規定されている。

Q 1340 民生委員は，社会福祉法に規定されている。

Q 1341 都道府県の身体障害者更生相談所は，身体障害者福祉司を配置することが義務付けられている。⭐

Q 1342 指定介護老人福祉施設は，薬剤師を配置することが義務付けられている。

Q 1343 地域包括支援センターは，医師を配置することが義務付けられている。

Q 1344 福祉事務所に配置される現業員は，所長の指揮監督を受けて，援護，育成または更生の措置を要する者等に対する生活指導などを行う。

Q 1345 多職種等によって形成されるチームでは，チームを構成する他の専門職の文化や価値を理解する。

A 1339 介護支援専門員は，介護保険法に規定されている。✕
介護保険利用者の相談に応じて，介護サービス計画
（ケアプラン）を作成する専門職である。

A 1340 民生委員は，民生委員法に規定されている。地域住 ✕
民の福祉向上のために，相談，指導，調査などの自
主的活動や福祉事務所などの関係行政機関への協力
活動を無償で行う。厚生労働大臣により委嘱される
非常勤の地方公務員である。

A 1341 身体障害者福祉司は，身体障害者更生相談所に配置 ○
義務がある。身体障害者の福祉に関する情報提供や
相談対応，事務所内の職員への指導などを行う。な
お，市町村においては福祉事務所に任意で配置する
ことができる。

A 1342 薬剤師の配置義務はない。配置義務がある職員は， ✕
医師，生活相談員，看護職員（介護職員，看護師，
准看護師のいずれか），栄養士または管理栄養士
（入所定員が40人を超えない施設では他の施設との
連携を図ることで置かないことができる），機能訓
練指導員，介護支援専門員である。

A 1343 医師の配置は義務付けられていない。義務付けられ ✕
ているのは保健師，主任介護支援専門員，社会福祉
士などである。

A 1344 設問の記述のとおりである。社会福祉法15条4項に ○
規定されている。

A 1345 ソーシャルワークでは，クライエントが抱える生活 ○
課題は多分野にわたることが多いため，多職種，多
機関によるチームアプローチが重要となっている。
お互いの価値や文化を尊重し，相互理解を図りなが
らそれぞれの強みを生かす姿勢が求められる。

Q1346 障害者支援施設における知的障害のある利用者に対する支援では，言語的コミュニケーションが難しいところがあったとしても，利用者の理解力や意思決定の力を考慮し，本人の思いや選好を確認するよう努める。 ⭐

Q1347 障害者の意思決定支援では，職員等の価値観においては不合理でも，また他者の権利を侵害する場合でも，その選択を実現する支援を行うことが基本的原則である。

Q1348 査察指導員は，都道府県知事の指揮監督を受けて，生活保護業務の監査指導を行う。

Q1349 知的障害者福祉司は，社会的信望のもとに知的障害者の更生援護に熱意と識見を持って，知的障害者やその保護者の相談に応じ必要な援助を行う。

Q1350 スクールソーシャルワーカー活用事業において，社会福祉士や精神保健福祉士等がその選考対象に明記されるようになった。

Q1351 母子生活支援施設において，母子ともに生活が落ち着かず，母親から母子支援員へ退所の申し出があった場合，すぐに福祉事務所に退所についての判断を仰ぐ母子支援員の対応は適切である。

Q1352 地域包括支援センターでは，社会福祉士等によって自立相談支援事業が行われている。

1346 本人の思いや選好を可能な限り確認し，それを最優先して支援を行う姿勢が求められる。言語的コミュニケーションが難しい利用者への支援では，表情や動作などの非言語的コミュニケーションを活用することが特に重要となる。 ○

 1347 障害福祉サービス等の提供に係る意思決定支援ガイドラインにおいて，「職員等の価値観においては不合理と思われる決定でも，他者への権利を侵害しないのであれば，その選択を尊重するよう努める」と規定されている。 ×

 1348 都道府県知事ではなく，福祉事務所長の指揮監督を受けて，生活保護業務の監査指導を行う。 ×

 1349 知的障害者に関する相談及び指導などのうち，専門的な知識及び技術を必要とするものを行う。設問の記述は，知的障害者相談員である。 ×

 1350 スクールソーシャルワーカー活用事業は，問題を抱える児童生徒の課題解決を図るためにスクールソーシャルワーカーを活用する事業で，その実施要項において社会福祉士や精神保健福祉士等の資格を有する者から実施主体（都道府県・指定都市・中核市）が選考することが規定されている。 ○

 1351 退所にあたっては，退所後の自立に向けた支援であるリービングケアの観点から段階的に準備を進める必要がある。すぐに退所についての判断を仰ぐのは不適切である。 ×

 1352 地域包括支援センターで社会福祉士等によって行われるのは総合相談支援業務などである。自立相談支援事業は，福祉事務所設置自治体において生活困窮者自立支援制度の事業として行われる。 ×

ソーシャルワークの基盤と専門職（専門）

Q1353 援助の過程においては，ミクロ・メゾ・マクロの各レベルごとに，それぞれ異なるジェネラリスト・アプローチ固有の方法が開発されている。

Q1354 アメリカにおけるソーシャルワークの統合化とは，ケースマネジメントとカウンセリングに共通する新しい知識や方法を明らかにする動きのことである。

Q1355 医療ソーシャルワーカーによる身寄りのない患者の退院支援において，ミクロレベルの介入として，民生委員児童委員協議会に，身寄りのない患者が増加している問題を訴えることは適切である。☆

Q1356 医療ソーシャルワーカーによる身寄りのない患者の退院支援において，メゾレベルの介入として，退院の際，個別に日常生活自立支援事業の活用を提案することは適切である。

Q1357 学校を主な職域とするスクールソーシャルワーカーは，学校を対象とするメゾレベルの介入に限定された専門的な支援を行う。

Q1358 子どもの暴言や家出などの課題を抱える家族からの相談において，家族の規範を再確認するためそれぞれの役割について話し合う機会を設けることは，家族システムの視点に基づいた対応として適切である。

1353　ジェネラリスト・アプローチは，各分野の援助技術を統合して包括的な援助を実現しようとする考え方である。レベルごとに異なる方法をとるのではなく，統一した方法の開発を目指すものである。　×

 1354　統合化の対象は，ケースワーク，グループワーク，コミュニティワークである。個人や集団，地域などを個別に考えるのではなくひとつのシステムとしてとらえるシステム理論が取り入れられることにより，それぞれの技術が統合化され，ジェネラリスト・ソーシャルワークという形態が生み出された。　×

 1355　ジェネラリスト・ソーシャルワークでは，クライエントと環境との間の交互作用を重視し，ミクロ（個人や家族など），メゾ（会社や学校，病院など），マクロ（法制度や政策など）の3つのレベルに対して介入する。民生委員児童委員協議会への訴えは，メゾレベルの介入である。　×

 1356　退院の際，個別に日常生活自立支援事業の活用を提案することは，ミクロレベルの介入である。　×

 1357　教育という専門分野で支援を行うスクールソーシャルワーカーにおいても，学校に限らず家庭（ミクロレベル）や地域社会（マクロレベル）などの環境と児童生徒の交互作用を把握し，包括的に支援することが求められる。　×

 1358　家族システム理論では，家族をひとつのシステムととらえる。一見子ども個人の問題のようにみえるケースでも，家族の関係性に原因がある場合もあるため，話し合う機会を設ける対応は適切である。　○

ソーシャルワークの基盤と専門職（専門）

429

3 　総合的かつ包括的な支援と多職種連携の意義と内容

Q 1359　ジェネラリスト・ソーシャルワークは，各援助技術の統合化により誕生したアプローチである。

Q 1360　ソーシャルワークの統合化は，体系化を遅らせ，ソーシャルワーカーのアイデンティティを混乱させるもととなった。⭐

Q 1361　複合的な課題をもつ家族へのソーシャルワークでは，家族の問題をこれ以上悪化させないため，第一次予防の活動に焦点化する。⭐

Q 1362　総合的かつ包括的な支援に向けたジェネラリストの視点においては，困難な問題が重複したクライエントについては，最初に相談を受けた機関の担当ワーカーによって最後まで対処することが求められる。

Q 1363　ジェネラリスト・ソーシャルワークに基づく包括的な視点とは，集団や組織を対象とした援助（メゾ）だけでなく，個人の状況に応じた援助（ミクロ）も含まれる。

Q 1364　ナラティブアプローチは，ポストモダンの影響を受けたソーシャルワークではない。

1359 ジェネラリスト・ソーシャルワークは，それぞれの専門分野を統合化し，包括的（ホリスティック）な視点で福祉ニーズにアプローチしていくものとして誕生した。 ○

 1360 ソーシャルワークの統合化以前は，個々の領域で専門分化していた方法論を各自が主張したため，ソーシャルワークの固有性の視点や価値が曖昧になってしまい，ソーシャルワーカーのアイデンティティ（存在意義）に混乱がみられた。統合化はソーシャルワーカーのアイデンティティを確立する試みでもあった。 ×

1361 第一次予防は問題が生じる前に行う予防である。問題の早期発見や早期介入を行うのは第二次予防，再発防止やリハビリテーションが第三次予防である。設問は第二次予防に該当する。 ×

1362 総合的かつ包括的な支援に向けたジェネラリストの視点においては，困難な問題が重複したクライエントについては，ひとつの機関の担当ワーカーとのかかわりだけでなく，さまざまな機関のさまざまな専門職が協力して支援していくことが求められる。 ×

 1363 ジェネラリスト・ソーシャルワークは，個人などの個別の状況に応じたアプローチ（ミクロ），集団や組織などを対象としたアプローチ（メゾ），法制度や政策などの環境整備等へのアプローチ（マクロ）の視点を包括する。 ○

 1364 ナラティブアプローチは，クライエントの主体性や語りを重視することから，脱近代主義であるポストモダンの影響を受けたソーシャルワークである。 ×

Q1365 フレイルの状態である高齢者の支援において，介護老人福祉施設への入所を検討するため医師に助言を求める対応は，適切である。⭐

Q1366 十分な食事をとっていないと見受けられる高齢者の支援において，栄養指導と配食サービスの利用を検討するため管理栄養士に助言を求めることは，適切な対応である。

Q1367 小学校において，いじめの事実が明らかになった際，スクールソーシャルワーカーが情報収集とアセスメントをもとに校内ケース会議で対応を協議することは，チームアプローチに基づいた対応として適切である。

Q1368 救護施設において，家族関係の悩みや求職活動がうまくいかないことなどから意欲を失っているクライエントに対し，ニーズを包括的に検討するためケースカンファレンスの開催を求める生活指導員の対応は適切である。

Q1369 認知症の人の意思決定支援では，家族は本人と利害が対立することがあることから，意思決定支援チームの一員に入らない。⭐

Q1370 生活困窮者を対象とした自立相談支援機関で，失業中で，軽度のうつ病のため通院しており，周囲に相談できる人がほとんどいないというクライエントの症状を把握するため，本人の了承を得て通院先の病院と連絡を取る相談支援員の対応は適切である。

1365 介護老人福祉施設への入所は原則要介護度3以上である。適切な治療や予防を行うことで要介護状態に進まずに済むフレイルの状態にあるクライエントへの対応としては不適切である。 ✕

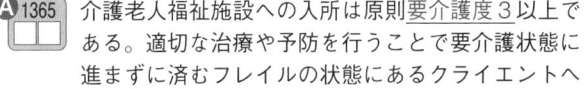 **1366** 十分な食事をとらず栄養不足が懸念されるクライエントに対しては，管理栄養士に助言を求め，栄養指導や配食サービスの利用を検討する必要がある。 ◯

1367 チームアプローチではさまざまな専門職や関係者とチームを組み課題解決を図る。詳細な状況がわかっていない状況では，多方面から情報収集して総合的にアセスメント（評価・分析）を行い，その結果を共有して会議を行う必要がある。 ◯

 1368 ケースカンファレンスを開催することは，複数の職員からの情報が得られ包括的にニーズを検討することになるので，適切な対応である。 ◯

 1369 認知症の人の日常生活・社会生活における意思決定支援ガイドラインには，「本人をよく知る家族が意思決定支援チームの一員となっていただくことが望ましい」とある。 ✕

 1370 クライエントの症状を詳しく把握することで，負担が少ない就労先を検討し，治療と就労の両立に向けた計画が立てやすくなる。本人の了承を得た上で病院と連携することは適切な対応である。 ◯

ソーシャルワークの基盤と専門職（専門）

433

Point 46 ソーシャルワークを行う主な専門職

ソーシャルワーカーは，公的もしくは民間の機関・施設など，その所属機関によって業務の内容は異なりますが，技能や知識を最大限に活用して，高齢者，障害者，児童をはじめ，家庭，地域，医療，司法など広い範囲を対象にソーシャルワークを行います。

分　野	主な専門職
生活保護	査察指導員，現業員など
高齢者	老人福祉指導主事，生活相談員，介護支援専門員（ケアマネジャー）など
障害者	身体障害者福祉司，身体障害者相談員，知的障害者福祉司，知的障害者相談員，生活相談員など
児童	家庭児童福祉主事，家庭相談員，児童福祉司，児童指導員，家庭支援専門相談員など
母子・父子	母子・父子自立支援員，母子支援員など
医療	医療ソーシャルワーカー，精神科ソーシャルワーカーなど
教育	スクールソーシャルワーカーなど
司法	女性相談支援員，保護観察官など
地域	福祉活動専門員，福祉活動指導員，独立型社会福祉士など

得点**UP**のカギ

ソーシャルワーカーが活躍する主な機関・施設を分野ごとに整理すると，次のようになります。

生活保護…福祉事務所など　**高齢者**…高齢者福祉施設，**地域包括支援センター**など　**障害者**…身体障害者更生相談所，知的障害者更生相談所など　**児童**…児童相談所，児童福祉施設，学校など　**母子・父子**…母子・父子福祉施設など　**医療**…病院，保健所，診療所など　**教育**…学校など　**司法**…女性相談支援センター，保護観察所など　**地域**…社会福祉協議会など

Point 47 マクロ・メゾ・ミクロレベルにおけるソーシャルワーク

ソーシャルワークの実践は，クライエント個人に対する援助から地方自治体や国レベルでの政治的活動まで，幅広いレベルにおいて行われます。実践のレベルは大きくマクロ・メゾ・ミクロの3つに分けられ，以下のように整理することができます。

マクロ
施策が実行される組織や団体，地域，政策の領域に取り組むソーシャルワーク

> 対象：地域社会，制度・政策，社会意識や文化
> 求められる技術・実践：団体間の調整・運営，地域開発・組織化，施策分析，政治的活動

メゾ
地域社会の中の組織や集団に働きかけるソーシャルワーク

> 対象：学校や会社など地域社会内の組織・集団
> 求められる技術・実践：組織や集団へのアセスメントや集団力学を用いた支援技術，組織の設立や運営，集団構成員間の合意形成や連携への支援

ミクロ
クライエントに直接かかわる援助活動

> 対象：個人，家族
> 求められる技術・実践：個別援助技術

資料：『＜第3版＞21世紀の現代社会福祉用語辞典』（学文社，2022年）を参考に作成

得点UPのカギ

マクロ・メゾ・ミクロのソーシャルワークの身近な例としては，以下のようなものがあります。

マクロ…地域の認知症高齢者の見守り活動を民生委員が行う。

メゾ…医療ソーシャルワーカーが身寄りのない患者の退院支援について院内で対策委員会設置の提案をする。

ミクロ…相談支援員が知的障害者のクライエントのグループホーム入居に関するアセスメントを行う。

ソーシャルワークの理論と方法（専門）

1 ソーシャルワークにおける援助関係の形成

Q 1371 知的障害者とのコミュニケーション手段には，言語だけでなく，サインやジェスチャー，絵や文字などのカード類の使用などさまざまな方法がある。

Q 1372 パターナリズムとは，援助者とクライエント間の情動的な絆を表す。

Q 1373 逆転移とは，クライエントが自己の感情を援助者に向けることを表す。

Q 1374 援助関係におけるラポールとは，クライエントが自己決定できる権利のことである。⭐

Q 1375 援助関係においてクライエントを共感的に理解するために，ソーシャルワーカー自身の価値観の特徴を知ることは大切である。

Q 1376 面接は，面接室等の比較的統制された場だけではなく，サービス利用者の自宅や施設の日常生活場面での面接も意識的に重要視するべきである。

Q 1377 アウトリーチでは，支援を求めて相談室を訪れるクライエントを対象とする。⭐

ソーシャルワークの根本にある考え方を中心に学ぶ共通科目に対し，専門科目ではより実践的な内容を中心に学びます。クライエントと信頼関係を築く方法や，社会資源を活用する方法について理解しましょう。

 1371 知的障害者とのコミュニケーション手段には，言語だけでなく，サインやジェスチャーのほか，コミュニケーションエイドなどを利用する方法もある。 ○

 1372 パターナリズムとは，強い立場にある者と，弱い立場にある者との間に生じた支配関係のことをいう。 ✕

1373 逆転移とは，援助者が自分にとって重要な人物（家族など）に抱いていた感情や葛藤を，クライエントに対して向けることをいう。一方，転移とは，クライエントが，自分にとって重要な人物に対して抱いた感情を，援助者に対して向けることをいう。 ✕

 1374 ラポールとは，援助者とクライエントの間の信頼関係のことである。 ✕

 1375 ありのままのクライエントを理解するためには，ソーシャルワーカー自身の言動の傾向性を熟知し（自己覚知），先入観などを排除する必要がある。 ○

1376 クライエントの日常生活場面においての面接は，面接室などの統制された場面での面接に比べて，クライエントの置かれた状況を理解しやすいメリットがある。このような面接を，生活場面面接（ライフスペースインタビュー）という。 ○

 1377 アウトリーチとは，支援が必要であるにもかかわらず自発的に申し出ない人々のもとに援助者が出向き，積極的に働きかけて支援の実現を目指すことである。 ✕

ソーシャルワークの理論と方法（専門）

Q 1378 アウトリーチでは，地域住民とのつながりの構築は不要である。

Q 1379 面接技法のひとつであるアイメッセージによって，クライエントに対して客観的な情報を伝える。⭐

Q 1380 面接技法のひとつである言い換えという技法は，クライエントの話す内容や感情を全く同じ言葉で表現し，気づきを促すという特徴がある。

Q 1381 面接において，非言語的な表現の観察では，クライエントのアンビバレントな感情を理解する。

Q 1382 パートナーシップとは，援助者とクライエントが共に課題に取り組む関係性を表す。

Q 1383 生活モデルでは，クライエントを，パーソナリティの変容が必要な人ととらえる。⭐

Q 1384 アタッチメントとは，クライエントが援助者から自立している状態を表す。

Q 1385 カデューシンらが示した「会話」と「ソーシャルワーク面接」の相違によれば，「会話」と比べて，「ソーシャルワーク面接」ではスピーチのパターンが構造化されている。

1378 アウトリーチは，つながりを築かないまま実施してしまうと不信感を招くことになる。地域住民とのつながりの構築は<u>不可欠</u>である。 ×

 1379 アイメッセージは，「<u>私は</u>」で始まる直接的・主観的なメッセージを伝える方法である。一人の人間として伝えることで，相手に受け入れられやすくなる。 ×

 1380 言い換えという技法は，クライエントの話す内容や感情を全く同じ言葉ではなく，<u>別の言葉</u>で表現し，気づきを促すという特徴がある。 ×

 1381 <u>表情</u>や<u>仕草</u>から相反する感情や葛藤などのアンビバレントな感情を理解することが重要である。 ○

 1382 パートナーシップは，援助者とクライエントが<u>対等</u>に付き合う関係性である。クライエント自身が<u>主体</u>となって課題に取り組むために求められる。 ○

 1383 生活モデルでは，クライエントを<u>成長のための力を有する人</u>ととらえ，人と環境との交互作用に焦点を当てる。設問の記述は，治療モデルの考え方である。 ×

 1384 アタッチメントは，親など<u>特定の人物</u>に向けて形成される愛情の結び付きのことである。 ×

 1385 カデューシンらは，「会話」のスピーチのパターンは<u>私的</u>で，くだけた文章やためらい，<u>繰り返し</u>，まわりくどさを特徴とし，「ソーシャルワーク面接」のスピーチのパターンは<u>公式的</u>で構造化され，系統だっているとした。 ○

Q1386 ソーシャルワークでは，人々が自らを生活問題解決の主体であると自覚し，ニーズに応じた社会資源を活用できるように，援助を展開する。

Q1387 社会資源の使用目的は，クライエントのニーズを充足させることである。

Q1388 ソーシャルアクションの対象に，個人は含まれない。 ☆

Q1389 クライエント本人の家族などは，活用する社会資源に含まれない。

Q1390 インフォーマルな社会資源はフォーマルな社会資源に比べ，クライエントの個別的な状況に対しての融通性に乏しい。

Q1391 社会資源の活用においては，インフォーマルな社会資源の活用を優先する。

Q1392 ソーシャルアクションには，マスコミを利用し，働きかける方法も含まれる。

1386 ソーシャルワーカーは，人々が自ら適切な<u>社会資源</u>を活用できるように，情報提供などの援助を行っていくことが重要である。 ○

 1387 ソーシャルワークにおける社会資源とは，クライエントの<u>ニーズ</u>を充足させるために利用可能な<u>人的</u>，<u>物的</u>，<u>制度的</u>なすべての資源のことである。 ○

 1388 ソーシャルアクション（社会活動法）とは，<u>個人</u>，集団，地域住民のニーズに応え，環境や制度などの<u>改善</u>を求めるために働きかける活動で，対象に個人を含む。 ✕

 1389 家族をはじめとする，<u>クライエントの周囲の人々</u>も社会資源に含まれる。 ✕

 1390 一般的に，インフォーマルな社会資源はクライエントの個別的な状況に対応しやすく，融通性が<u>高い</u>が，<u>専門性</u>や供給の安定性や継続性は乏しい。一方，フォーマルな社会資源は<u>専門性</u>や供給の安定性や継続性が高いが，融通性は乏しい。 ✕

 1391 社会資源の活用において，フォーマルかインフォーマルかで優先順位をつけることはない。必要に応じて社会資源ごとの強みを組み合わせながら，クライエントの<u>ニーズ</u>を充足するために最適な支援体制を築くことが重要である。 ✕

 1392 ソーシャルアクションを周知するための具体的な方法として，集会や<u>署名</u>，パンフレットやチラシの配布のほかに，新聞，雑誌，テレビやラジオなどを利用した方法や，デモ行進，座り込みなどの<u>直接行動</u>も含まれる。 ○

ソーシャルワークの理論と方法（専門）

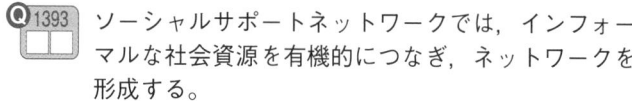

Q 1393 ソーシャルサポートネットワークでは, インフォーマルな社会資源を有機的につなぎ, ネットワークを形成する。

Q 1394 ソーシャルサポートネットワークでは, 社会資源間のネットワークのコーディネーションは実施しない。

Q 1395 ソーシャルサポートネットワークでは, 自然発生的なネットワーク内に関与していく場合と, 新しいネットワークを形成する場合がある。⭐

Q 1396 ケアカンファレンスでは, 事実確認として, いつ, どこで, 誰が, 誰に, 何を, どの程度, どの頻度で起きているのか, 問題の発生状況の事実と関係者の推察を区別し, 正確に状況を確認する。

Q 1397 ケアカンファレンスは, クライエントや家族の状況の把握と, 指定サービス等の担当者間の連絡調整の場なので, クライエント本人が参加することは適切ではない。

Q 1398 ケアカンファレンスでは, ケアマネジャーが常にリーダーシップを発揮し, さまざまな職種の意見を統合する。

1393 施設や組織などの<u>フォーマル</u>な社会資源と，家族やボランティアなどの<u>インフォーマル</u>な社会資源を有機的に結び付けるのが，ソーシャルサポートネットワークである。

 1394 <u>コーディネーション</u>とは，クライエントが抱えている問題に対応するためにさまざまな専門職が連携を図り，サービスを調整することである。ソーシャルサポートネットワークの形成に必要なプロセスである。

 1395 ソーシャルサポートネットワークでは，クライエントの身の周りにいる人々など，すでにある<u>自然発生的なネットワーク</u>に関与してその強みを生かすよう働きかけたり，専門職などからなる<u>新しいネットワーク</u>の形成を通じて支援体制を構築したりする。

 1396 援助に関係する者が複数集まって話し合うケアカンファレンスでは，情報を詳細かつ正確に<u>共有</u>する必要がある。設問の内容は，事実を把握する上で重要なポイントである。

 1397 支援においては<u>クライエント本人の意向</u>が第一と考えるため，ケアカンファレンスへのクライエント本人の参加は<u>推奨</u>される。

 1398 ケアカンファレンスは，特定の職種がリーダーを務めるのではなく，そのときの議題などにより<u>最も適した</u>メンバーがリーダーシップを取るのが一般的である。各職種が対等な立場から自由に意見を述べることで，<u>多角的</u>な視点から援助を進める。 ✕

ソーシャルワークの理論と方法（専門）

Q 1399 ある目的の達成のために，その目的に適合しそうな社会資源を調整することをコーディネーションという。

Q 1400 ソーシャルワークにおいては，相手より多くの利益を得る分配型交渉を目指す。

Q 1401 合意に至らなかった場合の代替案を，交渉前に考えておく。⭐

Q 1402 ファシリテーションとは，会議などで，最小限の質疑応答で，円滑な議事進行を行うことである。

Q 1403 ファシリテーターは，さまざまな意見を整理し，議論する論点を絞り込み，議論を可視化できるように図式化する。

Q 1404 提案型のプレゼンテーションでは，現状の分析，問題点の抽出を行い，それを相手と共有し，提案の有効性を納得してもらう。

Q 1405 プレゼンテーションの終わりの質疑応答では，批判的な質問が出た場合，答える必要はない。

1399 利用者の支援には，多くの場合，多職種が連携し，さまざまなサービスを調整する必要がある。<u>コーディネーション</u>は，<u>連携</u>や<u>協働</u>，<u>連絡調整</u>を図ることである。 〇

 1400 近隣住民，連携する他の専門職，同じ組織内の関係者との<u>ネゴシエーション</u>では，相手を，共に問題解決を行う同志ととらえ，相手側と自分側が納得できる<u>統合型交渉</u>による<u>合意</u>を目指す。 ✕

 1401 交渉が行き詰まり，合意が成立しなかった場合の代替案を，<u>BATNA</u>（バトナ：Best Alternative to Negotiated Agreement）という。双方にとって<u>最善の代替案</u>を考えておく。 〇

 1402 <u>ファシリテーション</u>では，目標から逸れないように，また対立意見を退けないようにファシリテーターが中立的な立場で参加者に働きかけ，建設的な意見やアイデアが出るように協働を促進し，<u>成果を最大化</u>させる。 ✕

 1403 設問の記述は，ファシリテーターに求められるスキルのひとつで，<u>構造化</u>のスキルと呼ばれる。 〇

 1404 <u>提案型</u>のプレゼンテーションでは，相手に提示する<u>問題点</u>が必要である。問題点とは，現状とあるべき姿のずれである。 〇

 1405 <u>質疑応答</u>では，<u>内容確認</u>の質問，データや根拠の<u>適切性</u>を問う質問，<u>補足説明</u>を求める質問，的外れな質問が出てくる。いずれにしても質問を批判ととらえず，誠実に対応する。 ✕

Q1406 自立援助ホームにおいて，求人募集に何度応募しても不採用が続き自信を失っているクライエントに対し，「面接が奇跡的にうまくいったとしたら，どのように感じますか」と尋ねることは，課題中心アプローチに基づく応答として適切である。

Q1407 在日外国人支援における求職活動の相談において，これまでの就労経験を確認し，働く上での強みを明らかにする相談員の対応は適切である。

Q1408 若年性認知症と診断され，収入面が少なく不安なので働くことはできないかと訴えるクライエントに対し，他の若年性認知症の人に紹介したものと同じアルバイトを勧める若年性認知症支援コーディネーターの対応は適切である。

Q1409 児童養護施設を退所する予定の児童の「家には本当は帰りたくない」という言葉に対し「家には本当は帰りたくない…。その気持ちをもう少し教えてほしいな」と伝えた児童指導員が用いた面接技法は，「繰り返し」と「言い換え」である。

Q1410 発達障害のある子が放課後等デイサービスで他の子のおやつを食べてしまい，面談に応じた保護者が「子育てがちゃんとできない自分が嫌」と話したケースにおいて，ペアレント・トレーニングについて情報提供する児童指導員の対応は適切である。

Q1411 住民の孤立化が進む災害復興住宅に対して地域包括支援センターの社会福祉士が行う援助として，全戸を対象とした訪問活動は適切である。

1406 課題中心アプローチは，クライエントの現在の課題
に焦点を当て，<u>短期目標</u>を設定して援助を行う方法
である。設問の応答は，課題解決後に焦点を当てる
<u>ミラクル・クエスチョン</u>にあたる。 ✕

 1407 これまでの就労経験を確認することは，クライエン
トの<u>ストレングス</u>（強み）を生かした支援につなが
る可能性があるため，適切な対応である。 ○

 1408 クライエントにより状況や適性はそれぞれ異なるた
め，診断名が同じだからといって一概に同じアルバ
イトを勧めることはケースワークの<u>個別化</u>の原則か
ら外れる対応である。まずは，病気を理解し，クラ
イエントと一緒に職場を探そうとする姿勢を示す必
要がある。 ✕

 1409 クライエントの言葉を繰り返してメッセージを共有
する「<u>繰り返し</u>」と，応答に幅をもたせクライエン
ト自身の言葉を促そうとする「<u>オープンクエスチョ
ン</u>」を用いている。 ✕

 1410 ペアレント・トレーニングは<u>発達障害児</u>の子育てに
ついて保護者が学ぶことのできるプログラムで，<u>発
達障害児者及び家族等支援事業</u>として推進されてい
る。子育てに困難がみられる保護者に対して情報提
供することは適切な対応である。 ○

 1411 まずは住民の状況を把握する必要があるため，<u>アウ
トリーチ</u>として社会福祉士自ら訪問し住戸のニーズ
を把握することは適切な対応である。 ○

ソーシャルワークの理論と方法（専門）

Q 1412 就職が決まり，児童養護施設を退所することになった18歳の入所者に対し，退所に際する面接で，施設が定期的に行っている交流会への参加を促す児童指導員の対応は適切である。

Q 1413 社会的排除の状態に置かれ，複雑困難な課題を抱えている利用者と家族に対するソーシャルワークとして，利用者との距離を置き，客観的に状況を理解している同居をしていない家族の意向に基づき支援することは適切である。

Q 1414 大学の障害学生支援室における就職活動の相談において，障害者の自立生活や就職活動の経験者がいる自助グループへの参加を提案するソーシャルワーカーの対応は適切である。

Q 1415 買物依存で悩む人たちの自助グループ内で，他のメンバーへの批判や活動の方向性のずれなどが生じている状況において，運営の助言を求められた社会福祉士の対応として，グループの司会進行を引き受け，相互援助システムづくりを行うことは適切である。 ⭐

Q 1416 同性のパートナーが入院した際，面会しようとしたが病院から断られてしまったクライエントに対し，LGBTへの偏見や差別を解消し地域住民の理解を深めるために行うソーシャルアクションの実践として，他市の「同性パートナーシップ証明」発行の取組について地域住民を対象とした学習会を開催することは適切である。

1412 交流会は，入所児童が退所後にもスタッフや他の児童などとつながりを持ち，孤立することを防ぐためのアフターケアの一つである。参加を促すことは適切な対応である。 ○

1413 ソーシャルワークの原則は，クライエント本人の最善の利益に向けて行動し，その権利を擁護することである。クライエント本人および同居家族の意向を優先すべきである。 ×

1414 自助グループへの参加は，同様の問題を抱えた当事者同士が集まって交流することで解決に向けたきっかけになり得るため，適切な対応である。 ○

1415 自助グループは，当事者が専門職とは独立して組織・運営することで相互に助け合う効果が期待できる集まりである。専門職として関わる社会福祉士は，あくまでも相談や情報提供などの側面的支援に徹するべきである。 ×

1416 地方公共団体から同性パートナーシップ証明が発行されることで，法律上の婚姻とは異なるが実質的に婚姻と同等であると承認されるほか，社会への啓発効果が期待できるため，適切な実践である。 ○

ソーシャルワークの理論と方法（専門）

重要ポイント まとめて *CHECK!!*

Point 48　コーディネーション

コーディネーションとは，目的の達成のために，適切な社会資源や関係などを調整することです。ニーズを把握し，フォーマル，インフォーマルを問わず利用できる社会資源とクライエントを結び付けます。

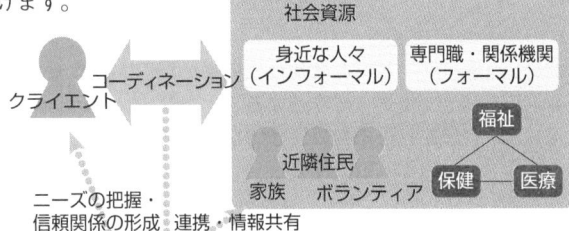

Point 49　ネゴシエーションの過程

ネゴシエーション（交渉）は，ソーシャルワークに必要な技術のひとつです。ソーシャルワーカーは，事前準備をした上で交渉に臨み，その交渉で得た学びを次回以降の交渉に生かします。

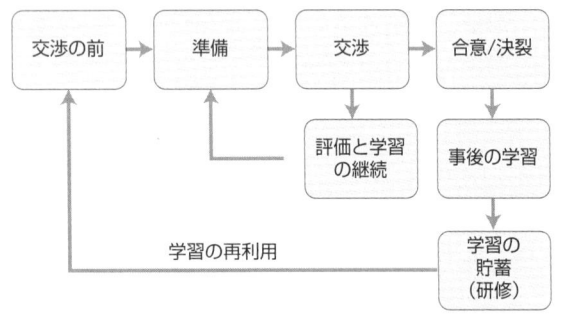

450

Point 50　　　　　面接の技法

　面接において，援助者は傾聴・受容・共感を基本姿勢としてクライエントと接し，以下のような技法を用いて信頼関係（ラポール）を築いていきます。

励まし	クライエントの話にうなずいたり，相づちを打ったりして，傾聴の姿勢を伝える技法。話の中心となるキーワードを返したり，「それから」と促したりして，クライエントが話せるように援助する
繰り返し（反復）	相手の言葉の一部または全部を繰り返すことで，クライエントからのメッセージを共有することに役立つ
言い換え	クライエントの話した内容を，趣旨を変えずに，援助者の言葉で言い換えて返す技法。援助者がクライエントの話を聴き，理解していると伝えたり，援助者がクライエントの話を誤って理解していた場合に，気づくこともできる
感情の反映	クライエントの感情に焦点を当てて，それを言葉にして返すこと。クライエントの話した体験に共感できたことを言葉にして返す
明確化	クライエントの話の内容や感情がはっきりしない場合や十分に理解できない場合に，より詳しく，あるいは，より明確に表現するように促す技法
アイメッセージ	「私はこう思います」などと援助者を主語にした言い方をする技法。決め付ける言い方よりも相手に受け入れられやすくなる
要約	面接の最後などに話の要点をクライエントに伝え返す技法
オープンクエスチョン（開かれた質問）	クライエントの応答に幅を持たせ，クライエント自身が言葉を引き出すことを促すための質問
クローズドクエスチョン（閉じられた質問）	「はい」または「いいえ」の一言で答えられるような質問。事実確認などを手早く行いたい場合などに有効だが，より詳細な内容を聴き出したい場合などには適していない

福祉サービスの組織と経営

1 福祉サービスに係る組織や団体の概要と役割

Q 1417 社会福祉法人は，社会福祉事業を行うことを目的として，社会福祉法の定めるところにより設立された法人である。

Q 1418 社会福祉事業を行わない事業者であっても社会福祉に関連する活動を行う者であれば，社会福祉法人の名称を用いることができる。

Q 1419 会計監査人は，社会福祉法人の計算書類およびその附属明細書を監査する。

Q 1420 社会福祉法人の評議員の任期は，選任後4年以内に終了する会計年度のうち最終のものに関する定時評議員会の終結の時までとする。

Q 1421 社会福祉法人の役員は，理事6人以上および監事2人以上を置かなければならない。⭐

Q 1422 社会福祉法人は，評議員会または理事会のいずれかを設置しなければならない。

Q 1423 社会福祉法人の役員の選任は，評議員会の決議を必要とする。⭐

福祉関係者の働く環境を改善する動きが進んでいます。よりよい援助を行うためにも，福祉サービス提供組織の管理運営について理解を深めましょう。

A 1417 社会福祉法において，「社会福祉事業を行うことを目的として，この法律の定めるところにより設立された法人」と規定されている。 ○

A 1418 社会福祉法23条では，「社会福祉法人以外の者は，その名称中に，『社会福祉法人』又はこれに紛らわしい文字を用いてはならない」と規定されている。 ✕

A 1419 会計監査人は，社会福祉法人の計算書類およびその附属明細書を監査する。この場合，会計監査報告を作成しなければならない。 ○

A 1420 社会福祉法人の評議員の任期は，選任後4年以内に終了する会計年度のうち最終のものに関する定時評議員会の終結の時までとする。 ○

A 1421 社会福祉法において，社会福祉法人は，理事6人以上，監事は2人以上でなければならないと規定されている。 ○

A 1422 社会福祉法人は，評議員，評議員会，理事，理事会，監事を設置することが義務づけられている。 ✕

A 1423 社会福祉法人の役員と会計監査人は，評議員会の決議によって選任することになっている（社会福祉法43条）。 ○

Q 1424 社会福祉法人は，他の社会福祉法人と合併することができる。

Q 1425 社会福祉法人の理事や監事等の関係者に対しては，特別の利益を与えることができる。

Q 1426 社会福祉法人が行う収益事業は，法人の社会的信用を傷つける恐れがあるものや投機的なものはもちろん，福祉に関連しないものは適当ではないとされている。

Q 1427 社会福祉法人は，毎会計年度終了後12か月以内に計算書類（貸借対照表および収支計算書），事業報告書，附属明細書を作成しなければならない。⭐

Q 1428 社会福祉法人は，定款や計算書類などをインターネットにおいて公表する必要はない。⭐

Q 1429 社会福祉法人は，評議員会の決議をもって，解散することができる。

Q 1430 社会福祉法人には，税制上の優遇措置や各種の助成に対して公的なチェックが行われることから，外部に対するそれ以上の経営の透明性は求められていない。

社会福祉法人は，<u>合併契約</u>を締結したうえで，他の社会福祉法人と合併することができる。合併の種類には，<u>吸収合併</u>や<u>新設合併</u>がある。 ○

 社会福祉法人は，その事業を行うに当たり，評議員，理事，監事，職員その他の政令で定める社会福祉法人の関係者に対し，特別の<u>利益</u>を与えてはならない（社会福祉法27条）。 ×

A 1426 社会福祉法人が行う収益事業は，法人の社会的信用を傷つける恐れがなく，かつ<u>投機的</u>なものでない限り，特別な制限はない。 ×

A 1427 社会福祉法人の会計年度は，4月1日から翌年3月31日までと規定され，毎会計年度終了後<u>3</u>か月以内に<u>計算書類</u>（貸借対照表および収支計算書），事業報告書，附属明細書を作成しなければならない。なお，これらの書類は<u>監事</u>が監査する。 ×

A 1428 すべての社会福祉法人は，定款，報酬等の支給の基準，計算書類，役員等名簿および現況報告書について，インターネットにおいて<u>公表</u>を行うことが社会福祉法人審査基準に規定されている。 ×

A 1429 社会福祉法において，社会福祉法人の解散事由は，設問の記述のほか，定款に定めた解散事由の発生，目的たる事業の成功の不能，<u>合併</u>，破産手続き開始の決定，<u>所轄庁の解散命令</u>を規定している。 ○

A 1430 社会福祉法において，社会福祉法人には経営の<u>透明性の確保</u>が義務付けられている。 ×

Q1431 合併後に存続する社会福祉法人または合併により設立した社会福祉法人は，合併によって消滅した社会福祉法人の一切の権利義務を承継する。

Q1432 社会福祉法人の吸収合併が効力を生じる時期は，合併によって消滅する社会福祉法人の解散を所轄庁が認可した日からである。

Q1433 社会福祉法人の評議員会は，原則として監事が招集する。

Q1434 社会福祉法人における管理会計は，組織外部者への情報開示を目的とする。

Q1435 社会福祉法人は，介護サービス事業を実施するうえで，特定非営利活動法人に比べ，法人税の取扱いが優遇されている。

Q1436 市町村や社会福祉法人が社会福祉施設を設置し，第一種社会福祉事業を経営しようとするときは，事業開始前に厚生労働大臣に届け出なければならない。

Q1437 社会福祉法人は，都道府県知事の認可を受けて，養護老人ホームや特別養護老人ホームを設置することができる。

1431 合併後存続する社会福祉法人または合併によって設 ◯
立した社会福祉法人は，合併によって消滅した社会
福祉法人の一切の権利義務（当該社会福祉法人がそ
の行う事業に関し行政庁の認可その他の処分に基づ
いて有する権利義務を含む）を承継する。

 1432 社会福祉法人は，吸収合併後に存続する社会福祉法 ✕
人の主たる事務所の所在地において，合併の登記を
することにより，その効力が生じる。

 1433 社会福祉法人の評議員会は，原則として理事が招集 ✕
する。また，評議員は，理事に対し，評議員会の目
的である事項や招集の理由を示して，評議員会の招
集を請求することができる。

 1434 管理会計の目的は，組織内部の情報管理である。組 ✕
織外部者への情報開示を目的とするのは，財務会計
である。

 1435 社会福祉法人の行う介護サービス事業は，非課税と ◯
なる。一方，特定非営利活動法人の行う介護サービ
ス事業は，法人税法上の収益事業に該当するため，
法人税が課税される。

 1436 厚生労働大臣ではなく，施設を設置しようとする地 ✕
の都道府県知事に届け出ることが義務付けられてい
る。

 1437 老人福祉法において，社会福祉法人は，都道府県知 ◯
事の認可を受けて，養護老人ホームや特別養護老人
ホームを設置することができると規定されている。

Q 1438 特定非営利活動法人は，非営利を目的としているが，収益事業を行うことも可能である。

Q 1439 特定非営利活動法人制度は，市民が行う自由な社会貢献活動の健全な発展を促進し，公益の増進に寄与するために1998(平成10)年に創設されたが，税制上の取扱いから国が活動領域を5分野に限定している。

Q 1440 特定非営利活動法人格を持つ団体の活動分野で最も多いのは，保健，医療又は福祉の増進を図る活動である。

Q 1441 2つ以上の都道府県に事務所を置く特定非営利活動法人は，内閣総理大臣が所轄庁となる。

Q 1442 特定非営利活動法人は，行政への届出の申請だけで設立できる。

Q 1443 特定非営利活動法人の解散時の残余財産は，定款で定めた他の特定非営利活動法人のみに帰属する。 ⭐

Q 1444 所轄庁による特定非営利活動法人の認証または不認証の決定は，申請が受理された日から1か月以内に行うことが義務付けられている。 ⭐

A 1438 特定非営利活動法人は，<u>非営利</u>を目的としているが，特定非営利活動事業に支障がない限り，<u>収益事業</u>を行うことができる。　　○

A 1439 特定非営利活動法人制度は，<u>公益の増進</u>に寄与することを目的として，1998年に創設されたが，国が<u>20</u>分野の活動領域に限定している。　　×

A 1440 特定非営利活動促進法に規定する活動分野において，<u>保健，医療又は福祉の増進を図る活動</u>が最も多く，特定非営利活動法人が地域福祉の担い手として大きな位置を占めている。　　○

A 1441 特定非営利活動法人の所轄庁は，1つおよび2つ以上の都道府県に事務所を置く場合は主たる事務所がある<u>都道府県知事</u>であり，事務所が<u>指定都市</u>の区域内のみにある場合は，その<u>指定都市の長</u>である。　　×

A 1442 特定非営利活動促進法に基づき，所轄庁に申請書を提出して<u>設立の認証</u>を受けなければならない。また，同法において，「特定非営利活動法人は，その主たる事務所の所在地において<u>設立の登記</u>をすることによって成立する」と規定されている。　　×

A 1443 特定非営利活動法人の解散時における残余財産は，<u>特定非営利活動法人</u>，<u>国</u>，地方公共団体，公益社団・財団法人，社会福祉法人などから選定された者に帰属する。　　×

A 1444 所轄庁による認証・不認証の決定は，正当な理由がない限り，申請を受理した日から<u>4</u>か月以内（条例があればその期間内）に行うことが義務付けられている。　　×

Q 1445 特定非営利活動法人の業務は，定款で社員総会によるとしたものを除き，すべて理事会の決議によって行う。

Q 1446 特定非営利活動法人の役員は，理事３人以上，監事１人以上で，任期は２年以内である。⭐

Q 1447 特定非営利活動法人の各役員は，それぞれにその配偶者および３親等内の親族が１人を超えて含まれてはならない。

Q 1448 特定非営利活動法人の定款の変更は，社員総会で議決しなければならず，この議決がなされた時点で，定款の変更は効力を生じる。

Q 1449 特定非営利活動法人は，利害関係人等から事業報告書などに関しての閲覧の請求があった場合は，正当な理由がある場合を除いて拒否してはならない。

Q 1450 特定非営利活動法人は，他の特定非営利活動法人と合併することができない。

Q 1451 医療法人とは，医療法に基づく公益性の高い医療を実施する法人として認められた病院や診療所，介護老人保健施設，介護医療院である。⭐

1445 特定非営利活動法人の業務は，定款で理事その他の役員に委任したものを除き，すべて<u>社員総会</u>の決議によって行う。 ×

 1446 特定非営利活動法人の役員は，<u>理事3人以上</u>，<u>監事1人以上</u>で，任期は<u>2年以内</u>である。 ○

1447 特定非営利活動促進法では，各役員についてその配偶者および3親等内の親族が<u>1人</u>を超えて含まれてはならないことや，その役員，その配偶者および3親等内の親族が役員の総数の<u>3分の1</u>を超えてはならないことが規定されている。 ○

 1448 特定非営利活動法人の定款の変更は，社員総会で議決された後，<u>所轄庁の認証</u>を受けた時点で効力を生じる。 ×

 1449 特定非営利活動促進法において，利害関係人等から<u>事業報告書等</u>や<u>役員名簿等</u>または定款の閲覧の請求があった場合には，正当な理由がある場合を除いて，これを閲覧させなければならないと規定されている。 ○

 1450 特定非営利活動法人は，定款に定めがある場合を除き，社員総会で総社員数の<u>4分の3以上</u>の同意を得て議決後，<u>所轄庁の認証</u>を経て，他の特定非営利活動法人と<u>合併</u>することができる。 ×

 1451 医療法に基づき，<u>病院</u>，医師もしくは歯科医師が常時勤務する診療所，<u>介護老人保健施設</u>，<u>介護医療院</u>を開設しようとする社団・財団は，医療法人とすることができると規定されている。 ○

福祉サービスの組織と経営

461

1452 特定医療法人は，医療法人の中で健全経営を範として財務大臣が特別の承認を与えた医療法人のことをいう。

 1453 2006（平成18）年，民間非営利活動を積極的に位置付けるという観点から，公益法人制度改革関連三法が制定された。

 1454 公益法人は，一般社団法人と一般財団法人，および公益社団法人と公益財団法人に区分される。

 1455 一般財団法人の設立に際して，設立者が拠出する財産および価額の合計は100万円以上でなければならない。

 1456 公益社団法人および公益財団法人を管轄するのは，公益法人認定法に基づく公益法人の区分に応じて，内閣総理大臣または都道府県知事である。

 1457 公益法人は，その公益目的事業を行うにあたり，その公益目的事業の実施に要する適正な費用を償う額を超える収入を得なければならない。

 1458 市民団体はボランティア活動など社会福祉実践の中で重要な役割を担っているが，法人格を取得することが難しい現状にある。

1452 特定医療法人は，租税特別措置法に基づいた財団または出資持分の定めのない社団の医療法人のことをいう。また，その事業が公的に運営されていることから，国税庁長官の承認を受けた法人である。 ✕

 1453 公益法人制度改革関連三法とは，一般社団・財団法人法，公益法人認定法，関係法律整備法のことである。 ○

 1454 一般社団法人または一般財団法人は，剰余金の分配を目的としない社団または財団で登記することにより，法人格を取得する団体である。公益社団法人または公益財団法人は，一般社団法人・一般財団法人のうち，公益を目的とする団体として行政庁から認定を受けた団体のことである。 ○

 1455 一般財団法人の設立に際して，設立者が拠出する財産および価額の合計は，300万円以上でなければならない。 ✕

 1456 内閣総理大臣の管轄は，①国の事務や公益目的事業で政令に定めがあるもの，②2つ以上の都道府県区域内に事務所を設置するもの，③公益事業を2つ以上の都道府県区域内に設置することを定款で定めているもの，となる。それ以外の公益法人は，事務所が所在する都道府県知事の管轄となる。 ○

 福祉サービスの組織と経営

 1457 公益法人は，その公益目的事業を行うにあたり，当該公益目的事業の実施に要する適正な費用を償う額を超える収入を得てはならないとしている。 ✕

 1458 1998（平成10）年に制定された特定非営利活動促進法の制定により，市民団体の法人格の取得が容易になった。 ✕

2 福祉サービスの組織と運営に係る基礎理論

Q 1459 ウェーバーがあげた官僚制に特有な機能様式は，官庁組織に関するものである。

Q 1460 バーナードは，組織成立の要件を，相互に意思を伝達できる人々がおり，それらの人々が行為を貢献しようとする意欲をもって，共通目的の達成を目指すとき，としている。⭐

Q 1461 サイモンは，一人の孤立した個人は，極めて合理性の程度の高い行動をとることが可能であると主張した。

Q 1462 シャインによれば，組織文化とは，組織の成員が個々に持っている多様な価値の総体である。

Q 1463 チャンドラーは，経営戦略を，短期の基本目標を定めたうえで，その目標を実現するために行動を起こしたり，経営資源を配分したりすることと定義した。⭐

Q 1464 マクレランドは，人間が給与への欲求のために働いていることを示す期待理論を展開した。

Q 1465 アンドルーズは，戦略を形成するプロセスとして，外部環境の機会と脅威を重要視し，組織内部の弱みや強みについての評価は必要でないとした。

A 1459 ウェーバーの官僚制は官庁組織に限定されたもので はなく，民間企業や学校にも対応している。 ×

A 1460 バーナードは，組織成立の必要十分条件でありかつ すべての組織にみられる要素として，伝達（コミュ ニケーション），貢献意欲，共通目的の3つをあげ ている。 ○

A 1461 サイモンは，将来の不確実性や費用の問題などに直 面すると意思決定の合理性が制約される限定合理性 に基づく経営人モデルを提唱した。 ×

A 1462 シャインによると組織文化は，組織が共有し，当然 視している仮定の総和である。その仮定は組織がそ の歴史を通じて獲得してきたものである。 ×

A 1463 チャンドラーは，戦略的決定の意味を，企業の長期 的体質にかかわるものとして，企業の長期目標の決 定，それに対応した代替案，諸資源の割り当てに求 めた。 ×

A 1464 マクレランドは，仕事への動機づけについて，達成 欲求（高い目標），権力欲求（指導的立場），親和欲 求（充実した人間関係），回避欲求（困難な状況の 回避）からなるという欲求理論を提唱した。 ×

A 1465 アンドルーズは，企業が持つ強みと弱み，企業環境 の機会と脅威を評価する企業戦略（中長期計画を策 定する方法）を重視し，企業の成功とは，強みと機 会の適合であるとした。 ×

福祉サービスの組織と経営

Q1466 ドラッカーが提唱した目標による管理は，目標の設定と結果に基づく評価とのシステム化により，従業員満足ではなく組織業績向上を目的とした管理手法である。

 Q1467 メイヨーやレスリスバーガーは，各作業者の態度は賃金などの作業条件に依存していると主張した。

 Q1468 シェリフらの実験によれば，2つの集団間の対立の解消は，両集団が楽しいひとときを一緒に過ごすことで可能になることが明らかになった。

 Q1469 三隅二不二は，リーダーシップの行動面に注目して，集団の課題達成行動と集団維持機能の2次元で類型化したSL理論を示した。☆

 Q1470 PDCAサイクルは，もともと工場の品質管理の手法として開発された。☆

 Q1471 マグレガーのY理論では，従業員の働く意欲が低いのは，組織の管理者側に原因があるとされる。

 Q1472 コンティンジェンシー理論では，特定のリーダーシップ行動の普遍的有効性を重視する。

1466 ドラッカーのマネジメント理論は，従業員満足が重要であり，従業員一人ひとりの目標と全体の利益を調和させるものである。 ✕

 1467 メイヨーらのホーソン実験によって明らかになったのは，生産能率に影響を与える主要因は作業条件ではなく人間関係などの非公式組織である。 ✕

 1468 シェリフらの実験によれば，2つの集団間の対立の解消には，単なる集団間の接触ではなく，対立する集団が一致協力しなければ達成できないような上位目標の導入が有効であることが明らかになった。 ✕

 1469 三隅二不二のリーダーシップ理論は，P（課題達成機能）とM（集団維持機能）のPM理論である。SL理論は部下の成熟度で有効なリーダーシップが異なるという考え方である。 ✕

 1470 PDCAサイクルとは，Plan（計画），Do（実行，実施），Check（評価，確認），Act（改善，処置）の頭文字をとったもので，アメリカの工場における品質管理の手法として開発された。 ○

 1471 マグレガーは，人間は本来怠け者で，放っておくと仕事をしないのがX理論，人間は本来働き者で，自己実現のために働くのがY理論として，人間に関する理論には2つのタイプがあると主張した。進んで働きたがるはずの人間の働く意欲が低いのは，管理者側に原因があると考えるのはY理論である。 ○

 1472 コンティンジェンシー（条件即応）理論とは，最も効果的なリーダーシップのあり方は，状況（環境）によって異なるという考え方で，代表例としてフィードラーの条件即応モデルがある。 ✕

福祉サービスの組織と経営

3 福祉サービス提供組織の経営と実際

Q 1473 社会福祉施設を経営しない社会福祉法人の設立に必要な基本財産は，原則として1億円以上である。

Q 1474 社会福祉法人には，配当（利益処分）が認められておらず，過去の利益の蓄積額は，赤字経営をしない限り増加する特性がある。

Q 1475 社会福祉事業を経営する者が共同募金からの配分を受けた場合，1年間は寄附金の募集をすることができず，寄付を受けることもできない。

Q 1476 介護報酬の基準額は，介護保険法上，内閣総理大臣が介護給付費分科会の意見を聴いて定めることとされている。

Q 1477 社会福祉事業については情報提供を積極的に行う観点から広告は原則自由であるが，誇大広告については社会福祉法により禁止されている。

Q 1478 コンプライアンスとは，行政機関が，事業者に対して，法令を守らせるようにすることをいう。

Q 1479 CSRは，福祉サービス事業者にも求められている。

A 1473 社会福祉施設を経営しない社会福祉法人の設立に必要な基本財産は, 原則1億円以上である。ただし, 緩和措置で要件を満たした場合, 1,000万円以上の基本財産で賄えることになっている。　○

A 1474 社会福祉法人は, 非営利法人なので, 配当(利益処分)が認められていない。したがって, 過去の利益の蓄積額は, 赤字経営をしない限り増加することになる。　○

A 1475 共同募金からの配分を受けた社会福祉事業を経営する者は, 1年間は寄付金の募集をすることができないが, 寄付を受ける行為には制限がなく, 随時, 寄付を受けることができる。　×

A 1476 介護報酬の基準額は, 介護保険法上, 厚生労働大臣が介護給付費分科会の意見を聴いて定めることとされている。　×

A 1477 社会福祉法において, 誇大広告の禁止が規定されている。　○

A 1478 コンプライアンスとは, 「(要求・命令などに)従うこと, 応じること」と訳され, 企業活動における法令遵守を意味する言葉である。行政機関が守らせるようにすることではない。　×

A 1479 CSR(企業の社会的責任)とは, 適正な雇用・労働条件, 消費者への適切な対応, 環境問題への配慮, 地域社会への貢献を行うなど, 企業が市民として果たすべき責任をいい, 福祉サービス事業者にも求められる。　○

福祉サービスの組織と経営

469

Q1480 監査役等監査とは，組織外の第三者が行う監査をいう。

Q1481 介護保険サービスを提供する事業者のうち規模が小さい事業者は，法令を遵守するための体制の確保に係る責任者を配置する必要はない。

Q1482 サービスは，無形性や同時性といった特徴があり，有形の製品と比較して，利用者が質の評価を行うのは難しい。

Q1483 ドナベディアンによるヘルスケアの質を評価するための3つのアプローチのうち，リハビリテーションや予防活動は構造に該当する。

Q1484 2020（令和2）年に成立した「地域共生社会の実現のための社会福祉法等の一部を改正する法律」において，社会福祉連携推進法人制度が創設された。

Q1485 貸借対照表とは，事業の収支の状態や継続性をみるために，当該会計年度における支払資金の増加および減少の状況を表示するものである。⭐

Q1486 減価償却とは，固定資産（土地と建設仮勘定を除く）の取得原価を，その耐用年数にわたって費用化する手続である。⭐

Q1487 リスクマネジメントの基本は，危機管理体制の確立よりも個別事故への対応である。

A 1480 監査役等監査とは，組織の中の監事や役員が行う監査をいう。組織外の第三者が行う監査は，外部監査である。組織内部の担当者が行う監査を内部監査という。 ✕

A 1481 介護保険法施行規則には，事業所や施設の数が1以上20未満の，最も規模の小さい事業者であっても，法令を遵守するための法令遵守責任者の選任が規定されている。 ✕

A 1482 サービスは有形製品と比較して，無形性，同時性，消滅性，異質性などの特徴がある。そのため，品質管理や，利用者による評価が難しい。 ○

A 1483 ドナベディアンが提唱した，ヘルスケアの質の評価は，構造，過程，成果の3つの側面からなる。リハビリテーションや予防活動は，過程の要素である。 ✕

A 1484 社会福祉法上に，社会福祉連携推進法人に関する規定が創設された。この制度により，社会福祉事業に取り組む社会福祉法人やNPO法人等を社員として，相互の業務連携を推進する。 ○

A 1485 貸借対照表とは，当該会計年度末現在における資産，負債および純資産の状態を表示するものである。設問の記述は，資金収支計算書である。 ✕

A 1486 減価償却とは，長期間にわたって使用される固定資産の購入費用をその資産が使用できる期間にわたって費用配分する手続である。 ○

A 1487 リスクマネジメントにおいて，危機管理体制の確立は基本である。リスクマネジメントは，事故の予防（事前対応）と事故対策（事後対応）に大別され，さまざまな事業環境に対するリスク対応が含まれる。 ✕

4　福祉人材のマネジメント

Q1488　社会福祉の現場においては，バーン・アウト（燃え尽き症候群）が多く見られるが，これに対しては，スーパービジョン機能のうち支持的機能が有効とされる。⭐

Q1489　2007（平成19）年8月に改正・告示された「社会福祉事業に従事する者の確保を図るための措置に関する基本的な指針」（新福祉人材確保指針）は，福祉・介護サービス分野に従事する人材の確保のために，労働環境の整備の推進等，キャリアアップの仕組みの構築，潜在的有資格者等の参入促進等の方策を示したものである。

Q1490　OFF-JTは，作業遂行の過程で行う訓練方法のことである。

Q1491　エルダー制度は，新入社員のセルフラーニングを通じた自己啓発の仕組みである。

Q1492　個人が，組織から離れた独自の価値観や信念を確立するプロセスを社会化と呼ぶ。

Q1493　キャリアパスの成熟期に着目すると，その発達の度合いは人によって異なる。

1488 スーパービジョン機能のうち支持的機能とは，信頼 ○
関係を軸にサポートすることであり，努力が報われ
ない無力感から生じるバーン・アウトに有効とされ
る。

 1489 新福祉人材確保指針では，福祉・介護サービス分野 ○
に従事する人材を確保するための取組みとして，設
問の記述にある①労働環境の整備の推進等，②キャ
リアアップの仕組みの構築，③潜在的有資格者等の
参入の促進等に加えて，④福祉・介護サービスの周
知・理解，⑤多様な人材の参入・参画の促進，の5
つを示している。

 1490 職場の中で作業遂行の過程で行う訓練方法はOJT ×
（On the Job Training）である。OFF-JT（Off the
Job Training）は，社外でのセミナーや研修などで
ある。

 1491 新入社員のセルフラーニングを通じた自己啓発の仕 ×
組みは，SDS（Self Development System）とい
い，個々の職員の研修にかかる費用の負担や，施設
の提供などを行う制度である。エルダー制度は，職
場の先輩や年長者が新入社員を指導するもので，
OJTと同義である。

 1492 社会化とは，新しく企業などの組織に加わった個人 ×
が，その組織の文化や価値観などに適応していく過
程のことである。

 1493 キャリアパスとは，業務経験を積みながら，資格取 ○
得や能力向上を目指していく道筋のことである。そ
の発達には個人差がある。

Q1494 年数が経つにつれてキャリアの高原状態に入ることをキャリアアンカーと呼ぶ。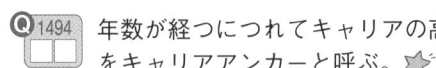

Q1495 目標管理制度は，職員個人の自己実現を目指すことのみに焦点を絞っている。

Q1496 育児休業，介護休業等育児又は家族介護を行う労働者の福祉に関する法律（育児介護休業法）では，一部の事業主を除き，育児休業，介護休業，子の看護休暇の申し出を拒むことはできない，としている。

Q1497 １歳６か月以降も認可保育園等に入れない等の場合は，会社に申し出ることにより育児休業期間を最長２歳まで再延長できる。

Q1498 サーバント・リーダーシップとは，それぞれのメンバーが，必要に応じてリーダーのように振る舞って他のメンバーに影響を与えるリーダーシップをいう。

Q1499 メンタルヘルスの不調により休業した労働者の職場復帰支援は，事業者の支援ではなく主治医の意見で行う。

Q1500 事業者は，労働者のメンタルヘルスケアのために，職場の外の機関や専門家の支援を積極的に取り入れることが望ましい。

1494 キャリア（職業・経歴）のアンカー（錨・楔）のようなものが，キャリアアンカーである。キャリアを選択する上で，犠牲にしたくない能力・動機・価値観等である。設問の記述は，キャリアプラトーである。 ✕

 1495 目標管理制度とは，職員個人の能力に応じた目標と組織目標を関連づけ，組織の業績向上と職員の自己実現を目指すことである。 ✕

 1496 育児休業，介護休業等育児又は家族介護を行う労働者の福祉に関する法律では，すべての事業主は，育児休業，介護休業，子の看護休暇の申し出を拒むことはできない，としている。 ✕

 1497 1歳6か月以降も認可保育園等に入れない等の場合は，会社に申し出ることにより育児休業期間を最長2歳まで再延長でき，その際の育児休業給付金の給付期間も2歳までとなる。 ○

 1498 それぞれのメンバーが，必要に応じてリーダーのように振る舞って他のメンバーに影響を与えるリーダーシップは，シェアード・リーダーシップである。 ✕

福祉サービスの組織と経営

 1499 メンタルヘルスケアは事業者による支援が欠かせない。個人に限らず組織の視点で取り組むことが必要である。 ✕

 1500 厚生労働省の「労働者の心の健康の保持増進のための指針」では，事業者が定める心の健康づくり計画において「事業場外資源の活用」をあげている。 ○

重要ポイント まとめて CHECK!!

Point 51　福祉サービスの組織・団体

社会福祉法人

社会福祉法人は，社会福祉法に基づき，法人の定義，経営の原則，所轄庁，設立要件などが規定されています。

■社会福祉法人の概要

項　目	内　容
目　的	社会福祉事業を行うことを目的とする法人
設　立	○所轄庁の認可 都道府県知事，市長，指定都市の長，厚生労働大臣
役　員	○審査基準に基づく 理事：6人以上，監事：2人以上，任期：2年以内（最終の定時評議員会終結時まで）
資　金	寄付金・補助金
残余財産の処分	定款の定める者に帰属，それ以外は，国庫へ帰属

特定非営利活動法人

特定非営利活動法人は，特定非営利活動推進法に基づき，法人の定義，所轄庁，設立要件などが規定されています。

■特定非営利活動法人の概要

項　目	内　容
目　的	特定非営利活動を行うことを目的とする法人
設　立	○所轄庁の認証 都道府県知事，指定都市の長
役　員	○特定非営利活動促進法に基づく 理事：3人以上，監事：1人以上，任期：2年以内
資　金	寄付金
残余財産の処分	定款の定める者に帰属，それ以外は，国庫へ帰属

476

Point 52 　組織と経営に係る基礎理論

■組織・経営・管理運営・集団の力学に関する基礎理論

人　物	内　容
ウェーバー	組織の最も合理的な形態として「官僚制」を主張した。支配の３類型として，カリスマ的支配，伝統的支配，合法的支配をあげた
バーナード	公式組織成立の３要素として，伝達，貢献意欲，共通目的をあげた
サイモン	合理性の程度の高い行動をとることのできない「限定合理性」を備えた「経営人モデル」を唱えた
シャイン	組織文化はグループが共有し，当然視している仮定の総和であるとした。また，組織文化を人工物，価値，基本的仮定の３レベルに分類した
チャンドラー	「組織構造は経営戦略に従う」という命題を唱えた
アンゾフ	経営の意思決定は階層状になっており，上から戦略的意思決定，管理的意思決定，業務的意思決定とした
ミンツバーグ	事前に厳密に計画された戦略ではない，現実に柔軟に対応する戦略として「創発的戦略」を主張した
テイラー	仕事の内容を客観的に分析し時間を計測して，出来高給制などを導入した「科学的管理法」を体系化した
メイヨー レスリスバーガー	賃金など作業条件ではなく人間関係などによって生産能率が影響されるとしたホーソン実験を行った
ハーズバーグ	動機づけ理論・衛生理論（二要因理論）によって職務満足の要因と職務不満の要因は別であると主張した

Point 53 　サービスマネジメント

サービスの要素…**人的要素**と**物的要素**
サービスと有形製品の違い…**無形性，同時性，消滅性，異質性**（提供者の異質性，時期の異質性，場所・環境の異質性，顧客の異質性）

Point 54 　PM理論

三隅二不二のPM理論では，リーダーシップの機能にはP（課題遂行機能）とM（集団維持機能）があり，PとMの組み合わせによりリーダー像を分類しました。

	Pm型	PM型
（高）	課題遂行能力はあるが，集団を維持・強化する能力が低い	課題遂行能力が高く，集団を維持・強化する能力もある
P行動	pm型	pM型
（低）	課題遂行能力と集団を維持・強化する能力がどちらも低い	集団を維持・強化する能力はあるが，課題遂行能力が低い
	M行動（低）→（高）	

Point 55 　人材評価の用語

人事・労務管理は，事業者側の人材評価と従業員満足の視点から大変重要なものです。人材を評価する場合は，個々の組織が求める人材像を基準とします。

コンピテンシー	ある職務や役割において効果的もしくは優れた業績を示す行動特性のこと
対比誤差	評価者が陥りやすいエラー。評価者が自分の能力と対比して被評価者を評価してしまうこと
考課者訓練	適切な評価をするために，人事考課する職員が受けるもの。人事考課制度の仕組みを理解し，能力を高める
多面評価制度（360度評価）	周囲のあらゆる方向からの評価。通常，人事評価は，直属の上司が行うが，それ以外に，部下や同僚，他部署や他機関の職員，顧客や取引先など外部利害関係者にも人事考課をしてもらう制度のこと

シンプルなラインアップで合格を応援！

2025年版
社会福祉士試験対策書籍
〈新しい出題基準〉に対応！

書いて覚える！
ワークノート

ユーキャンの
2025年版
社会福祉士
書いて覚える！📖
ワークノート
書き込み式

新
出題基準
に対応！

「これ一冊」で
読む、書く、覚える！

必読！「重要用語」新出題基準の学習ポイントを網羅

書いて、憶えて、解く！
自分専用のテキスト

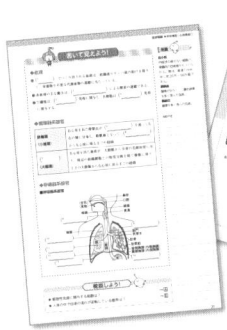

〈B5判〉
・解説を読んで空欄を埋める
書き込み式だから覚えやすい

・索引＆資料つき

これだけ！
一問一答＆要点まとめ

赤シート
つき

ユーキャンの
2025年版
社会福祉士
これだけ！
一問一答＆
要点まとめ

マルバツで総点検！
必須の項目1500

いま、身につく！スキマ時間も役立つ一問一答

〈新書判〉
・定番＆頻出1500問をマル
バツ形式でたっぷり解ける
・要点まとめページつき

まとめてすっきり！
よくでるテーマ88

赤シート
つき

ユーキャンの
2025年版
社会福祉士
まとめてすっきり！
よくでる
テーマ88

新
出題基準
に対応！

頻出・定番の88
＋注目7テーマ！

頻繁的に「見て」分かる＆「解いて」覚える

〈四六判〉
・科目を超えて頻出の88テ
ーマに絞った暗記本
・図表を使ったすっきり誌面
で覚えやすい

おぼえて差がつく！
よくでる人物88

赤シート
つき

第4版
ユーキャンの
社会福祉士
おぼえて差がつく！
よくでる
人物88

受かるためのプラス10点
出題実績順！

〈四六判〉好評発売中
・過去の試験32回分の出題
順に人物を88人選出
・見開き単位でサクサク確認、
プラス10点をサポート

2024年4月現在。

● 法改正・正誤等の情報につきましては，下記「ユーキャンの本」
　ウェブサイト内「追補（法改正・正誤）」をご覧ください。
　https://www.u-can.co.jp/book/information
● 本書の内容についてお気づきの点は
　・「ユーキャンの本」ウェブサイト内「よくあるご質問」をご参照ください。
　　https://www.u-can.co.jp/book/faq
　・郵送・FAXでのお問い合わせをご希望の方は，書名・発行年月日・お客様の
　　お名前・ご住所・FAX番号をお書き添えの上，下記までご連絡ください。
　【郵送】〒169-8682　東京都新宿北郵便局　郵便私書箱第2005号
　　　　　ユーキャン学び出版　社会福祉士資格書籍編集部
　【FAX】03-3378-2232
　◎より詳しい解説や解答方法についてのお問い合わせ，他社の書籍の記載内容
　　等に関しては回答いたしかねます。
● お電話でのお問い合わせ・質問指導は行っておりません。

● 装丁　荒川浩美（ことのはデザイン）
● 表紙イラスト　あらいぴろよ

2025年版 ユーキャンの社会福祉士 これだけ！一問一答&要点まとめ

2008年 8 月20日　初　版　第 1 刷発行
2024年 5 月17日　第17版　第 1 刷発行

編　者　　ユーキャン社会福祉士試験研究会
発行者　　品川泰一
発行所　　株式会社 ユーキャン 学び出版
　　　　　〒151-0053 東京都渋谷区代々木1-11-1
　　　　　Tel 03-3378-1400
編　集　　株式会社 桂樹社グループ
発売元　　株式会社 自由国民社
　　　　　〒171-0033 東京都豊島区高田3-10-11
　　　　　Tel 03-6233-0781（営業部）

印刷・製本　望月印刷株式会社

※落丁・乱丁その他不良の品がありましたらお取り替えいたします。お買い
　求めの書店か自由国民社営業部（Tel 03-6233-0781）へお申し出ください。

©U-CAN,Inc. 2024　Printed in Japan　ISBN978-4-426-61570-3

　本書の全部または一部を無断で複写複製（コピー）することは，著作権法上
の例外を除き，禁じられています。